À L'INTENTION DES ADVENTISTES QUI SE SENTENT EN MARGE DE L'ÉGLISE

REINDER BRUINSMA

© Reinder Bruinsma, 2017
Edité par : Flankó Press (Londres, RU), 2017.

Sauf indication spéciale, les citations de la Bible faites dans cet ouvrage proviennent de la *Nouvelle Bible Segond*, édition 2002, Société Biblique Française, Villiers-le-Bel

ISBN : 978-0-9935405-8-5
Cover design : Mervyn Hall (Pays-Bas)
Lay-out : Pre-Press Buro Booij, Maarsbergen (Pays-Bas)
Traduction : Michel Mayeur (Belgique)
Printing : Lightning Source (La Verne, TN, États Unis)

FACE AU DOUTE

Table des matières

Préface 7
Chapitre 1. Rester ou partir ? 10

1ᴱᴿᴱ PARTIE : QUESTIONS, INCERTITUDES, DOUTES
Chapitre 2. Un christianisme en crise 24
Chapitre 3. Tendances récentes au sein de l'adventisme 38
Chapitre 4. Dieu existe-t-il ? Vraiment ? 69
Chapitre 5. Puis-je encore croire cela ? 90

2ᴱᴹᴱ PARTIE : AFFRONTER LE DOUTE ET TROUVER DES RÉPONSES
Chapitre 6. Le saut de la foi 120
Chapitre 7. Pourquoi devons-nous rester dans l'Église ? 149
Chapitre 8. Que devons-nous croire exactement ? 168
Chapitre 9. Faire face à nos doutes 192

Préface

Ce livre a été écrit par un adventiste du septième jour pour des adventistes du septième jour. Mais il ne s'agit pas d'une publication officielle de l'Église, pas plus que d'un ouvrage publié par une maison d'édition confessionnelle. En fait, je n'ai même pas cherché à le faire éditer en ayant recours à l'une des filières de l'Église officielle, même si dans le passé mes précédents ouvrages ont été publiés par nos maisons d'édition. En fait, ce livre est différent et je sais que ce ne serait pas une tâche facile de donner le feu vert à ce livre pour ceux qui, au sein de nos maisons d'édition, ont la responsabilité du choix de ce qui peut ou non être publié - et cela même s'ils sont personnellement favorables à une telle démarche. J'apprécie donc la possibilité que m'offre la maison d'édition Flankó Press de Londres (RU) de réaliser un tel projet.

La cible privilégiée de cet ouvrage est une composante de l'Église à laquelle je me référerai constamment comme aux « croyants en marge ». J'ai écrit tout spécialement à l'intention de ceux qui, dans nos milieux, ont des doutes et sont préoccupés par certaines questions, de ceux qui se demandent où va leur Église, et de ceux qui ont de la peine à croire aujourd'hui comme auparavant.

Je révèle ici ma propre fragilité. Je serai très ouvert en admettant que je n'aime pas certaines choses dans mon Église ; en reconnaissant que je nourris aussi quelques doutes et que certaines de mes questions restent sans réponse ; en confessant qu'il m'arrive d'être critique à l'égard de certains responsables et de certaines tendances que je constate, comme à propos de l'orientation que semble prendre une importante majorité de membres de l'Église. Il se peut que certains n'apprécient pas un tel aveu, mais je suis prêt à en prendre le risque, parce que je crois que ce que j'ai à dire pourrait être bénéfique aux nombreux sceptiques qui se trouvent dans nos rangs.

Le manuscrit de ce livre a été lu par un certain nombre d'amis et de collègues qui m'ont offert de précieux commentaires. Leur contribution est d'autant plus appréciée. Comme toujours, mon épouse Aafje a lu le tapuscrit, éliminé quelques fautes de frappe et m'a aidé à corriger le texte. Je suis reconnaissant à Mme Jonquil Hole qui a bien voulu une fois de plus coéditer l'un de mes livres.

Je pourrais donner l'impression d'être très négatif à propos de certaines choses qui se passent dans mon Église, et que cela induise de ma part un certain pessimisme face à l'avenir de cette institution. Une telle conclusion serait erronée. Je n'ai pas l'intention d'abandonner mon Église mais j'essaie d'adopter une vision à long terme. Je pense que les nuages actuels peuvent se dissiper et que des vents nouveaux finiront par souffler. La dernière chose que je voudrais faire serait de décourager mes lecteurs par une analyse de la crise qui atteint le christianisme en général, et l'adventisme en particulier. Je serais bouleversé si mon livre détournait des croyants de la foi et de leur Église. Au contraire, j'espère de tout mon cœur qu'il aidera au moins quelques lecteurs à tenter un nouveau « saut de la foi » et à se (re)connecter à leur communauté.

J'ai écrit ce livre parce que je me soucie vivement de ceux qui sont en marge de l'Église. Je n'ai pas l'illusion de croire que sa lecture fera disparaître tous les doutes. Toutefois, j'espère - et je prie pour cela - qu'il pourra aider ceux qui le liront à établir des priorités dans leur expérience de foi et dans leurs liens avec l'Église et à oser vivre dans une atmosphère de créativité malgré leurs incertitudes et leurs doutes.

PRÉFACE À L'ÉDITION FRANÇAISE

Je suis très heureux de vous présenter ce livre qui vient d'être traduit en français peu de temps après sa publication en anglais et en néerlandais, ma langue maternelle. J'ai appris avec plaisir que cet ouvrage a suscité beaucoup d'intérêt en France et en Belgique, ainsi que dans d'autres régions francophones du monde. J'ai particulièrement apprécié l'encouragement venant de certains responsables d'Église qui m'ont incité à mettre en œuvre une traduction française.

Dès la parution de la version anglaise, mon ami et collègue Michel Mayeur, dont la langue usuelle est le français et qui vit actuellement sa retraite dans la région francophone de Belgique, s'est proposé pour traduire le texte en français. Au cours de sa carrière pastorale, Michel a travaillé dans le domaine de l'édition ; ce travail était donc entre de bonnes mains.

Je ne veux pas seulement remercier le traducteur, mais aussi mentionner quatre autres personnes qui ont joué un rôle important dans ce projet : Jean-Paul Barquon, Françoise Derome, Isabelle Monet et Bernard Sauvagnat qui ont aidé Michel à mettre au point le texte final. J'espère qu'ils seront heureux de savoir que, non seulement beaucoup de lecteurs francophones liront ce livre, mais aussi qu'à travers cet ouvrage ils trouveront de nouvelles voies de pensée constructive à propos de leur Église et de leur foi.

Zeewolde, Pays-Bas
Février 2017

CHAPITRE 1

Rester ou partir ?

Je suis à la retraite depuis quelques années. Mais jusqu'à ce jour, je suis resté plutôt actif. Je continue de prêcher dans les Églises adventistes de plusieurs régions des Pays-Bas, le pays où je vis, et occasionnellement à l'étranger. Je participe toujours à des séminaires destinés aux pasteurs dans de nombreux pays ainsi qu'à des événements organisés dans certaines communautés. Je continue d'écrire, ce qui suscite des réactions au près comme au loin. Mon blog hebdomadaire[1] est régulièrement visité par un millier de personnes du monde entier et celui-ci a tout particulièrement convaincu beaucoup de correspondants de la franchise de mes propos relatifs à mon Église et à ma foi.

Certains me disent parfois : « Maintenant que tu es retraité, tu peux te permettre d'être plus franc et dire des choses dont tu ne pouvais pas parler quand tu étais encore en activité ! » C'est en partie vrai, mais j'ai pourtant - tout au long de ma vie - manifesté cette franchise et je n'ai jamais cherché à masquer ce que je pense et ce que je suis. Cela ne signifie pas que l'on puisse toujours dire ce qu'on pense, partout et à tout le monde. Etre honnête n'est pas synonyme de folie. J'ai toujours essayé d'agir en être responsable, tout en restant authentique.

Aujourd'hui plus souvent que par le passé, beaucoup de membres de l'Église adventiste me parlent de leurs soucis à propos des tendances actuelles qui se manifestent dans leur communauté et expriment leurs doutes relatifs à leur foi et à certaines doctrines adventistes traditionnelles. Cela peut s'expliquer en partie par le fait qu'ils apprécient de ma part une écoute dépourvue de tout jugement, et parce qu'ils comprennent que, dans de nombreux domaines, nous sommes tous concernés par les mêmes doutes et les mêmes problèmes. Mais cela ne représente pas, selon moi, la seule - ni même la plus importante - raison. Nous devons tout simplement comprendre que le nombre de croyants qui éprouvent des difficultés à accepter certaines tendances actuelles dans leur Église, qui ne peuvent plus souscrire à tout ce qui leur a été enseigné comme étant « la vérité » et qui n'acceptent plus la pertinence de la plupart des orientations de leur Église, est en croissance constante.

Il serait tentant de raconter en détail quelques-unes des anecdotes qui m'ont été transmises récemment par des amis adventistes. Mais je ne veux pas trahir la confiance que ces personnes m'ont témoignée. Je souhaite qu'ils lisent ce livre, mais je ne tiens pas à ce qu'ils se reconnaissent à travers ces pages, ni que d'autres le fassent. La famille adventiste peut être très grande, mais elle peut aussi apparaître étonnamment petite et je suis toujours étonné de constater à quel point beaucoup de gens se connaissent les uns les autres.

Parmi ceux qui se sont adressés à moi, qui m'ont envoyé des mails ou des messages sur Facebook, ou qui m'ont contacté d'une autre manière, nombreux sont ceux qui m'ont dit qu'ils traversaient une crise au niveau de leur foi et qu'il leur était devenu impossible de continuer à croire en Dieu ou, tout au moins, de croire la plupart des choses qu'on leur avait enseignées à son sujet. Parmi ceux qui sont bien informés à propos de ce qui se passe au niveau de l'organisation de l'Église et de l'opinion de certains hauts responsables, beaucoup ont perdu tout respect à l'égard des échelons les plus élevés de l'Église. D'autres se demandent ouvertement s'ils vont rester dans une Église qui leur semble devenir de plus en plus conservatrice et fondamentaliste. Des sujets concrets tels que le rôle de la femme dans l'Église ou l'attitude de celle-ci face aux homosexuels et aux lesbiennes constituent de réelles pierres d'achoppement pour de nombreux membres d'Église au sein du monde occidental - et ailleurs également !

Je ne suis pas près d'abandonner ma foi et je veux continuer à faire partie de l'Église adventiste. Mais dans ce livre je ferai valoir que l'Église adventiste traverse une crise de grande envergure et je ne resterai pas silencieux à propos de ce qui me chagrine dans mon Église et des doutes qui touchent ma foi personnelle. Pour rendre clair ce que je souhaite exprimer, je crois qu'il est nécessaire avant tout de brosser un large tableau révélant ce qui est en train de se produire au sein du christianisme en général, puisque - et cela malgré ce que d'autres en pensent - l'Église adventiste ne vit pas dans un splendide cadre isolé mais partage les tendances de la chrétienté.

LE CHRISTIANISME EN DÉCLIN ?

Nous devons accepter ce fait indéniable : l'Église chrétienne ne « colle » pas très bien avec son environnement quotidien. Dans de nombreuses régions du monde, beaucoup de bâtiments religieux sont désacralisés et beaucoup de communautés de croyants sont soit dissoutes, soit fusionnent avec d'autres en un temps record. L'archevêque catholique romain d'Utrecht, une importante métropole des Pays-Bas, prédisait récemment que dans les dix ou quinze prochaines années un millier d'Églises de son archidiocèse devront être fermées !² (soit les deux tiers de toutes les Églises). Le cardinal Timothy Dolan, son collègue de New York, annonçait que près d'un tiers des 368 paroisses de son diocèse vont prochainement fusionner ou fermer leurs portes[3].

La plupart des principales Églises traditionnelles connaissent de grands soucis mais, d'autre part, certains autres mouvements chrétiens s'en sortent remarquablement bien. Le mouvement pentecôtiste actuel a grandi en passant d'une poignée de quelques convertis au début du 20ème siècle à une armée mondiale de plusieurs centaines de millions de croyants pour atteindre, selon certaines estimations, près de 25% de tous les chrétiens[4]. La vague d'expansion la plus significative se manifeste dans le Sud, dans le monde en voie de développement, mais le christianisme charismatique s'est également implanté sur le discret marché religieux chrétien du monde occidental. Nous avons toutes les raisons de penser que le pentecôtisme, qui met en évidence l'expérience religieuse et son aspect relationnel *(Aimez-vous Jésus ? Oui, j'aime Jésus !)* plutôt que les détails de la doctrine *(Comment définissez-vous la nature divine et humaine du Christ ?)*, attire également un grand nombre de postmodernes qui sont à la recherche d'un foyer religieux. La personne postmoderne qui se tourne vers la religion ne recherchera pas avant tout une stimulation intellectuelle, mais plutôt une expérience qui implique toute la personne.

En même temps, nous constatons un paradoxe qui, à première vue, semble difficile à comprendre. Il ne nous semble pas étrange que, dans le Sud, l'Église ait tendance à préférer le conservatisme et l'expression fondamentaliste de sa foi. Pourtant, une partie significative de l'Église chrétienne en Occident qui se préoccupe de sa survie se situe « à droite » de l'échelle théologique ou se décale progressivement vers la « droite ». Cela se remarque davantage aux États-Unis, là où la « droite religieuse » a toujours été très puissante. Toutefois, en Europe, un grand nombre d'Églises conservatrices se sont développées - parmi celle-ci les Églises pentecôtistes - alors que la plupart des communautés plus libérales ont connu un grave déclin. Cela doit-il être interprété comme une sorte de protestation face à l'attitude postmoderne plutôt réticente à l'égard de la doctrine et contre les tendances permissives du christianisme contemporain ? Il existe apparemment une frange de chrétiens qui désirent faire partie d'une communauté à laquelle il vaut la peine de se joindre. Il a été suggéré qu'une grande partie des Églises majoritaires ne perdent pas leur crédibilité parce qu'elles exigent *trop* de la part de leurs membres, mais plutôt parce qu'elles ne leur demandent *pas assez*[5].

Toutefois, si certaines dénominations se développent rapidement, cela ne s'applique sûrement pas au christianisme en général. L'Église institutionnelle du monde occidental est en déclin pour plusieurs raisons[6]. La société postmoderne a tendance à prendre en considération les archives historiques du christianisme et se demande pourquoi les disciples de Jésus ont accompli si peu de choses quand ils se sont engagés sur les traces de leur Maître[7]. Ils découvrent une histoire caractérisée par des guerres de religion et des carnages, ou des croisades mortelles et une inquisition brutale. Ils découvrent une tradition d'oppression conduite par des membres du clergé qui ont souvent réussi à remplir leurs poches. Ils observent les controverses internes fréquentes qui opposent certaines dénominations, ainsi que l'amertume de certains débats théologiques, la haine religieuse et la bigoterie. Ils ont noté la division continuelle de l'Église que le Christ souhaitait voir unie. Ils n'ont pas oublié non plus que de nombreux responsables ecclésiastiques ont donné un signal loin d'être clair lorsque, dans les années 1940, les Juifs furent rassemblés et envoyés à Auschwitz et dans d'autres lieux horribles ; lorsque les autorités religieuses ont choisi le camp des classes privilégiées et ont exploité les plus pauvres ; et lorsque de nombreux chrétiens blancs ont présenté des arguments bibliques pour défendre l'esclavage, le racisme et les pratiques inhumaines de l'apartheid.

Il n'est pas étonnant que l'Église ait perdu autant de crédibilité dans de nombreux pays du monde occidental, pas étonnant non plus que beaucoup de gens éprouvent des difficultés à faire confiance aux congrégations et aux membres du clergé et à leur témoigner du respect, si l'on tient compte du fait que des chrétiens ont pris une part si active dans les atrocités en Irlande du Nord et dans le génocide du Rwanda. Plus récemment, de nombreux cas d'abus sexuel mis à jour dans l'Église catholique ont encore érodé la crédibilité de l'Église et de son clergé. Mais avant que les protestants succombent à la tentation de se sentir moralement supérieurs en apprenant ces scandales catholiques qui viennent d'être révélés, ils devraient plutôt se souvenir du récit croustillant des escapades sexuelles de certains de leurs plus célèbres télévangélistes. En creusant un peu, on constatera que les protestants ont aussi caché quelques squelettes dans leurs placards ecclésiastiques !

RESTER OU PARTIR ?

Les paragraphes précédents fournissent un tableau imprécis mais très déconcertant des réactions négatives auxquelles l'Église doit faire face dans le monde actuel. Mais malgré tous les remous qui l'agitent, beaucoup de chrétiennes et de chrétiens restent très satisfaits de leur communauté de foi. Leur Église est et demeure une part importante de leur vie. Ils continuent d'y être actifs, consacrant librement une grande partie de leur temps à la vie et à l'action de leur congrégation. Ils se montrent généreux en soutenant financièrement le programme de leur paroisse ainsi que les projets missionnaires et humanitaires en faveur des pays en voie de développement. Ils fréquentent les services religieux, souvent plus qu'une fois par semaine. Ils lisent leur Bible fidèlement et régulièrement, achètent des livres religieux et des DVD ; ils regardent les programmes religieux offerts par la télévision et écoutent de la musique religieuse. Ils partagent leur foi avec les autres et invitent leurs voisins et amis à se joindre à eux pour participer à certains événements spéciaux qui se déroulent à l'église. *Ils ne peuvent tout simplement pas imaginer leur existence sans leur Église.*

Ainsi donc, bien sûr, il existe de nombreux chrétiens qui ont fait le choix de rester attachés à leur Église – non pas parce qu'ils doivent en être persuadés ou parce qu'ils manquent d'initiative et d'imagination pour choisir d'autres options. *Ils restent parce qu'ils ont envie d'y rester !*

Il existe toutefois une armée tout aussi nombreuse de chrétiens qui ont quitté leur Église. La plupart des rapports statistiques établis par les dénominations révèlent une constante hémorragie de membres - d'hommes et de femmes qui ont dérivé si loin qu'ils ne peuvent plus être considérés comme des membres d'Église dans le vrai sens du terme. Des responsables d'Églises situées un peu partout signalent un nombre croissant de gens qui ont consciemment demandé que leur nom soit rayé du registre de l'Église. Certains le font à la suite d'un conflit personnel pénible qui n'a pas trouvé de solution. D'autres hésitent à reprendre contact après avoir déménagé vers une autre ville ou après avoir vécu une douloureuse rupture dans leurs relations familiales. Certains déclarent que ce qu'ils entendent dans leur Église ne « colle » plus avec leur quotidien, ou estiment que le style de vie proposé par leur communauté est trop irréaliste et normatif. D'autres encore affirment qu'il leur est devenu impossible d'adhérer à certaines doctrines. Certains quittent leur Église mais se considèrent encore comme des croyants. D'autres abandonnent le christianisme pour embrasser une foi non-chrétienne. Ainsi donc, il existe une foule de raisons qui peuvent inciter certaines personnes à quitter leur Église.

Beaucoup de jeunes ayant reçu une éducation chrétienne et ayant fréquenté l'Église de leurs parents choisissent un autre chemin quand ils atteignent l'adolescence. De nombreux parents qui accordent encore de l'importance à leur foi et à leur fidélité à leur communauté doivent affronter une expérience souvent traumatisante en voyant leurs enfants choisir une autre voie. Généralement, dans les Églises protestantes aux États-Unis, 37% seulement des jeunes restent fidèles à leur Église[8]. Une étude menée par le *Groupe Barna* a constaté que seulement 1% des chrétiens âgés de dix-huit à vingt-trois ans ont une réelle vision biblique du monde[9]. C'est une autre manière de dire que les jeunes générations ont dans l'ensemble migré complètement vers le postmodernisme. Cela explique, dans une large mesure, leur manque d'intérêt quant à la question de la fidélité à une organisation religieuse[10].

Cela ne veut pas dire que quitter l'Église ne concerne que les jeunes. Des gens de tous âges le font, et cela inclut même parfois des pasteurs retraités après plusieurs décennies de fidélité envers l'Église. Et beaucoup de recrues nouvellement intégrées à la communauté s'en éloignent assez rapidement après leur « conversion ».

L'abandon de l'Église est un réel défi pour les catholiques romains comme pour les protestants en général. Mais l'adventisme n'est pas épargné par cette tendance, et cela même si l'Église adventiste du septième jour vient à peine de prendre conscience du fait que le pourcentage des nouveaux membres restant dans l'Église est plutôt inquiétant. Selon le Dr David Trim, directeur du Département des archives et statistiques de l'Église adventiste, quarante-trois personnes baptisées sur cent quittent l'Église après quelques années. Il signale également qu'au cours de ces dernières années, l'Église adventiste a été amenée à revoir ses registres et a « supprimé » presque six millions de membres entre 2000 et 2012 tout simplement parce qu'ils n'étaient plus là (et ces statistiques n'incluent pas les décès). De 1965 à la fin de 2014 près de trente-trois millions de gens ont été baptisés et sont devenus membres de l'Église adventiste. Au cours de la même période, treize millions d'entre eux ont quitté l'Église[11]. Ces chiffres inquiétants n'incluent pas les centaines de milliers de jeunes qui ont grandi dans l'Église mais n'ont pas demandé le baptême et qui, tôt ou tard, se sont éclipsés.

« EN MARGE »

Rester ou partir ? Il s'agit là d'un dilemme que beaucoup de croyants n'ont pas encore résolu. Ils restent parce qu'ils sont heureux et se sentent satisfaits de leur communauté. Ou alors ils partent parce que leur Église n'a plus d'importance à leurs yeux, ou parce qu'elle représente pour eux quelque chose de négatif. Pour beaucoup d'autres, la situation est loin d'être claire. On pourrait dire qu'ils sont les *croyants en marge* de l'Église. Ils se tiennent sur les bords. Beaucoup rôdent près de la porte de sortie. Ils sont toujours à l'intérieur tout en se demandant quand ils vont franchir le pas. Ou alors ils se trouvent à peine dehors, pleinement conscients de ce qui se passe dans l'Église, se demandant s'ils pourraient y rentrer dans un futur proche pour y redevenir des membres actifs ou pour s'asseoir quelque part dans le fond de la salle.

Il existe différentes raisons pour lesquelles certaines personnes prennent presque imperceptiblement la porte de sortie de leur Église locale. Ils éprouvent un malaise grandissant provoqué par les choses qui se vivent dans leur communauté, ou ils se lassent de plus en plus face à certaines tendances et à certaines décisions qui sont prises par la dénomination à laquelle ils appartiennent - ou les deux. Ou alors ils s'interrogent toujours plus à propos des bases bibliques de certaines doctrines particulières de l'Église. Certains d'entre eux se sentent écrasés par les exigences de l'Église en rapport avec le style de vie. D'autres ne sont tout simplement plus en mesure de bien s'entendre avec certains responsables de la communauté. D'autres ont commencé à lire la Bible d'une façon différente de l'approche correcte des saintes Écritures telle qu'elle est officiellement conseillée, ou mettent même en doute les éléments fondamentaux de la foi chrétienne.

Toutefois, nombreux sont ceux qui hésitent à couper tous les ponts avec leur Église. Ils se demandent souvent si le problème ne vient pas d'eux-mêmes. Qu'est-ce qui a bien pu les conduire sur le chemin du doute et les inciter à s'éloigner progressivement ? La plupart d'entre eux ont beaucoup d'amis dans l'Église, et souvent un certain nombre de membres de leur famille. En quittant leur communauté, ils craignent de provoquer des dégâts dans leur vie sociale. Leur retrait va-t-il compliquer leurs relations avec les membres de leur famille ou leur faire perdre des amis de longue date, ou pire encore ? Vaut-il la peine de prendre un tel risque ?

CE LIVRE EST-IL POUR VOUS ?

Je suis membre de l'Église adventiste du septième jour et j'ai exercé une fonction pastorale toute ma vie. Je veux m'exprimer en toute franchise. Je souhaite que ce livre soit positif. Je suis toujours perturbé en voyant des proches quitter mon Église. Bien sûr, je me sens moi-même profondément concerné par certaines tendances qui s'y manifestent. Toutefois, en tant que croyant et pasteur, et parce que j'ai consacré ma vie au service de l'Église, je désire faire ce que je peux pour aider ceux qui luttent avec le doute et l'incertitude.

Les problèmes auxquels l'Église adventiste est confrontée, ainsi que les défis auxquels font face beaucoup d'hommes et de femmes adventistes, ne sont pas spécifiques au monde adventiste. D'une manière ou d'une autre, ils sont aussi présents au sein d'autres communautés chrétiennes, mais à travers ces pages je m'adresse prioritairement aux membres de la communauté adventiste. Pourtant, je ne puis les cibler tous. Mon objectif n'est pas de fournir un soutien à ceux qui sont fermement ancrés dans l'Église. J'espère que ce groupe lira quelques-uns des autres ouvrages que je propose de temps à autre et qu'ils se sentiront fortifiés dans leur engagement de foi quand ils m'entendront prêcher dans leur église. Cependant, ce livre ne leur est pas vraiment adressé, même si j'espère que plusieurs d'entre eux le liront et l'offriront peut-être à un ami qui pourrait en tirer profit.

Ce livre n'est pas non plus destiné à ceux qui ont quitté l'Église depuis longtemps et qui n'éprouvent plus le besoin de la fréquenter - l'Église adventiste ou toute autre dénomination. Bien entendu, si ces personnes le lisent et y découvrent des éléments valables, tant mieux ! Mais il n'a pas été initialement rédigé avec l'intention de les atteindre.

Je m'adresse spécialement à ceux qui hésitent entre rester et partir ; à ceux qui doutent que l'Église ait encore quelque chose à leur offrir ; à ceux qui doutent sérieusement de certains aspects importants de la foi dans laquelle ils ont été élevés et qu'ils ont acceptés comme « la vérité » ; à ceux qui éprouvent de grandes difficultés à accepter certaines tendances qui se manifestent dans l'Église ; et à tous ceux qui estiment ne plus se sentir capables de voir l'Église comme leur véritable foyer spirituel.

Je ne prétends pas détenir les réponses à toutes les questions que peuvent se poser ceux qui n'appartiennent pas à cette catégorie. Je ne possède pas de remèdes instantanés permettant de clarifier tous les doutes et de dissiper toutes les incertitudes ; je ne peux ni ne veux défendre toutes les décisions, tous les projets et tous les plans de l'Église. Parfois, j'ai été tenté de prendre la porte de sortie de l'Église. Je ne suis pas d'accord avec certains aspects de la théologie adventiste traditionnelle, et je refuse de lire la Bible de façon littérale (et souvent fondamentaliste), ce qui semble si populaire de nos jours. C'est pourquoi je ne fournis pas un manuel offrant des réponses faciles qui vous diront comment évacuer tous vos doutes et qui rétablira en quelques instants votre confiance dans l'Église en tant qu'organisation ainsi que votre confiance en ceux qui la dirigent et en gèrent le fonctionnement.

Permettez-moi d'insister : je vais essayer d'être totalement honnête avec moi-même et avec vous, cher lecteur ! J'espère que la lecture de ce livre sera une expérience significative et enrichissante pour vous. *Quant à moi, je désire rester dans mon Église.* Et ce qui me paraît plus important encore, *je ne veux pas perdre ma foi.*

Alors que je me demandais si j'allais écrire ce livre, quelqu'un m'a parlé d'un petit ouvrage publié récemment en Australie. Je l'ai acheté à la librairie adventiste de Melbourne alors que je séjournais dans la région. Je l'ai lu avec grand intérêt, d'autant plus qu'il faisait écho à mes sentiments et à mes réflexions. Il est intitulé *Why I try to believe* (Pourquoi j'essaie de croire) et il a été produit par Nathan Brown, directeur de la Maison d'édition adventiste en Australie[12]. J'ai eu le plaisir de partager un repas avec l'auteur une semaine après avoir lu son livre et de comparer avec lui mes notes concernant nos itinéraires spirituels respectifs.

Ryan Bell, ex-pasteur de l'Église adventiste à Hollywood (États-Unis), qui a choisi de vivre comme un athée pendant une année, a rédigé la préface du livre de Nathan Brown. Il ignorait dans quelle direction son projet d'athéisme allait le mener et à quel point il en serait transformé. Bien évidemment, il ne s'agissait pas d'une initiative planifiée aujourd'hui et réalisée le lendemain. Je ne connais que quelques bribes du parcours personnel de Ryan Bell, venant de remarques faites par ceux qui le connaissent et qui le suivent sur Facebook, mais je présume que sa décision fut l'aboutissement d'un processus long et douloureux. Quelques années ont passé depuis que Ryan Bell a vécu cette expérience. Il en parle souvent dans ses conférences. Il est clair qu'il n'est pas devenu athée après douze mois. Pour autant que j'aie pu en être certain à distance, il semble qu'il a continué à vivre comme un athée depuis le moment où il s'est lancé dans cette expérience.

Nathan Brown et Ryan Bell ont été amis pendant de nombreuses années. Nathan reconnaît qu'il traverse parfois quelques doutes, mais il a intentionnellement choisi une autre route que son ami Ryan. Il ne souhaite pas abandonner sa foi mais veut essayer de croire, et cela malgré de nombreux doutes et incertitudes. Il espère que cette ouverture et cette honnêteté inciteront ses lecteurs à donner à leur foi une nouvelle chance. Je me suis personnellement enrichi en lisant cet ouvrage. J'écris sous un angle différent, mais je partage la même espérance.

J'ignore l'effet que produira ce livre sur ceux qui le liront. Permettra-t-il à certains de persévérer dans leurs efforts pour tenter de croire ? Pouvons-nous explorer ensemble quelques pistes qui pourraient nous aider à vivre dans la créativité et l'espérance avec nos doutes et nos questions ? Ces pages aideront-elles au moins quelques lecteurs à reprendre contact avec leur communauté d'une façon nouvelle et significative, et cela malgré le fait que certaines choses qui s'y passent puissent sembler totalement inappropriées ou même incorrectes ? Ces lignes convaincront-elles au moins certaines personnes que Dieu a encore de l'importance pour elles, que la méditation de sa Parole peut encore les inspirer et que la foi - même faible et chancelante parfois - peut apporter la paix dans leur âme ? Je l'espère !

Si c'est le cas, je me sentirai vivement récompensé ! Plus encore, j'espère que ce projet fera aussi beaucoup de bien à mon âme ! Car je suis moi aussi, tout autant que ceux que je viens de décrire, la cible de ce livre que je viens d'écrire.

---

1 www.reinderbruinsma.com.
2 http://www.thetablet.co.uk/news/170/0/1-000-catholic-churches-in- holland-to-close-by-2025-pope-warned.
3 http:/www.huffingtonpost.com/2014/11/05/catholic-church-new-york-closing_n_6097300.html.
4 Mark A. Knoll, *Turning Points : Decisive Moments in the History of Christianity*, Grand Rapids, MI: Baker Academic, 1997, p. 299.
5 Dean Kelly, *Why Conservative Churches Are Still Growing*, New York: Harper and Row, 1972, p. 95, 96.
6 Voir le chapitre "Why Mainline Denominations Decline" in Roger Finke and Rodney Stark, *The Churching of America 1776-1990 : Winners and Losers in our Religious Economy*, New Brunswick, NJ: Rurgers University Press, 1992, p. 237-275.
7 Pour une approche convaincante et étonnante du « problème de l'image » du christianisme au sein des jeunes générations actuelles, voir David Kinnaman and Gabe Lyons, *Un-Christian : What a New Generation Really Thinks about Christianity*, Grand Rapids, MI: Baker Books, 2007, et Dan Kimball, *They Like Jesus but not the Church : Insights from Emerging Generations*, Grand Rapids, MI: Zondervan, 2007.
8 http:/edition.cnn.com/2015/05/12/living/pew-religion-study/.
9 Le *Groupe Barna* est une prestigieuse agence de recherche aux États-Unis qui se concentre sur les problèmes relatifs à la relation entre foi et culture.
10 http:/www.gotquestions.org/falling-away.html.
11 https://news.adventist.org/en/all-news/news/go/2015-10-13/church-accounts-for-lost-members/
12 Nathan Brown, *Why I Try to Believe : An Experiment in Faith, Life and Stubborn Hope*, Warburton, Australie: Signs Publishing, 2015

PREMIÈRE PARTIE

Questions, incertitudes et doutes

CHAPITRE 2

Le christianisme en crise

MISE EN SCÈNE

Au cours de mon enfance, notre famille a vécu dans un village situé à environ trente-cinq kilomètres du nord d'Amsterdam. Parmi une population d'à peine mille habitants on dénombrait 100% de Caucasiens. Pour autant que je sache, tous les villageois possédaient la nationalité néerlandaise. La plupart d'entre eux se définissaient comme croyants. Ceux qui ne fréquentaient aucune Église représentaient une exception et ne s'intégraient pas réellement dans le tissu social. 60% des habitants étaient protestants, pour 40% de catholiques. Ces derniers se concentraient dans un secteur du village. Les protestants se répartissaient en deux dénominations : l'Eglise réformée néerlandaise et l'Eglise chrétienne réformée. Les seules « anomalies » locales étaient une dame âgée qui était devenue Témoin de Jéhovah et notre famille. Nous étions adventistes du septième jour. Les gens savaient que nous étions une sorte de protestants, plus ou moins proches des chrétiens réformés, et que nous nous rendions à l'église dans une ville toute proche le samedi plutôt que le dimanche. Comme bien d'autres endroits aux Pays-Bas, notre village se caractérisait par un haut degré de ségrégation religieuse. Les enfants protestants ne jouaient pas avec les garçons et filles catholiques. Les catholiques avaient tendance à fréquenter les commerçants faisant partie de leurs coreligionnaires. Et ainsi de suite.

Je comprends que les plus grandes villes de mon pays d'origine, les Pays-Bas, affichaient un tableau quelque peu différent mais dans l'ensemble, il n'y a pas si longtemps – « quand j'étais jeune encore » – la vie sociale était beaucoup plus simple et plus transparente qu'aujourd'hui. En un mot, la société était beaucoup plus homogène.

Les ressortissants d'origine étrangère étaient rares et loin de nous. Mon pays était chrétien, à l'exception de quelques Juifs qui avaient survécu à la Seconde Guerre mondiale et d'un petit groupe « d'incroyants ». Les mosquées et les temples hindous étaient virtuellement inconnus et les gens de couleur n'étaient pas légion. Un tiers environ de la population néerlandaise était catholique : la plupart des autres habitants fréquentaient une demi-douzaine de dénominations protestantes.

Cela se passait il y a un siècle à peine. Entre temps, le tableau a changé de façon considérable. A la suite d'afflux successifs d'un grand nombre d'immigrants, les Pays-Bas sont devenus une nation extrêmement plurielle. A présent, dans la seconde décennie du 21ème siècle, on peut dire que 19% des dix-sept millions de Néerlandais sont d'origine non-européenne, tandis que la plupart des « Européens » peuvent avoir une origine espagnole, portugaise, grecque ou autre. Alors que 31% des individus continuent de se réclamer de la foi catholique, seuls 21% se considèrent comme protestants - et cela même si leur adhésion n'est souvent que formelle. De nos jours, une personne sur vingt-cinq aux Pays-Bas est musulmane, et le même pourcentage concerne les autres confessions non-chrétiennes. 40% de la population ne se sent plus liée à une communauté religieuse.

Voilà donc l'image d'un pays dans son ensemble[1]. Cependant, dans certaines métropoles plus importantes, la situation est frappante. Considérons Rotterdam, par exemple, où nous pouvons rencontrer près de 175 nationalités. 48% seulement des habitants actuels de Rotterdam sont nés aux Pays-Bas. Ces statistiques sont presque semblables pour Amsterdam.

En plus d'un mixage ethnique et culturel, la diversité *religieuse* est également devenue un fait irréversible de la vie quotidienne du 21ème siècle. 17% seulement des habitants de la capitale néerlandaise se considèrent comme chrétiens. Avec une proportion de 14% d'adhérents, la foi musulmane est à présent la seconde religion la plus importante à Amsterdam et on s'attend à ce qu'elle devienne la plus importante. Outre des mosquées et quelques synagogues, la ville compte aujourd'hui des temples bouddhistes et des lieux de culte fréquentés par d'autres croyants non-chrétiens. Dans le même temps, de nombreux habitants autochtones déclarent n'avoir aucune appartenance religieuse[2]. Toutefois, la sécularisation n'a pas encore gagné certains quartiers de la ville. Dans les années 60 et 70, quand la banlieue de Bijlmer s'est développée au sud-est d'Amsterdam, aucun édifice religieux n'avait été prévu. Les autorités estimaient que de telles constructions n'étaient plus nécessaires. Aujourd'hui, on constate que ce calcul était erroné et cela représente un sérieux problème car ce quartier de la ville apparaît comme le plus religieux de la région suite à l'arrivée de vagues consécutives d'immigrants, issus pour la plupart des Caraïbes et d'Afrique. Ces nouveaux arrivants ont amené dans leurs bagages une grande variété d'expressions religieuses !

LE MONDE OCCIDENTAL A CHANGÉ

Ce qui s'est produit aux Pays-Bas est également arrivé dans d'autres régions du monde occidental. La plupart des grandes villes d'Europe, des États-Unis, du Canada et d'Australie sont devenues cosmopolites. Alors que dans les années 70 18,2% des New Yorkais étaient nés à l'étranger, ce pourcentage a atteint 37% en 2014[3]. Une situation similaire peut être observée, par exemple, à Toronto, au Canada. D'après le rapport du *Bureau du recensement national,* publié par les *Statistiques canadiennes,* 48,6% des habitants de Toronto sont nés à l'étranger - ce qui en fait l'une de cités les plus cosmopolites de la planète[4]. Parmi les 4,3 millions de citoyens de Melbourne en Australie, plus de 38% sont nés à l'étranger. Une brève recherche sur *Google* nous révélera des chiffres similaires pour la plupart des grandes villes américaines, ainsi que pour les villes européennes de Paris, Londres et Bruxelles. Quand on considère les pays dans leur ensemble, les chiffres sont inférieurs mais toutefois significatifs et en croissance. En 2014, plus de 14% des habitants du Royaume-Uni étaient nés à l'étranger - la moitié d'entre eux, soit trois millions de gens, vivant à Londres. Un Australien sur quatre est né à l'étranger alors qu'aux États-Unis la proportion atteint à peine 14%[5].

La diversité *religieuse* du monde occidental s'est accrue plus nettement encore. Et même si, au cours des derniers siècles, les chrétiens se sont montrés actifs dans la proclamation du message du Christ « jusqu'aux extrémités de la terre », et même si des centaines de millions de gens ont accepté le Christ - à la fois en Occident et ailleurs - le pourcentage de chrétiens au sein de la population mondiale n'a pas augmenté de façon notable. Des statistiques fiables indiquent qu'en 1900, près d'un tiers des habitants de la planète se considéraient comme chrétiens. Au début du présent siècle, c'était encore le cas[6].

Mais si le pourcentage mondial de chrétiens est demeuré stable au cours des dernières générations, il faut reconnaître que le christianisme a perdu sa puissance significative au sein du monde occidental - souvent mentionné comme le *Nord*, en contraste avec le monde en voie de développement aussi appelé le *Sud*. L'un des plus importantes évolutions remarquées au cours de l'histoire du christianisme récent est le glissement de la présence et de l'influence chrétienne du Nord vers le Sud. Selon Philip Jenkins, un chercheur spécialisé dans les tendances du monde religieux contemporain, le mouvement effectué par le christianisme du Nord vers le Sud est réellement un phénomène mondial[7]. Malgré une croissance démographique substantielle, le nombre total de chrétiens dans le Nord n'a que peu changé entre 1910 et 2010 - de 502 millions à 509 millions. Cela contraste avec le christianisme dans le Sud. La meilleure estimation du nombre de chrétiens dans cette partie du monde fait état de 856 millions en 1910, alors qu'un siècle plus tard elle atteint le nombre de 1,3 milliard.

Les experts catholiques romains estiment qu'en 2025 le nombre total de catholiques en Amérique du Nord et en Europe sera presque identique à celui de l'an 2000. Toutefois, en Afrique le nombre de catholiques devrait augmenter au cours de cette même période de 120 à 228 millions, en Amérique latine de 461 à 606 millions et en Asie de 110 à 160 millions !

Des statistiques de ce genre se vérifient clairement en ce qui concerne l'adventisme du septième jour. Depuis 1980, le nombre de ses membres a doublé en Amérique du Nord, tandis qu'en Europe il n'a augmenté que de 30% - l'essentiel de cette croissance provenant de l'immigration. Mais il convient de remarquer qu'au cours de cette même période, le nombre de membres en Amérique Centrale est passé de 646 000 à plus de 3,5 millions. Une croissance étonnante a également été constatée en Amérique du Sud et en Afrique où le nombre de membres en 2015 a respectivement quintuplé ou a même été multiplié par dix par rapport aux chiffres de 1980[8].

Plus significatives encore que les statistiques relatives au nombre de chrétiens dans le Nord, sont les données qui concernent la fréquentation moyenne des Églises. Il est particulièrement difficile d'obtenir des chiffres fiables. Beaucoup de dénominations répugnent à partager ce genre d'information alors que beaucoup de membres d'Églises ont tendance à exagérer le nombre de fois qu'ils fréquentent réellement leur paroisse. Mais les chiffres que l'on réussit à obtenir sont assez alarmants. Quelques exemples suffisent, mais ils illustrent ce qui se passent réellement. Avec 2,5% de la population fréquentant leur Église plus ou moins régulièrement, le Danemark présente le plus bas pourcentage de croyants fréquentant leur Église ; cependant, les autres pays scandinaves révèlent des pourcentages qui ne sont pas beaucoup plus élevés[9]. En Pologne, l'un des pays les plus religieux d'Europe, le nombre de gens qui assistent régulièrement à la messe a chuté de 53% en 1987 à moins de 40% aujourd'hui[10]. Et même si les récentes vagues d'immigrants ont quelque peu augmenté les chiffres de fréquentation des Églises au Royaume-Uni, la plupart des rapports ne révèlent que des données à un seul chiffre. Alors que quelques sondages réalisés aux États-Unis montrent que près de 40% de tous les Américains fréquentent encore régulièrement leur communauté religieuse, d'autres rapports indiquent que ce pourcentage est probablement inférieur de moitié à ce nombre[11]. Un pourcentage bien inférieur s'applique à l'Australie. Dans le même temps, le nombre de citoyens du monde occidental qui admettent ouvertement leur athéisme ou leur agnosticisme croît rapidement. *Gallup International* a mené une enquête en 2012 et a découvert que, dans cinquante-sept pays, pas moins de 13% des personnes interrogées se disaient « athées convaincus ». Un pourcentage similaire est ressorti d'un sondage mené dans soixante-cinq pays en 2015[12].

LE CHANGEMENT LE PLUS FONDAMENTAL

Le monde dans lequel nous vivons a considérablement changé. Sans exagérer, nous pouvons dire que le monde - l'Occident en particulier - est entré dans une ère nouvelle. Ou, pour employer un langage qui fait aujourd'hui partie de notre jargon : la *modernité* a fait place à la *postmodernité*.

Les livres qui énumèrent les principales caractéristiques de l'homme et de la femme postmodernes ne manquent pas. Ceux qui souhaitent approfondir cette question liront quelques ouvrages sur ce sujet[13]. Je souhaite seulement résumer ici quelques aspects notoires du mode de vie de l'homme postmoderne.

1. Pendant très longtemps les hommes ont cru au *progrès continuel*. La science allait les aider à rendre leur existence toujours meilleure. Cette idée de progrès appartient désormais au passé. Le monde fait face à de trop nombreux problèmes et la science n'apparaît plus comme la panacée que l'on avait espérée.
2. Les scientifiques sont, de nos jours, plus humbles dans leurs prétentions que par le passé. Ils confessent qu'ils ont eu souvent tendance à voir ce qu'ils voulaient bien voir, et que de nombreux *fondements scientifiques* ne sont en fin de compte pas aussi solides qu'on l'avait prétendu.
3. Les générations passées croyaient en *l'absolu*. Les choses étaient bonnes ou mauvaises. Les gens recherchaient la *Vérité*. Aujourd'hui, pour la plupart des êtres humains, ces absolus n'existent plus. Ils revendiquent leurs propres *vérités*. Les communautés et les cultures possèdent leurs propres « jeux de langage » et leur propre mode opératoire. Tout est devenu subjectif, relatif, incertain, préliminaire et ambigu.
4. S'il n'existe plus de Vérité absolue, sur quelle base alors les chrétiens peuvent-ils prétendre que leur religion recèle plus de « vérité » que l'islam ou le rastafarianisme ? Pourquoi la Bible est-elle prétendue supérieure au Livre des mormons ou au Coran ?
5. Les *grandes histoires* (ou « métarécits ») et les grands idéaux du passé - comme le socialisme, le communisme, le capitalisme et aussi le christianisme - ont perdu leur puissance. Nous ne dispo-

sons plus « d'histoires » qui puissent servir de cadre à tout ce que nous disons ou faisons. Nous devons nous satisfaire d'explications plus limitées et partielles qui nécessitent une révision constante.

6. Les postmodernes aiment *combiner des éléments incompatibles*. En architecture et dans le domaine artistique, nous découvrons un grand intérêt pour l'amalgame, un mélange des styles artistiques, un brouillage des lignes séparant la vie réelle et la fiction, le réel et le virtuel.

7. Les gens réalisent de plus en plus qu'ils vivent dans un *village global*. L'ordinateur - ce symbole de la postmodernité *par excellence* - leur offre un accès instantané au monde qui les entoure. Pourtant, au même moment, les alliances et les stratégies *mondiales* souffrent d'une certaine suspicion, ce qui provoque un intérêt croissant pour les sujets régionaux et *locaux*.

8. Ce qui semble le plus important dans le contexte de ce que nous allons aborder dans ce livre, est le fait que l'homme postmoderne éprouve un profond dégoût à l'égard des *institutions religieuses* et de leurs puissantes structures hiérarchiques, de leurs credos et de leurs doctrines inflexibles gravées dans le marbre et auxquelles il faut adhérer.

9. On peut relier cette répugnance à s'engager dans une organisation - religieuse ou autre - à une certaine hésitation à accepter de sérieux et longs *engagements*. Cela affecte fortement la viabilité des clubs et des associations, mais aussi les relations personnelles et le soutien des activités d'une Église.

10. Les croyants postmodernes veulent *sélectionner*. Ils adhèrent aux idées avec lesquelles ils sont en accord, mais écartent les doctrines et les traditions religieuses auxquelles ils ne sont pas - ou plus - sensibles.

11. Pourtant, l'homme postmoderne est *ouvert à la spiritualité*. Et c'est bien là le mystère ! Une approche non-rationnelle de type Nouvel Âge des grandes questions existentielles. La priorité a glissé de la *vérité* religieuse qui est codifiée par des doctrines à une *expérience* personnelle.

Dès que vous avez pris conscience des principales caractéristiques de la mentalité postmoderne, vous constatez son impact partout. Observez les récentes constructions des villes occidentales : plus question d'immeubles « modernes » ressemblant à des boîtes, de structures monotones en béton, en acier ou en verre. La décoration est de retour et les styles de différentes époques se combinent, en sorte que les immeubles postmodernes puissent « raconter leur propre histoire » plutôt que l'histoire standard « moderne » de puissance, d'ordre et de fonctionnalité. Vous découvrez aussi facilement les tendances postmodernes dans de nombreux romans récents qui mêlent des histoires tirées de différentes époques et/ou mélangent des situations de la vie réelle avec un monde de fantaisie. Vous le remarquez aussi dans certains films au cours desquels vous vous demandez où finit l'histoire et où commence la fiction. Vous découvrez l'ambiguïté au sein de l'arène politique, dans certains pays d'Europe par exemple, où une majorité de citoyens soutiennent une certaine forme d'unité européenne mais qui, en même temps, font presque n'importe quoi pour protéger leur souveraineté nationale et leur culture locale (et souvent leur dialecte local).

On détecte rapidement l'approche postmoderne de nombreux « occidentaux » en rapport avec la religion et l'Église. Les déclarations absolues à propos de la vérité sont largement remplacées par « qu'est-ce que cela m'apporte ? », et beaucoup de théologiens affirment qu'il existe autant de façons légitimes d'interpréter la Bible qu'il y a de lecteurs. *Dans le monde occidental, le christianisme est tout simplement devenu une option religieuse parmi toute une série de religions mondiales.* Toutes sont considérées comme étant également valables, mais elles sont historiquement et culturellement conditionnées par les réponses qu'apportent leurs adeptes au mystérieux « au-delà » !

UN PEU D'HISTOIRE

Il importe de comprendre dans quelle sorte de monde nous vivons aujourd'hui, et à quelle société nous appartenons, mais il est tout aussi essentiel de faire un peu d'histoire. John Michael Crichton (1942 - 2008), écrivain américain de science-fiction et producteur de films et de programmes télévisés, citait le professeur Johnston (un personnage de son livre *Timeline*) : « Si vous ne connaissez pas l'histoire, vous ne connaissez rien. Vous êtes comme une feuille qui ignore qu'elle a été un jour attachée à un arbre[14]. » Ce truisme s'applique à toutes les sphères de la vie, et certainement aussi au domaine de la religion et de l'Église. Évoquer raisonnablement les questions religieuses ainsi que les tendances de la vie religieuse et de l'Église n'est possible que si nous pouvons placer ces éléments dans un cadre historique. Pour comprendre ce qui se passe au sein de l'Église contemporaine, il est indispensable de connaître son histoire, ses expériences passées, ainsi que ses hauts et ses bas. Vouloir saisir ce qui se passe de nos jours dans le monde religieux (comme nous l'avons fait au chapitre 1) et comprendre quelque chose des chemins nouveaux dans lesquels la religion se pratique et se vit par un grand nombre de gens dans le monde occidental au 21ème siècle, requiert au moins une connaissance minimale de l'histoire de l'Église.

Pour les adventistes du septième jour, comprendre les tendances actuelles de leur Église, ainsi que la façon dont beaucoup de membres réagissent à ces évolutions, présuppose également une prise de conscience de la manière dont leur dénomination se comporte sur la grande scène religieuse du christianisme et, plus particulièrement, au sein du protestantisme. Évoquer les problèmes qui seront abordés en bonne place dans ce livre exige une certaine connaissance de l'origine et de l'arrière-plan du climat religieux ambiant qui règne dans le monde postmoderne contemporain.

UN PANIER VARIÉ

L'histoire du christianisme se présente à nous avec un lot très divers de phénomènes et d'événements. Le Nouveau Testament décrit la jeune Église comme une communauté vivante qui se développe en quelques décennies dans la plupart des régions du Proche-Orient et de l'Europe, et plus loin encore, jusqu'en Asie et en Afrique. Cette croissance phénoménale de l'Église ne s'est pas produite sans problèmes ni défis. Et même si les propos de Paul doivent être compris comme une exagération littéraire, ils indiquent que quelque chose d'extraordinaire s'est passé. Il écrit à la communauté de Colosses que l'Évangile a été à présent proclamé « à toute créature sous le ciel » (Colossiens 1.21).

Au cours des siècles suivants, la forte croissance de l'Église se poursuit. La théologie chrétienne se précise - particulièrement en raison des idées très étranges qui sont apparues et qui doivent être expurgées, et parce que de nombreuses questions exigent des réponses. Les écrivains du 2ème et du 3ème siècle qui ont rédigé des textes chrétiens, appelés « Pères de l'Église » au cours des siècles suivants, ont donné une structure à la théologie et à l'organisation de l'Église. Cela était en accord avec les écrits qui avaient été acceptés comme une parole « inspirée ». Les doctrines chrétiennes fondamentales relatives à la nature de Dieu et au mystère de la Trinité, ainsi qu'à la manière dont la divinité et l'humanité du Christ s'unissaient en une Personne unique, mais aussi à propos de la personnalité du Saint-Esprit et du fondement du salut, ont toutes été martelées. Des leaders puissants ont alors émergé en divers lieux, et quelques centres chrétiens - Rome avant tout - se sont distingués par leur prestige et leur autorité.

L'Église est entrée dans une nouvelle phase de son histoire lorsque, au 4ème siècle, l'empereur romain Constantin a décidé d'offrir au christianisme un statut privilégié au sein de son empire. L'avenir allait démontrer qu'il s'agissait là d'une bénédiction douteuse. Cela a permis à l'Église de s'étendre plus loin encore sans craindre les périodes de persécution qui avaient coûté tant de vies auparavant et causé tant d'épreuves. Mais cette « bénédiction » a rapproché de plus en plus l'Église de la politique mondiale, avec toutes les conséquences négatives qu'implique une telle situation.

Dans le passé, l'Eglise médiévale s'est développée, et l'évêque de Rome a acquis une position importante, ce qui a fait de la papauté le plus prestigieux centre de l'autorité. En divers lieux, la pureté de l'évangile du Christ s'est diluée en un navrant mélange de foi authentique et de superstition païenne. Puisque les peuples « païens » s'étaient convertis, plus souvent par la force que par la conviction personnelle, de nombreuses idées et pratiques non-chrétiennes ont pénétré à l'intérieur de l'Église. Au même moment, les théologiens ont été exagérément influencés par les écrits de philosophes non-chrétiens de l'époque classique - leur influence se remarque encore quelque peu dans la théologie actuelle. Les chefs de l'Église se préoccupaient davantage de la poursuite du pouvoir et de la prospérité ainsi que de la lutte armée en vue d'accroître leur influence politique que du souci d'apporter une assistance pastorale valable et une solide instruction religieuse au peuple qui leur était confié. L'immoralité et l'intrigue politique obscurcirent ou remplacèrent le désir de se comporter en fidèle disciple du Christ.

En ce temps-là, cette triste situation a inspiré la montée de plusieurs mouvements de réforme, conduits par des hommes courageux tels John Wycliff et Jean Hus, et a abouti ensuite à la « Réforme » de l'Église au 16ème siècle. Cette réformation n'a pas seulement permis la redécouverte de la bonne nouvelle selon laquelle nous sommes sauvés par la grâce et non par nos propres œuvres, ni par l'intervention d'un clergé quelconque ou même le paiement en argent. Elle a aussi rendu la Bible au peuple et a protesté (d'où le nom de *protestants*) contre les nombreux abus et faux enseignements qui avaient pénétré à l'intérieur de l'Église. Certains réformateurs se sont montrés plus radicaux que d'autres et nous devons reconnaître rétrospectivement que de nombreux sujets qui auraient nécessité une réforme ont été minimisés ou ignorés. Au cours des siècles qui ont suivi, on n'a pas toujours bien compris que l'Église devait poursuivre un chemin conduisant vers une restauration approfondie des enseignements du Christ. Comme le déclarait Martin Luther, l'Eglise est *semper reformanda* - elle a toujours besoin de se réformer.

Et même si « l'Église de Rome » a compris elle aussi que des changements étaient nécessaires et si certains d'entre eux ont été en effet apportés au cours de la Contre-Réforme, le fossé profond entre le catholicisme et le protestantisme est devenu une réalité radicale - après un premier schisme (1054) qui avait précédemment provoqué une division permanente entre les Églises « orthodoxes » de l'Est et l'Église d'Occident.

Le catholicisme romain a eu plus de succès en maintenant ses nombreuses variétés d'expérience et d'implantations comme, par exemple, sa large gamme d'ordres monastiques, le tout sous son autorité ecclésiastique. L'Église de Rome a connu des périodes de puissance, mais aussi des temps de déclin et de relative faiblesse. Tragiquement, depuis ses débuts, le monde protestant n'a jamais présenté un front uni. Le luthéranisme et le calvinisme ont produit des sentiers différents, et cette fragmentation du christianisme réformé en de nombreuses « dénominations » ne s'est jamais interrompue, et cela malgré certaines tentatives de réunification qui ont résulté de certains efforts œcuméniques.

Malgré toutes leurs divergences théologiques et leur large diversité en matière de gouvernance et de pratique, les différentes dénominations protestantes peuvent être définies comme appartenant à quelques courants principaux : les Églises traditionnellement « conservatrices » et les Églises traditionnellement plus « libérales », le courant évangélique et, plus récemment, un pentecôtisme qui se développe rapidement. Des périodes de déclin et/ou de léthargie spirituelle ont tendance à être suivies par des vagues de réveil et par une intensification de l'activité missionnaire. Elles touchent davantage le développement du protestantisme au cours du 19ème siècle. L'adventisme est issu de l'un des principaux mouvements de réveil qui s'est produit aux États-Unis au milieu du 19ème siècle. Les actions de William Miller (1782 - 1849) ont représenté une part importante de la phase finale du second grand réveil du christianisme américain. Alors que l'Église adventiste du septième jour a dépassé ses origines millérites, elle n'a cependant jamais perdu son caractère américain et manifeste encore quelques traces du milieu au sein duquel elle est apparue et s'est développée.

Au cours du 20ème siècle et pendant les premières années du 21ème siècle, le christianisme a continué d'inspirer des millions d'hommes et de femmes sur la planète. La chrétienté organisée offre toujours une gamme fascinante d'idées, d'actions et de services. La mission reste une entreprise de très grande envergure, comme le prouvent les statistiques relatives au nombre d'associations missionnaires, leur budget et le nombre de missionnaires engagés. Mais le christianisme doit de plus en plus compléter son action en acceptant de recourir à des moyens religieux et non-religieux - et cela même au cœur de territoires où sa puissance était implantée depuis longtemps. Un processus rapide et minutieux de sécularisation ainsi que l'émergence d'une culture postmoderne subtile - et parfois moins subtile - se révèlent être des défis importants pour la foi chrétienne et pour les institutions et organisations ecclésiastiques. Et tout cela a plus affecté l'adventisme que ne l'avaient imaginé ses leaders et ses membres.

Ce bref aperçu de l'histoire de vingt siècles n'est pas seulement superficiel ou incomplet, mais il ne parvient pas non plus à faire justice aux nombreux phénomènes, à toutes ces idées et à tous ces personnages qui ont joué un rôle dans cette histoire. Les récits relatifs à ces sombres moments du passé chrétien, les scandales des Borgia, les rapports de l'Inquisition, les abus de simonie[15] et les indulgences ne nous offrent certainement pas un tableau complet et précis. Même au cours des périodes les plus sombres, des hommes et des femmes ont vécu et agi dans et pour l'Église dans un esprit de grande piété et au prix d'un énorme sacrifice personnel. De belles œuvres d'art ont été créées et des livres spirituellement édifiants ont été écrits. Nous sommes redevables aux travaux de théologiens brillants et raffinés qui ont vécu à cette époque. Nous nous inspirons de ces nombreux mystiques, de ces innovateurs spirituels et de ces militants sociaux du passé. Des gens comme Augustin, Anselme, Abélard, saint François d'Assise, Hildegarde von Bingen, John Wesley, Jonathan Edwards et tant d'autres se distinguent comme de vrais disciples du Christ, même si certaines de leurs idées théologiques et de leurs méthodes ont pu se révéler inappropriées. D'un autre côté, certaines idées et certaines actions lancées par des héros protestants comme Martin Luther et Jean Calvin se sont avérées absolument consternantes. Le rôle joué par Luther dans les conflits politiques de son temps est déplorable et son antisémitisme apparaît de nos jours aux protestants comme une attitude abominable. Jean Calvin n'est pas seulement célèbre pour sa précieuse contribution théologique grâce à son *Institution chrétienne*, mais aussi pour son implication dans l'exécution de Michel Servet qui ne partageait pas ses vues théologiques. Ce modèle de grand courage et de vision spirituelle combiné avec certaines défaillances significatives de jugement et des erreurs théologiques ont caractérisé la plupart des leaders de cette époque - même ceux qui ont apporté une noble contribution à la cause du christianisme.

Dans le chapitre suivant, nous nous éloignerons de l'Église en général et nous consacrerons notre attention à la situation actuelle de l'adventisme. Tout n'y est pas rose, et je crois même que nous pouvons parler d'une crise. Alors qu'il existe de nombreux éléments que nous devons protéger et maintenir pour l'avenir, il existe également des choses dont de nombreux membres d'Églises adventistes veulent se distancer, et cela pour de bonnes raisons. Je me range parmi eux. Et pour tous ceux qui se trouvent « en marge » de l'Église, la question est de savoir si les bonnes choses l'emportent sur celles qu'ils estiment problématiques ou pires encore.

---

1   http://www.amsterdam.info/netherlands/population/.
2   http://www.iamsterdam.com/en/local/about-amsterdam/people-culture/religion-spirituality.
3   http://www.nyc.gov/html/dcp/pdf/censusnny2013/chapter2.pdf.
4   https://en.wikipedia.org/wiki/Demographics_of_Toronto.
5   http://www.usatoday.com/story/news/2015/09/28/us-foreignborn-population-nears-high/72814674/.
6   Certaines agences spécialisées collectent de telles statistiques. Une source annuelle valable : *International Bulletin of Missionary Research*.
7   Philip Jenkins, *The New Christendom: the Coming of global Christianity*; New York/Oxford: University Press, 2011.
8   Bureau des Archives et des Statistiques : https://www.adsventistarchives.org pour le rapport statistique annuel dont ces données ont été tirées.
9   https://viaintegra.wordpress.com/european-church-attendance/.
10 http://worldnews.nbcnews.com/_news/2013/03/05/17184588.
11 http://www.churchleaders.com/pastors/pastor-articles/139575-7-startling-facts-an-up-close-look-at-church-attendance-in-america.html.
12 https://en.wikipedia.org/wiki/Demographics_of_atheism.
13 Voir par exemple mon e-book qui peut être téléchargé sur Amazon.com : *Present Truth Revisited : an Adventist Perspective on Postmodernism*, 2014.
14 http://www.brainyquote.com/quotes/topics/topic_history.html#GxsDIcsLvCT-D3HqI.99.
15 La simonie se produit quand des croyants sont en mesure d'acquérir un bénéfice d'Église pour eux-mêmes ou pour un proche. Le mot tire son origine de l'histoire racontée en Actes 8.

CHAPITRE 3

Tendances récentes au cœur de l'adventisme

La plupart des adventistes du septième jour qui ont étudié l'histoire de leur mouvement reconnaissent avec gratitude les nombreuses et enrichissantes beautés du passé. Ils ont en effet entièrement raison de s'émerveiller à propos de la croissance de l'Église adventiste, partie d'une poignée d'hommes et de femmes désappointés d'une région rurale du nord-est des États-Unis - qui attendaient pleins d'illusions le retour du Christ en 1844 - pour devenir une Église de plus de 19 millions de membres baptisés présents dans plus de deux cents pays. Toutefois, les annales de l'histoire adventiste contiennent aussi de plus sombres pages et n'offrent pas toujours un tableau cohérent de sages décisions, de perspicacité théologique, de sacrifice authentique et d'engagement sincère. Nous avons traversé des conflits doctrinaux déplorables et, à certains moments, nous avons assisté à des luttes flagrantes pour le pouvoir. L'Église a remporté des succès mais, de temps à autre, de grandes initiatives ont avorté, tandis que nos institutions se développaient ou survivaient.

Nous aborderons plus loin ces aspects en détail. Mais permettez-moi de préciser ici que, lorsque je dis quelque chose de négatif à propos du christianisme en général, ce n'est pas parce que j'ai abandonné ma foi chrétienne et parce que je ne souscris plus à ses valeurs. Et quand il m'arrive de critiquer ma propre Église, ce n'est pas parce que j'éprouve de la rancune à son égard, ou parce que j'ai été maltraité par l'Église qui m'a employé et que je recherche à présent une occasion de prendre ma revanche. Mon Église m'est chère et j'éprouve un grand respect pour ceux qui la dirigent – dans le passé comme aujourd'hui. La plupart de mes amis listés dans mes réseaux sociaux sont dans l'Église. J'ai été un employé de cette Église tout au long de ma vie professionnelle, et dans l'ensemble l'Église s'est montrée bonne pour moi. J'ai effectué d'intéressantes missions et j'ai eu l'occasion de voyager dans près de quatre-vingt pays. En tant que retraité, je suis heureux d'être régulièrement invité à prendre part à des séminaires et j'aime toujours prêcher.

Tout cela ne signifie cependant pas que je sois heureux en constatant tout ce qui se passe dans mon Église, et que je sois parfaitement en accord avec tout ce qui y est officiellement dit. En fait, je suis très préoccupé par un certain nombre d'évolutions et je me pose de sérieuses questions à propos de certaines *Croyances fondamentales* auxquelles je suis sensé souscrire. Cela ne signifie pas non plus que je sois aveugle aux conflits auxquels sont mêlés les gens que je rencontre en visitant les Églises de ma région, en discutant avec les membres ou en lisant les mails et les réactions des lecteurs de mes livres, de mes articles ou de mon blog hebdomadaire - provenant de gens vivant un peu partout dans ce monde, mais plus spécialement de croyants vivant en Europe occidentale et aux États-Unis. C'est pourquoi je serai amené à aborder ces sujets de préoccupation tout au long des pages qui vont suivre. Je le fais parce que j'aime mon Église et parce que je me soucie sincèrement de tous ces croyants qui doutent et qui luttent et qui, souvent, sont des « croyants en marge » - qui se situent sur le bord de l'Église - ne sachant pas s'ils veulent ou non y rester.

Je pense que la crise actuelle que traverse l'adventisme ne peut être comprise correctement si on la considère en dehors de la crise qui touche beaucoup d'Églises chrétiennes du monde occidental et des événements qui ont bousculé la religion et la foi au cours des dernières décennies. Et quand je me réfère au passé de l'Église chrétienne en général, et à l'Église adventiste du septième jour en particulier, c'est parce que je suis absolument convaincu que nous devons tirer les leçons de nos expériences passées. Celles-ci, je le crois, peuvent renforcer notre confiance au point que finalement, d'une manière ou d'une autre, les choses finiront par s'arranger. Les événements et les acteurs du passé ont inspiré beaucoup de gens et les ont aidés à trouver le courage de persévérer dans le présent. Mais certaines erreurs, certaines décisions malheureuses et de regrettables déclarations peuvent servir de leçons pour le présent et pour l'avenir. En agissant ainsi, nous cultiverons, je l'espère, la détermination nécessaire qui rendra possible un changement et nous permettra de regarder notre foi avec davantage de profondeur. George Santayana (1863 – 1952), un philosophe américain, a dit un jour : « Ceux qui veulent oublier le passé sont condamnés à le revivre. »

LA FORCE DE L'ADVENTISME
De nos jours, le christianisme du monde occidental fait face à une crise très sérieuse. Dans les chapitres précédents, j'ai mentionné quelques-uns des immenses défis auxquels il est confronté. A présent l'Église ne traverse pas seulement une période de déclin - comme cela se produisit de temps à autre dans le passé - mais sa survie au sein du monde postmoderne sécularisé en Europe, aux États-Unis et dans d'autres régions du monde est en jeu. Le scénario biblique de la réduction du peuple de Dieu à un petit « reste » est devenu à présent une authentique possibilité, voire une forte probabilité. Je réaffirme ce que j'ai déjà dit : qu'elle le veuille ou non, qu'elle le comprenne ou non, l'Église adventiste du « Nord » fait partie du christianisme occidental. Elle peut bien être unique dans certains domaines, mais elle partage le même contexte séculier que les autres chrétiens. Son public interne et externe est majoritairement postmoderne - ou *post*-postmoderne, comme le prétendent certains - et réagit à l'adventisme de la même manière que la majorité des gens réagissent à toute forme de christianisme institutionnel.

Au cours de mon adolescence (et bien longtemps après), les membres de l'Église adventiste aux Pays-Bas étaient exhortés à participer à une campagne annuelle de collecte de fonds au profit des missions adventistes. Les lois gouvernementales ne nous permettaient pas de solliciter de l'argent parmi la population. Nous vendions alors un magazine spécial à un prix fixe. Bien entendu, si certaines personnes voulaient payer davantage pour le petit journal, nous ne voulions surtout pas les en dissuader, mais la vente de ces magazines était le fondement de notre soi-disant campagne de « récolte de la moisson ». J'y ai participé pendant de nombreuses années, même si mon enthousiasme n'était pas forcément débordant. Plus tard, quand j'ai eu plus de quarante ans, j'ai été chargé de la publication de cette brochure annuelle. Je dois admettre qu'à cette époque je me suis appuyé sur les autres pour aller de porte en porte vendre ma production éditoriale !

Je parle de cela parce que l'une des caractéristiques les plus importantes du magazine était la page présentant le rapport statistique qui saluait l'action des missions adventistes. Les adventistes étaient présents dans de nombreux pays du monde, ils publiaient en autant de langues et prêchaient l'Évangile grâce à autant de stations radio. Une attention toute spéciale était accordée au vaste réseau de milliers d'écoles adventistes primaires, secondaires et supérieures, aux centaines d'hôpitaux, de cliniques et de dispensaires partout dans le monde. Ceux qui vendaient le magazine ne manquaient jamais de montrer à leurs interlocuteurs à la porte desquels ils frappaient toutes ces merveilleuses statistiques et soulignaient cela en les persuadant qu'acheter la brochure soutiendrait efficacement ce magnifique effort humanitaire.

Quand j'étais encore adolescent, l'Église adventiste venait juste d'atteindre un million de membres. Certes, l'adventisme des années 50 et 60 était moins développé qu'aujourd'hui, mais je ressentais néanmoins une certaine fierté de faire partie de cette immense organisation mondiale. Et même aujourd'hui, quand je voyage, cela me donne toujours le frisson quand je découvre le nom « adventiste du septième jour » sur la façade d'un immeuble. Dans certaines régions, les chances d'apercevoir cela sont très minces, mais dans d'autres pays le nom est affiché bien en vue en certains endroits. Le sentiment d'appartenir à quelque chose de grand me procure encore beaucoup de satisfaction, et je sais que je partage ce sentiment avec de nombreux collègues et amis adventistes.

Mais il ne s'agissait pas seulement d'un sentiment de fierté. Dans un passé pas si lointain, l'adventisme a souvent été considéré comme une secte d'origine étrangère (américaine) dans de nombreux pays occidentaux. Les responsables d'autres dénominations religieuses se demandaient fréquemment et ouvertement si les adventistes étaient réellement des chrétiens. Malheureusement, si certaines personnes savaient quelque chose à propos des adventistes c'était la plupart du temps des choses qui leur étaient « interdites ». Notre image publique était extrêmement réduite : nous étions surtout connus pour ce que nous ne faisions pas, plutôt que pour les idéaux que nous avions embrassés. Certaines exceptions existaient cependant. Au cours d'un voyage à l'étranger, une famille a été soignée dans un hôpital adventiste et en a gardé une impression favorable, et d'autres ont travaillé avec un collègue adventiste qui vivait sa foi de façon positive.

Il y a de cela quelques années, lorsque notre famille s'est installée dans une autre ville, ma femme a dit à notre voisine de palier que nous étions adventistes du septième jour. « Oh non, ça recommence ! », s'est-elle exclamée. Elle avait vécu au Canada dans le voisinage d'une famille adventiste qui, pendant de nombreuses années, avait essayé de la « convertir », et elle ne souhaitait pas renouveler une telle situation. Heureusement, avec le temps mon épouse a développé une bonne relation avec cette voisine. Quand nous avons quitté cette ville pour notre adresse actuelle, nos voisins ont réagi très différemment. Ils avaient vécu en Suisse avec des voisins adventistes qui se montraient très aimables et dont ils avaient gardé un excellent souvenir.

La réputation de notre Église dans le microcosme où nous vivons dépend pour beaucoup de la manière dont nous concevons notre foi et dont nos aptitudes sociales interagissent avec ceux qui ne partagent pas notre foi ou n'en ont pas. Mais dans une société au sens large, les choses sont différentes. Dans de nombreux pays, la bataille a été rude pour l'Église adventiste en vue de gagner une réputation positive. Peu à peu notre image publique s'est quelque peu corrigée. De nombreux leaders ecclésiastiques et de nombreux théologiens se sont laissé convaincre qu'en dépit de certaines particularités les adventistes étaient après tout des protestants de *bonne foi* et qu'ils pouvaient être acceptés et considérés comme des partenaires valables dans les activités interconfessionnelles. Et comme de plus en plus d'adventistes ont gagné le respect dans leur vie professionnelle, et parce qu'ils ont évoqué d'une façon positive leur engagement envers la foi et la communauté adventiste, l'adventisme est devenu moins étrange et moins réfutable aux yeux de beaucoup de gens. J'ai eu personnellement le plaisir de rencontrer au cours de séminaires académiques de nombreux représentants d'autres dénominations ainsi que des théologiens partageant différentes opinions. Au fil des années qui ont passé, mes convictions religieuses ont généralement cessé d'être une barrière. Et parce que dans de nombreux pays l'Église adventiste - malgré les vives objections d'un noyau dur de membres conservateurs opposés à tout contact avec les autres chrétiens - est entrée dans un certain type de relation avec certains comités ecclésiastiques nationaux ou des assemblées du même genre, la suspicion et les doutes à son égard se sont dissipés.

Aujourd'hui, la plupart des pasteurs adventistes sont bien mieux formés que leurs collègues de la génération qui les a précédés, et nombreux sont ceux qui ont aussi étudié dans des universités non-adventistes. Cela ne leur a pas seulement permis de se professionnaliser dans leur fonction, mais aussi de développer de meilleures relations avec leur(s) congrégation(s), leurs collègues et les pouvoirs publics. À certains moments critiques, j'ai découvert que ma crédibilité en tant que pasteur, auteur et administrateur, a été perçue plus positivement grâce au fait que j'avais obtenu un diplôme d'une université britannique réputée. Cela m'a permis, dans certaines circonstances cruciales, d'être accepté sur un pied d'égalité par mes pairs se réclamant d'autres confessions ou d'autres professions. Un certain nombre d'institutions adventistes dans lesquelles nos pasteurs sont formés sont passées du statut d'écoles bibliques à celle d'institutions ayant un statut universitaire, pleinement reconnues par les instances d'accréditation compétentes. Cela a aussi été un facteur important en faveur de la respectabilité croissante de l'Église adventiste au sein de notre société.

L'ENVIE DE BEAUCOUP D'AUTRES

Il n'est pas exagéré de dire que l'Église adventiste a développé une organisation étonnamment forte. Sa puissance organisationnelle n'est pas seulement visible dans sa structure sur quatre niveaux de (1) Conférence Générale/Divisions ; (2) Unions ; (3) Fédérations ; (4) et Églises locales. Des règlements détaillés ont été mis au point pour un fonctionnement harmonieux du système ecclésiastique, grâce à des procédures électives précises pour le choix des responsables ; à des règles détaillées pour le fonctionnement des différentes unités de l'Église ; et grâce à des droits et des privilèges prudemment élaborés à l'usage des circonscriptions à de multiples niveaux. Les leaders d'autres dénominations ont souvent exprimé leur admiration - ou parfois leur envie - face à la manière dont l'Église adventiste est organisée.

Et bien que n'importe quelle dénomination puisse toujours avoir davantage besoin d'argent - et ne jamais cesser de faire appel à une plus grande générosité de la part de ses membres - l'organisation adventiste dispose d'une solide base financière. Les revenus annuels mondiaux de l'Église se situent à présent à près de 3,3 milliards de dollars US. Cela inclut les dîmes et les offrandes, mais pas le chiffre bien plus élevé du fonctionnement financier des institutions de l'Église[1].

L'Église adventiste est restée remarquablement unie, alors que le protestantisme, en général, s'est terriblement fragmenté. Personne ne connaît exactement le nombre de dénominations chrétiennes existant dans le monde. Beaucoup d'entre elles sont très modestes, mais quelques autres inconnues de la plupart d'entre nous (en Afrique, par exemple) comptent des millions de membres. Une source rapporte que les États-Unis comptent actuellement plus de 1 500 organisations religieuses et que trois nouvelles religions apparaissent chaque jour dans le monde[2]. Le protestantisme américain a connu un plus grand développement que partout ailleurs. Si vous souhaitez un aperçu valable de la scène religieuse américaine, lisez une édition récente du *Handbook of Denominations in the United States* (Dictionnaire des dénominations aux États-Unis) écrit par Frank S. Mead. Il vous offrira une description très utile de plus de deux cents organismes religieux aux États-Unis[3].

Au cours des années, certains groupes ont quitté l'Église adventiste et formé leurs propres mouvements. Certains dissidents, par contre, ont entraîné avec eux des sympathisants et écrit des livres, sans pour autant organiser un mouvement séparé. Parmi plusieurs exemples, citons J. H. Kellogg, Dudley M. Canright, Ludwig R. Conradi, A. T. Jones,

E. J. Waggoner et A. F. Ballenger. Mentionnons également quelques mouvements de taille modeste plus ou moins organisés incluant le mouvement de la « sainte chair », le mouvement du bâton de berger, la branche bien connue des davidiens et les groupes qui ont gravité autour de Robert Brinsmead[4]. La plus importante scission s'est produite quand le mouvement de réforme adventiste du septième jour s'est séparé de la communauté adventiste à la suite d'une série de controverses touchant la participation à la Première Guerre mondiale. Ce groupe s'est organisé en dénomination indépendante comptant de nos jours près de 40 000 membres dans 130 pays. En plus de cette tragique scission, quelques autres petits groupes ont tourné le dos à l'Église adventiste. Mais en regardant en arrière, il est étonnant de constater à quel point l'adventisme est demeuré fortement uni. Comparons cela, par exemple, au mouvement baptiste. L'Alliance baptiste mondiale rapporte qu'elle regroupe 228 organisations baptistes différentes[5]. Et toutes les dénominations baptistes ne sont pas membres de l'Alliance ! Beaucoup d'entre elles ont une organisation nationale ou régionale, et représentent un large éventail d'opinions théologiques, allant du libéralisme au fondamentalisme extrême. Globalement, on peut dire que l'Église adventiste est effectivement restée remarquablement unie.

DÉVELOPPER UNE THÉOLOGIE MATURE

La théologie adventiste du septième jour a changé de façon significative au cours des années. L'historien adventiste George R. Knight a déclaré que James White, l'un des fondateurs du mouvement, n'aurait pas reconnu les doctrines fondamentales actuelles en tant que fondement de sa dénomination et qu'il n'aurait même pas voulu être membre de l'Église adventiste aujourd'hui[6]. L'évolution des croyances adventistes est un sujet passionnant que nous ne sommes pas en mesure de traiter plus profondément dans ce livre. Une série de remarques devra suffire. Il est important d'insister sur le fait que l'ensemble complet des vingt-huit *Croyances fondamentales* n'est pas tombé du ciel au cours des premières années de l'histoire adventiste. La pensée théologique adventiste contemporaine est le résultat d'une évolution lente et progressive. Elle a commencé avec des gens issus de mouvements protestants divers, qui avaient vécu une très grande désillusion lorsque leur attente du retour du Christ ne s'est pas concrétisée. En quelques années, ils ont réussi à atteindre un large consensus sur un certain nombre de points - comme, par exemple, le sabbat, ainsi qu'une explication de la débâcle de 1844. Ils ont mis au point une doctrine du « sanctuaire et ont reconnu que « le don de prophétie » s'était manifesté parmi eux. Très tôt, ils ont accepté aussi de comprendre la mort comme un « sommeil », et ils ont refusé de croire à la possibilité d'une âme immortelle allant au ciel immédiatement après la mort. Après un certain temps, ils ont pris conscience de leur mission mondiale : tous les peuples devaient être avertis de la proximité de la fin des temps et devaient être confrontés au message final de Dieu annonçant un jugement imminent. Mais de nombreuses autres doctrines se sont cristallisées au fur et à mesure que passaient les décennies.

L'adventisme dans son ensemble à cette époque de son histoire était plutôt légaliste. Une importante assemblée convoquée en 1888 a abordé ce problème, mais le légalisme est resté un défi permanent. Depuis ce moment, la théologie officielle de l'Église adventiste a mis plus fortement l'accent sur le salut résultant uniquement de la foi dans le sacrifice du Christ en faveur de l'humanité, et non des œuvres humaines. Au 20ème siècle - et plus particulièrement à partir des années 60 - les doctrines fondamentales chrétiennes, comme la Trinité, les natures du Christ, la personnalité du Saint-Esprit et l'expiation ont été l'objet d'une plus grande attention qu'auparavant, quand l'intérêt ne s'était presque exclusivement consacré qu'aux idées doctrinales essentiellement adventistes. Quand on évoque la croissance et la force de l'adventisme, il importe de se souvenir de cette évolution progressive de la pensée théologique adventiste.

L'ADVENTISME EN CRISE ?
Mais tout n'est pas rose dans l'Église adventiste. Loin de là ! Nombreux sont ceux qui estiment que la récente évolution de l'adventisme signifie que l'unité de l'Église est aujourd'hui en grand danger. Mais est-ce vraiment le cas ? Se pourrait-il que l'adventisme - et particulièrement en Occident - soit voué à une décroissance et finisse par disparaître ? Si tel est le cas, cela serait-il dû principalement au malaise général qui

règne au sein du christianisme occidental, ou existe-t-il des raisons spécifiques pour lesquelles l'adventisme (au moins dans le monde occidental) ne puisse pas survivre ? Ne disons pas trop hâtivement que le Seigneur veut empêcher la disparition de l'Église adventiste. Il est arrivé dans le passé que des Églises chrétiennes déclinent et disparaissent complètement.

On a souvent suggéré que les Églises chrétiennes sont des organismes sociaux qui traversent un cycle prévisible. Un exemple bien connu nous a été fourni par le sociologue des religions David O. Moberg (né en 1922)[7]. Il affirme que les organisations religieuses traversent cinq étapes consécutives. Au cours de la *première* étape, la nouvelle organisation est lancée parce que la situation existante est devenue insatisfaisante. Quelques personnes se rassemblent. Quelques nouvelles idées émergent au cours de leurs rencontres ; ils les partagent et attirent des partisans animés du même état d'esprit. À ce stade, la direction est surtout informelle et charismatique dans sa nature. Au cours de la deuxième étape, l'organisation acquiert une structure organisationnelle plus affinée. Les objectifs et les idées se précisent et un consensus est atteint à propos des normes et des valeurs. Cette étape se caractérise par une grande activité de recrutement. Ensuite, au cours de la *troisième* étape, l'organisation en pleine expansion atteint un stade d'efficacité maximale grâce à de nombreuses actions innovantes. La direction tend à devenir plus rationnelle et perd donc sa dimension charismatique. L'organisation devient progressivement plus centralisée et fait l'objet de la reconnaissance de la société. La *quatrième* étape est souvent marquée par une institutionnalisation croissante qui se signale habituellement par une bureaucratie croissante. Les normes et les valeurs deviennent moins sensibles et les membres ont tendance à devenir de plus en plus passifs. Le stade *final* présente le déclenchement de la désintégration. L'organisation souffre de formalisme, de bureaucratie, ou pire encore. Les structures administratives ne correspondent plus aux questions actuelles et aux besoins de la communauté. Les adeptes perdent leur confiance dans leurs responsables et de nouveaux groupes marginaux se créent peu à peu. Et c'est cela, en fait, qui explique le commencement de la fin pour le mouvement.

Si ce modèle nous semble valable - et je pense qu'il l'est - une question me vient à l'esprit : À quel stade l'Église adventiste occidentale se trouve-t-elle à présent ? Quelques-uns pourraient dire que nous en sommes encore au troisième stade. Ils peuvent en effet avoir raison s'ils parlent de l'Église dans certaines régions du Sud. Mais je soupçonne que la plupart de ceux qui vivent dans le monde occidental et qui ont bien réfléchi à propos de ce problème reconnaîtront que nous avons probablement atteint le stade quatre, et même que nous avons déjà abordé le stade cinq. Si tel est le cas, nous ne devons pas interpréter cela comme une prophétie inconditionnelle ou comme un destin inévitable. Mais, tout au moins, il s'agit d'un sévère avertissement nous signalant que nous sommes au cœur d'une crise sérieuse et que des changements drastiques sont nécessaires pour inverser la tendance. Je crois que les propos de l'évêque anglican John Shelby Spong concernant l'Église chrétienne dans sa généralité - elle *doit changer ou mourir* - doivent aussi certainement s'appliquer à l'adventisme occidental[8].

MALAISE À PROPOS DE L'ÉGLISE INSTITUTIONNELLE

Lorsque les historiens adventistes analyseront les évolutions de leur Église dans dix ans ou plus, ils mentionneront peut-être la Conférence Générale de San Antonio (Texas, Etats-Unis) en 2015 comme un moment où quelques tendances malheureuses se sont manifestées de façon plus visible qu'auparavant[9]. Quand on lui demanda comment il avait vécu cette assemblée où plus de 2 500 délégués du monde entier étaient rassemblés pour élire des responsables et prendre des décisions qui touchent l'avenir de leur Église, un professeur d'université adventiste mentionna quelques virages qu'il avait notés. Il était très clair, dit-il, que le Sud avait pris conscience de son influence potentielle et qu'il voulait plus que par le passé faire usage de sa puissance numérique en vue de rejeter les souhaits du Nord.

Il signala également d'autres évolutions. Il assista à la dérive de l'harmonie spirituelle vers une atmosphère plus politique, ainsi qu'un mouvement théologique du « centre » vers la « droite ». Il lui sembla que les discussions relatives aux modifications à apporter au *Manuel d'Église* montraient que ce document important devenait progressivement *normatif* de ce qui devait être observé, plutôt que *descriptif* ou comme une façon normale de gérer le fonctionnement organisationnel de l'Église locale. En outre, il eut l'impression que le débat étendu à propos des changements relatifs aux *Croyances fondamentales* révélait une tendance croissante vers le credo. Plus encore, il observa que le rôle du président de la dénomination devenait de plus en plus « impérial »[10]. Nous reviendrons sur ces différents « virages » dans les pages ultérieures, mais dans un premier temps nous allons considérer les inquiétudes partagées par de nombreuses personnes à propos de la façon dont l'Église a tendance à fonctionner actuellement.

Le modèle organisationnel de l'Église adventiste est un mélange d'éléments hérités de différentes traditions. L'insistance sur la séparation entre l'Église et l'État provient de la tradition des « Églises libres » qui s'enracine dans la Réforme radicale et qui s'est transplantée aux États-Unis où elle devint la norme plutôt que l'exception. L'adventisme adopta les éléments organisationnels du calvinisme, aussi bien que ceux du luthéranisme, tandis que d'autres étaient simplement empruntés au méthodisme et au mouvement de la Connexion chrétienne[11], courant auquel quelques leaders importants de l'adventisme primitif avaient adhéré. La terminologie de « Fédérations » et de « Conférence générale » dérive de la forte influence du méthodisme. Au même moment, la structure à quatre niveaux de l'Église - Conférence Générale/Divisions, Unions, Fédérations et Églises locales - adoptait une nature hiérarchique particulière avec un parfum catholique romain. Et, que nous l'appréciions ou non, le système politique américain a laissé lui aussi sa marque indélébile sur la manière dont l'Église adventiste est organisée. Il a donné à la dénomination une forme présidentielle de leadership (mais, malheureusement, sans cet équilibre des pouvoirs qui se manifeste au sein du système politique américain).

Pour un esprit européen, le système présidentiel paraît inacceptable. Aucun chef d'État européen, aucun premier ministre (comme, par exemple, en Allemagne, au Royaume-Uni ou même en France) ne détient le même genre de pouvoir exécutif aussi large et ne peut modifier ou définir l'orientation d'un pays comme le peut un président américain. De même, au sein de l'Église en Europe, les responsables d'Unions et de Fédérations sont d'abord et avant tout des chefs d'équipe. Les présidents dirigent les réunions, proposent certains projets, mais ils doivent toujours s'assurer de l'approbation de leurs comités et faire preuve de prudence quand ils présentent leurs propres projets. J'ai exercé la fonction de président d'Union dans mon pays. Je pense avoir bénéficié de la confiance et du respect de la plupart de mes collaborateurs et des membres d'Église, mais j'ai toujours été pleinement conscient du fait que mes pouvoirs étaient limités, et je savais quand je devais m'abstenir de pousser plus avant mes propres idées - aussi brillantes que je pouvais parfois les estimer.

Ce qui me dérange, et beaucoup d'autres avec moi en Europe, mais ailleurs dans le monde occidental et peut-être plus loin - même aux États-Unis - c'est de constater que des présidents d'Églises disposent d'un pouvoir excessif et peuvent ainsi fixer l'agenda de l'Église au cours de leur mandat. Cela est particulièrement vrai en ce qui concerne la manière dont le président de l'Église mondiale peut influencer la direction de toute une dénomination. Au point où nous en sommes, un peu d'histoire s'avère fort utile, pour montrer comment les derniers présidents de la Conférence générale ont imprimé leur marque sur les périodes au cours desquelles ils ont exercé leur mandat.

CINQ PRÉSIDENTS DE L'ÉGLISE

Reuben Figuhr (1893 - 1986) dirigea l'Église adventiste de 1954 à 1966. Les historiens adventistes évoquent sa présidence comme une période de stabilité et d'ouverture. Figuhr était beaucoup moins concerné par l'influence des tendances « modernes » ou « libérales » que ne le sera son successeur. Deux projets d'envergure témoignent de la volonté de l'Église de briser les bases nouvelles de la théologie (ou tout au moins de les autoriser) : la préparation du livre (toujours) controversé *Seventh-day Adventists Answer Questions on Doctrine*[12] ainsi que le septième volume du *Seventh-day Adventist Bible Commentary*, édité par F. D. Nichol[13].

Robert Pierson (1911 - 1989) se soucia beaucoup de la direction théologique de l'Église et fit tout ce qu'il put pour inverser la tendance. En regardant de plus près sa présidence (1966 - 1979), on constate des parallèles troublants avec l'administration actuelle, plus particulièrement à propos des thèmes du « réveil » et de la « réforme » lancés par Pierson et ressuscités plus tard par Wilson[14].

Le leader adventiste mondial suivant fut *Neal C. Wilson* (1920 - 2010), le père de l'actuel président de la Conférence générale. Au cours de sa présidence (1979 - 1990) l'Église connut une expansion considérable. En 1979, le nombre de membres s'élevait à près de 3,4 millions ; ce nombre arriva à 5,5 millions vers 1990. Le projet *Mission Globale* fut lancé, parmi les ambitieux plans de Wilson, afin de renforcer l'extension de la dénomination. Au cours de la session de la Conférence Générale de Dallas (Texas, États-Unis) en 1980, l'Église adopta les vingt-sept croyances fondamentales. Ces vingt-sept points[15] devinrent le fondement du document modifié qui fut approuvé à San Antonio. Neal C. Wilson fut considéré par beaucoup de gens comme un politicien ; l'une des victimes de la politique de l'Église pendant l'ère Wilson fut Desmond Ford (né en 1929)[16].

À la grande surprise de la plupart des délégués de la session de 1990 à Indianapolis (Indiana, Etats-Unis), *Robert Folkenberg* (1941 - 2015), un homme relativement peu connu, fut élu président. On se souvient de lui pour sa fascination par la technologie, mais aussi pour ses nombreuses initiatives en vue de faciliter la poursuite de la croissance de l'Église. Théologiquement, il était plutôt conservateur et, comme Pierson, il se sentait appelé à mettre un frein aux tendances libérales. Un document intitulé *Total Commitment* (Engagement total) fut officiellement accepté par l'Église peu avant que Folkenberg soit forcé d'abandonner sa fonction. Son intention était de mettre en conformité avec le contenu de ce document une condition préalable pour le leadership et l'enseignement des missions. Le document se retrouva dans le *SDA Working Policy*, mais ne rencontra que peu d'intérêt au cours de la présidence de Paulsen (1999 - 2010)[17].

Jan Paulsen (né en 1936), le premier théologien de profession qui devint leader suprême de l'Eglise peut être comparé à Reuben Figuhr. Au lieu d'insister sur la doctrine et sur l'uniformité culturelle, il se soucia plutôt de l'unité de l'Église dans sa diversité. Mais, comme

Figuhr, il fut suspecté par beaucoup de gens d'entretenir des sympathies libérales. Et, comme Figuhr, il fut suivi par quelqu'un qui allait lancer (et soutenir) une croisade contre les dangers auxquels l'Église était confrontée à cause de ceux que l'on accusait de s'éloigner de « la Vérité », comme nous pouvons le constater par une « lecture littérale » de la Bible et à une interprétation littérale des écrits d'Ellen G. White.

Depuis 2010, l'Eglise est dirigée par *Ted N. C. Wilson* (né en 1950). Sa réélection en juillet 2015 à San Antonio a marqué le commencement de son second mandat. Tandis qu'une partie de l'Église se réjouissait, une portion considérable déplora la perspective de cinq années de leadership supplémentaires. Plus que ses prédécesseurs, il a imprimé sa marque de traditionalisme fondamental sur l'Église. Il semblerait que la réélection de Wilson soit également très intimement associée à l'élargissement du fossé Nord-Sud dans l'Église.

Dès que Ted N. C. Wilson a été élu président de la Conférence générale, il a exprimé ses principaux soucis à propos de l'Église dans un sermon significatif prononcé à Atlanta le 3 juillet 2010[18]. Le titre de son sermon, *Go Forward* (En avant), semble avoir été inspiré par le dernier volume des *Témoignages* d'Ellen White[19]. Ce document qui devait se répandre dans un certain nombre de pays depuis Atlanta, est devenu le leitmotiv des messages au cours de ses différents déplacements. L'accueil de ce sermon a été plutôt mitigé, comme l'a été la réaction à des sermons de ce type lors des principales assemblées de l'Église au cours des années suivantes. Beaucoup se sont réjouis, mais beaucoup d'autres ont écouté avec une frustration croissante. En fait, beaucoup ont trouvé en Wilson le leader adventiste le plus décidé.

TENDANCES RÉCENTES

Le projet « réveil et réforme » est devenu l'une des initiatives significatives de Ted N. C. Wilson dans l'Église au cours des cinq années de son premier mandat. Bien entendu, il est très difficile d'évaluer de façon objective et mesurable les résultats atteints par ce projet. Il est intéressant de remarquer, comme nous l'avons mentionné plus haut, à quel point l'appel de Ted N. C. Wilson au réveil et à la réforme ressemble à celui du président Robert Pierson.

Robert Pierson se sentait très concerné par les deux décennies de prétendues tendances au « libéralisme » sous la présidence de Reuben H. Figuhr, et il était décidé à orienter l'Église dans une autre direction. Raymond Cottrell (1911 - 2003), un éminent rédacteur de la *Review and Herald* et du septième volume du *SDA Bible Commentary*, décrivait Robert Pierson en ces termes : « Robert Pierson était un homme bienveillant, un adventiste consacré, un gentleman en toutes choses, mais aussi un homme animé par des objectifs précis et par une résolution déterminée en vue de les mener à terme. » Il considérait Robert Pierson, Gordon M. Hyde et Gerhard Hasel comme « trois architectes survenant après une décennie d'obscurantisme (1969 - 1979) ». Selon Raymond Cottrell, ce « triumvirat » a tenté d'exercer un contrôle absolu sur l'étude de la Bible au cours de cette décennie[20].

Au cours du Conseil annuel (appelé depuis le Conseil d'automne) de 1973, l'administration Pierson lança un projet « réveil et réforme ». Le président proposa neuf thèmes d'intérêt particulier pour inciter l'Église à se concentrer sur le sujet « réveil et réforme » :

- Une Église non-préparée.
- Le message est subtilement attaqué par des doutes relatifs à l'inspiration de la Bible et à l'esprit de prophétie.
- Les institutions ont besoin d'être redirigées par leur président et par leur administration.
- Les leaders de l'Église sont en manque de réveil et d'engagement.
- Une dérive de l'Église qui s'éloigne de l'étude de la Parole de Dieu - un grand besoin de réveil par l'étude de la Bible.
- Les foyers ont besoin d'aide afin de faire face aux pressions du monde moderne - l'importance de « l'autel de famille ».
- Le besoin de témoigner animé du « premier amour ».
- Le besoin d'une générosité inspirée par le « premier amour ».
- Le besoin du réveil d'une prédication fondée sur la Bible qui met en évidence le thème « le Christ, notre justice »[21].

Le livre de Robert Pierson intitulé *Revival and Reformation* (Réveil et Réforme)[22], ainsi que son discours d'adieu émouvant prononcé en 1973, alors qu'il venait de démissionner de son poste de présidence pour raisons de santé, exprimait les mêmes préoccupations que celles qui ont été depuis lors redites maintes et maintes fois par Ted N. C. Wilson. Cette citation quelque peu interminable de Robert Pierson le démontre clairement :

> *Il est regrettable que certains dans l'Église minimisent l'inspiration de toute la Bible, qu'ils méprisent les onze premiers chapitres de la Genèse, qu'ils mettent en doute la chronologie courte de l'âge de la terre présentée par l'esprit de prophétie et qui subtilement et moins subtilement attaquent l'esprit de prophétie. Certains considèrent les réformateurs et les théologiens contemporains comme la source et la norme de la doctrine adventiste du septième jour. D'autres prétendent être fatigués par les phrases rebattues de l'adventisme. D'autres encore souhaitent oublier les normes de l'Église que nous aimons. D'autres convoitent et recherchent la faveur des évangéliques ; enfin, d'autres sont attirés par la voie d'un monde sécularisé et matérialiste.*
>
> *Chers dirigeants, bien-aimés frères et sœurs - ne laissez pas cela se produire ! Je vous appelle aussi sérieusement que je le puis ce matin - ne laissez pas cela se produire ! Je m'adresse à l'université Andrews, au séminaire, à l'université de Loma Linda - ne laissez pas cela se produire ! Nous ne sommes pas anglicans du septième jour, ni luthériens du septième jour - nous sommes adventistes du septième jour ! C'est la dernière Église de Dieu proclamant le dernier message de Dieu !*[23].

Une fois de plus, on ne peut s'empêcher de remarquer la grande similitude entre l'accent mis par Robert Pierson sur le « réveil et la réforme », et celui de Ted N. C. Wilson quelques décennies plus tard. Malgré les références fréquentes au rôle du Saint-Esprit et à la « pluie de l'arrière-saison », le style de réveil et de réforme prôné par Wilson est beaucoup plus marqué par les programmes humains susceptibles d'y aboutir. Les mesures administratives et organisationnelles prises en vue de promouvoir ce projet « *réveil et réforme* » posent la question suivante : n'a-t-on pas exagéré les moyens au détriment de l'action du Saint-Esprit ? Un comité a été créé au niveau de la Conférence

Générale, et à l'un des vice-présidents a été confiée la supervision de ce projet. Des plans auxiliaires ont été mis en place comme, par exemple, un site Web spécial[24] ainsi que des moyens permettant aux membres d'Église de porter leurs habitudes de lecture de la Bible et leur vie de prière à un niveau plus élevé, comme le *Revived by His Word Plan*[25] et la *777 Prayer Chain*[26]. Au cours du second mandat de Ted N. C. Wilson, cet accent semble avoir perdu beaucoup de cette vigueur initiale.

LA CONSÉCRATION DES FEMMES

Au cours des cinq premières années Wilson, la consécration des femmes pasteurs a attiré au moins autant d'attention que le projet *réveil et réforme*. Il serait injuste de dire que l'opinion de Wilson à propos de cette question a été le seul facteur déterminant dans le conflit de l'Église portant sur ce point de controverse, mais il est clair que Ted N. C. Wilson n'était pas prêt à faire usage de son influence pour créer une atmosphère dans laquelle ce problème aurait pu être résolu d'une manière différente et qui aurait pu recueillir une large adhésion au sein de l'Église.

La question de savoir si les femmes peuvent être consacrées pour n'importe quelle fonction dans l'Église, ainsi qu'au ministère pastoral et aux postes de direction dans l'Église adventiste a été matière à une intense discussion depuis les années 1960. Au cours de ce continuel débat, des éléments théologiques, éthiques, culturels et traditionnels jouent un rôle, en plus, à certains moments, des problèmes de politique d'Eglise. Pour beaucoup, il semble étonnant qu'une Église qui met fièrement en évidence une femme en qualité de co-fondatrice - et qui elle-même était sensible à l'importance du rôle des femmes dans la mission de l'Église - hésite à ce point à accepter des femmes comme étant pleinement égales aux hommes. On peut comprendre que, dans certaines régions du monde, accepter d'ouvrir le ministère aux femmes au même titre qu'aux hommes puisse encore rencontrer de fortes barrières culturelles, mais dans le monde occidental de nombreux membres d'Église ne peuvent pas comprendre pourquoi leur Église reste à la traîne, loin derrière les normes éthiques du monde qui nous entoure.

Des décennies de discussion ont conduit à une situation de plus en plus difficile à expliquer. En 1984, l'Église prit enfin la décision qui convenait de consacrer les femmes anciens si certains pays estimaient cela convenable et, plus tard (en 2000), la voie s'ouvrit à la consécration des diaconesses. En 1987, un nouveau modèle de lettre de créances fut institué. Des hommes et des femmes exerçant une fonction non-pastorale dans l'Église purent recevoir une lettre de créances de « pasteur autorisé ». Très vite cette décision s'appliqua également aux femmes exerçant une fonction pastorale. Cela leur accorda la plupart des privilèges réservés ordinairement aux pasteurs consacrés, mais avec quelques exceptions notables toutefois. Cette nouvelle accréditation n'était valide que dans la zone géographique dans laquelle l'Église locale mandatait cette personne. Son titulaire ne pouvait en aucun cas être élu président d'une Fédération, d'une Union ou d'une Division - et encore moins de la Conférence Générale ! Bien entendu, cette disposition n'a aucun fondement théologique et ne représente qu'une question politique. Quand tout est dit, il reste difficile à comprendre pourquoi des femmes *anciens* et *diaconesses* peuvent être consacrées, alors que cela reste considéré comme inconvenant pour des femmes *pasteurs*. Existerait-il différentes sortes ou différents grades de consécration ? Quel raisonnement théologique pourrait donc bien expliquer la situation actuelle ?

Au fil des années, une série de comités a étudié le sujet de la consécration des femmes, le plus récent étant le *TOSC (Theology of Ordination Study Committee)*. La majorité de la centaine de participants ont lu et écouté de nombreux documents, et se sont rencontrés de nombreuses fois. Aucun consensus ne put être atteint, mais une majorité parvint à la conclusion que la consécration des femmes était, en fait, non pas un problème théologique, mais bien plutôt un problème de culture et de politique d'Église. Telle fut aussi la conclusion de la plupart des rapports des *Biblical Research Committees* qui fonctionnent au niveau des divisions. Malheureusement, tout ce matériel a été généralement ignoré au cours des discussions à San Antonio.

Lorsque la session de la Conférence générale se réunit à San Antonio en juillet 2015, une question fut posée aux délégués à laquelle ils ne pouvaient répondre que par « oui » ou « non » : L'Église doit-elle permettre aux régions (Divisions) de décider si oui ou non elles désirent accorder la consécration aux femmes pasteurs dans leur pays ?[27] A l'issue d'un débat passionné, et même déplaisant, 41,3 % des délégués votèrent « oui » et 58,5 % votèrent « non », sans oublier quelques abstentions. Si Ted N. C. Wilson avait voulu rejoindre Jan Paulsen, le précédent président de l'Église mondiale, en encourageant les délégués à autoriser cette liberté aux différentes régions du monde, il n'y a aucun doute que le résultat aurait été sensiblement différent et que le « oui » l'aurait emporté ce jour-là.

Au cours des débats avant et pendant la session de la Conférence Générale, une théorie théologique relativement nouvelle commença à jouer un rôle plus important que jamais - et je pense que nous n'avons pas fini d'en entendre parler. Je fais référence à l'idée non-scripturaire de « l'autorité du mâle », qui suggère l'existence d'un ordre distinct dans le partage de l'autorité : Dieu - le Christ - l'homme - la femme. Cette théorie s'enracine dans les cercles calvinistes conservateurs présents aux États-Unis et a pénétré l'adventisme par Samuele Bacchiocchi (1938 - 2008), un chercheur conservateur et un écrivain populaire qui, par principe, choisit d'écrire des livres abordant des sujets de controverse. Cela repose sur une lecture particulière de la Bible sur laquelle nous nous arrêterons plus loin.

L'INTERPRÉTATION LITTÉRALE

Beaucoup de controverses actuelles au sein de l'Église adventiste sont en rapport avec une façon particulière de lire et d'interpréter la Bible. Dès le début de sa présidence, Ted N. C. Wilson a insisté sur l'interprétation « littérale » de la Bible, c'est à dire sur l'importance d'une acceptation du sens littéral du texte. Il rappelle continuellement à ses auditeurs les dangers de toutes les formes de critique historique et recommande la lecture de quelques livres récents traitant de la Bible et de son interprétation qui viennent d'être publiés par le *Comité de recherche biblique*[28]. Nul doute que l'approche des Écritures préconisée par Ted N. C. Wilson a renforcé les tendances fondamentalistes toujours présentes au sein de l'adventisme.

Outre le fait d'insister sur une interprétation de la Bible aussi littérale que possible, Ted N. C. Wilson ne cesse de mettre l'accent sur l'importance des écrits d'Ellen G. White et du principe selon lequel ceux-ci devraient être le principal point de référence de quiconque à propos de tout ce que nous disons. Cet usage dépourvu d'esprit critique de ses écrits, sans aucun recours au contexte original, a été chaudement applaudi par beaucoup dans l'Église mais, en même temps, a été très critiqué par d'autres. Les sermons de Ted N. C. Wilson ont tendance à être remplis de citations tirées des écrits d'Ellen White qui - tous prétendent le contraire - semblent souvent éclipser le rôle de la Bible.

L'enthousiasme en faveur de « l'esprit de prophétie » (c'est ainsi qu'on se réfère souvent aux écrits d'Ellen White) s'est clairement manifesté lors de la campagne mondiale au cours de laquelle des dizaines de millions d'exemplaires du livre *La tragédie des siècles* ont été distribués au cours du premier mandat Wilson. Ce projet a lui aussi reçu un accueil plutôt mitigé. Dans certains pays, les membres étaient désireux d'y participer, et des éditions spéciales du livre ont été publiées en grandes quantités. Toutefois, dans d'autres régions du monde, seules des éditions abrégées où les chapitres ont été sélectionnés ont été publiées, afin de s'assurer que le grand public ne soit pas désarçonné par le très grand nombre de références anticatholiques qui constituent une part importante du livre. Dans certains pays - plus particulièrement en Occident - la participation au projet fut presque nulle ou limitée à des petits groupes constitués pour la plupart de membres immigrés. Beaucoup ont regretté cette campagne et le fait que la direction mondiale ait imposé cela à l'Église tout en ignorant les objections sérieuses qui avaient pourtant été émises. Cela fut perçu comme une autre directive du haut vers le bas et comme un exemple des méthodes que la haute administration de l'Église avait choisi pour agir.

Nous avons déjà fait référence à *L'Institut de recherche biblique* (BRI) qui est en liaison avec le bureau central de l'Église mondiale. Il a été créé en 1975 avec pour objectif de fournir à l'administration de l'Église un avis théologique en cas de controverse doctrinale, et d'effectuer des recherches de nature théologique. Il a perdu une partie de son statut de semi-indépendance lorsqu'il fut directement relié en 2010 au bureau du président de la Conférence Générale, dirigé par un vice-président de l'Église. Ainsi, à partir de ce moment-là, un contrôle présidentiel plus fort pouvait s'exercer sur les activités du BRI. Les théologiens résidents qui fonctionnent au sein du CRB étaient habituellement plutôt conservateurs, et cette tendance s'est clairement intensifiée au cours des dernières années - pour amener l'Église plus loin sur la voie de la rigidité doctrinale et du fondamentalisme.

LES *CROYANCES FONDAMENTALES* ET LA CRÉATION

L'un des points importants figurant à l'agenda de la session de la Conférence Générale en 2015 était la révision des vingt-huit *Croyances fondamentales* de l'Église, comprenant les sujets les plus controversés, à savoir une réécriture substantielle de l'article relatif à la création (article 6) et une référence au déluge « universel » (dans l'article 8). La révision des *Croyances fondamentales* de l'Église a provoqué un flot de discussions avant et pendant les réunions qui, sans aucun doute, se poursuivra encore. Deux aspects attirent particulièrement notre attention.

D'abord, il existe une tendance marquée à détailler de plus en plus les croyances adventistes. Cette tendance n'a pas fait son apparition à San Antonio. Cependant, nombreux sont ceux qui espèrent que cette évolution prendra fin bientôt et - de préférence - s'inversera ! Un rapide coup d'œil sur l'histoire des *Croyances fondamentales* peut surprendre beaucoup de membres d'Église. Au début, les croyants adventistes refusèrent de concevoir le moindre résumé de ce qu'ils croyaient. « Nous n'avons pas de credo mais nous avons la Bible », tel était leur slogan. Établir une liste de doctrines ressemblait pour eux à un grand pas dans la direction de Babylone. Cela provoquerait un coup d'arrêt préjudiciable à l'étude de la Bible. L'histoire a abondamment prouvé que, lorsqu'un tel credo est accepté, il devient impossible d'y apporter la moindre modification ! Les premiers adventistes avaient échappé à ce carcan doctrinal qui étranglait les Églises auxquelles ils avaient appartenu, et ils ne souhaitaient pas revenir à une situation semblable ! Toutefois, plus tard, cette position rigide finit par se révéler intenable. Le grand public se posait des questions à propos des croyances de l'Église adventiste et il convenait d'y répondre. En 1853, James White, l'un des pionniers adventistes et le rédacteur de plusieurs publications officielles de la dénomination, fit paraître le premier résumé informel des croyances adventistes. En 1872, l'Église publia une courte brochure présentant une liste de vingt-cinq « principes fondamentaux ». L'objectif n'était pas « de garantir une uniformité » ou de fournir « un système de foi », mais devait être considéré tout simplement comme « une courte présentation de ce qui fut et reste observé unanimement par les croyants adventistes »[29]. Le but recherché était seulement de « répondre aux questions » et de « corriger les déclarations erronées ». Il fallut attendre 1931 pour voir apparaître une présentation nouvelle de ces croyances. Cette « présentation des croyances des adventistes du septième jour » énumérant vingt-deux thèmes doctrinaux, fut utilisée dans l'Église jusqu'en 1980. Elle fut remplacée par un nouveau document reprenant vingt-sept « croyances fondamentales » voté par les délégués de la session de la Conférence générale de Dallas (Texas, États-Unis). Un point additionnel (n° 11) fut adopté en 2005 et porta à vingt-huit le nombre de croyances fondamentales.

Malgré cette évolution de la position de l'Église à propos des croyances, depuis une liste informelle en vue de faire connaître au grand public les principales doctrines de l'adventisme jusqu'à cette présentation très détaillée des doctrines-clés de l'adventisme que tous les membres sont supposés accepter, l'Église continue d'insister sur l'absence de tout credo dans la Bible. Cela est clairement devenu une affaire de sémantique, car le document présentant les *Doctrines fondamentales* fonctionne de plus en plus comme un credo et tous les membres - et, qui plus est, tous les employés de l'Église - sont sensés, du moins en théorie, marquer leur adhésion à chacun de ces points. Beaucoup de membres de l'Église ne se sentent pas à l'aise face à cette tendance qui progresse et se demandent à quoi cela aboutira.

Signalons un autre point. Au cours des dernières années, on a clairement ressenti l'impulsion déterminante provoquée par les hauts responsables de l'Église - le président de la Conférence Générale en particulier, en accord avec un groupe de théologiens conservateurs -

en vue de renforcer quelques articles des *Croyances fondamentales*. Leur attention s'est concentrée sur l'article six qui aborde la création du monde. Le texte qui a été adopté en 1980 a déjà semblé problématique aux yeux de quelques scientifiques et d'autres membres de l'Église, qui estimaient qu'il fallait donner plus d'espace aux interprétations moins littérales des récits de la création et du déluge. Cela fut perçu cependant comme un danger auquel il fallait faire face. C'est pourquoi la déclaration nécessita une telle révision que toute lacune susceptible de laisser le moindre espace à toute forme théiste d'évolution et à toute interprétation différant d'une « lecture littérale » du texte serait exclue[30]. Ceux qui défendirent la nouvelle formulation furent satisfaits lorsque le vote (pas inopinément) alla dans leur sens. Mais beaucoup de gens présents à San Antonio et autour du globe - particulièrement en Occident - furent déçus, ou pire encore. Pour un grand nombre d'entre eux, le fait d'introduire un langage non-biblique dans le nouveau texte en vue de souligner que les sept jours de création étaient des jours littéraux de 24 heures, faisant partie d'une période que nous appelons aujourd'hui une semaine, et pour souligner que la création était un événement « récent », tout comme l'était le déluge « universel », tout cela représentait un exemple frappant de la tendance croissante à adopter une lecture complètement fondamentaliste de la Bible. Ils estimèrent que l'Église adventiste commettait la même erreur que l'Église catholique lorsque celle-ci accusa Galilée d'hérésie.

Nous reviendrons plus loin dans ce livre sur le rôle de la doctrine dans l'Église et dans la vie du croyant en tant qu'individu. Les chrétiens postmodernes ne sont pas très intéressés par les finesses doctrinales et ils réagissent vivement en prétendant être forcés d'enfiler cette camisole de force de liste de doctrines auxquelles ils doivent adhérer, s'ils veulent être acceptés en tant que membres « en situation régulière ». De plus en plus souvent certains hésitent à se joindre à l'Église adventiste s'ils sont obligés de dire « oui » à toutes les vingt-huit *Croyances fondamentales*. Dans l'esprit postmoderne, ils désirent constituer leur propre liste et ils estiment avoir besoin de liberté pour y parvenir. Si cela n'est pas possible, ils ne descendront pas dans le baptistère ! Et de plus en plus, ceux qui se sont joints à un moment donné dans le passé à l'Église ne sont plus convaincus de l'exactitude et/ou de la pertinence de certains points et se demandent combien parmi « les vingt-huit » méritent encore d'être acceptées pour rester un adventiste *bona fide*.

L'OBSESSION DE L'ENNEMI

Parmi les choses que beaucoup d'adventistes - et plus particulièrement ceux qui se situent « en marge » de l'Église - n'apprécient pas, c'est l'obsession de vouloir continuellement désigner un ennemi extérieur. Depuis ses débuts, l'adventisme se montre méfiant à l'égard des autres dénominations religieuses. Notre scénario prophétique évoque Babylone comme étant la contrepartie de la véritable Église de Dieu. L'Église adventiste se considère comme « la dernière Église de Dieu », le peuple du « reste » dans un monde voué à la perdition. « Babylone » s'unira finalement aux autres pouvoirs religieux, en particulier avec l'Église-mère » catholique romaine et avec ses filles, les dénominations protestantes apostates qui, unies à l'occultisme, formeront la malfaisante trinité contrefaite de la fin des temps. Au cours des dernières décennies, il a semblé que cette manière de penser de « nous » et « d'eux » s'était peu à peu nuancée. Même si notre point de vue prophétique officiel n'a pas changé, celui-ci a été mis beaucoup moins en évidence. La plupart des phrases plutôt mordantes du passé se sont adoucies. L'Église adventiste s'est préparée de plus en plus à accepter les autres comme d'authentiques chrétiens - alors qu'ils possèdent une moindre « lumière » en matière de vérité biblique que « l'Église du reste ». Même si l'Église adventiste n'a pas souhaité se joindre aux organisations œcuméniques comme le Conseil œcuménique des Églises, et même si elle a déconseillé aux entités nationales de l'Église de se joindre aux comités nationaux des autres Églises en qualité de membres officiels, nous pouvons reconnaître une bonne volonté générale de coopérer avec d'autres chrétiens dans un certain nombre de pays et d'engager une discussion et un dialogue.

Depuis quelque temps, le désir d'un retour à l'isolement semble une fois de plus gagner du terrain. Le président de l'Église a maintes fois mis en garde contre la lecture de livres théologiques non-adventistes, contre l'invitation d'orateurs non-adventistes dans nos Églises, contre la création ou le maintien de contacts œcuméniques rapprochés, et contre la participation à des programmes de formation assurés par d'autres chrétiens. Les médias sponsorisés par des ministères indépendants tels que *3ABN*, *Amazing Facts*, *Amazing Discoveries* et bien d'autres éditeurs adventistes non-officiels, transmettent continuellement des messages alarmistes et flairant la théorie du complot à propos de la fin des temps, dans lesquels l'acharnement du passé contre tout ce qui est catholique et œcuménique se rallume avec enthousiasme. Pour beaucoup d'adventistes « en marge » - mais aussi pour tous ceux qui sont encore fermement attachés à la bergerie adventiste - cette obsession résurgente de l'ennemi est insupportable. Nombreux sont ceux qui se demandent quel est le lien avec un Évangile de grâce et avec un Seigneur qui a déjà vaincu les puissances du mal et dont le retour constitue l'espérance qui « brûle dans nos cœurs ».

HOMOSEXUALITÉ

La liste de questions de ceux qui se situent « en marge » de l'Église doit rester incomplète, mais l'un des sujets éthiques majeurs doit encore être signalé. Nous avons déjà constaté que beaucoup de membres en Occident éprouvent une grande difficulté à comprendre l'attitude de l'Église face à la consécration des femmes au ministère pastoral. Cela a poussé certains d'entre eux à quitter l'Église. Ils ne souhaitent plus adhérer à une organisation qui continue à discriminer les femmes et ils pensent qu'aucun argument théologique valable ne peut étayer cela. Au contraire, ils croient que l'Évangile du Christ exige une totale égalité des sexes.

De nombreux adventistes du monde occidental trouvent également de plus en plus difficile à admettre la position de l'Église à propos de l'homosexualité et des relations homosexuelles. C'est particulièrement vrai à propos des jeunes, mais le malaise ressenti à cause de la position de la dénomination se retrouve parmi les hommes et les femmes de tous âges. Ils rencontrent des gays et des lesbiennes ; ils travaillent avec eux en tant que collègues et les comptent parmi leurs amis. Certains d'entre eux ont des frères et sœurs gays ou lesbiennes. Beaucoup connaissent aussi des gays et des lesbiennes, ainsi que d'autres personnes ayant d'autres orientations sexuelles dans l'Église adventiste, et sont pleinement conscients du combat qu'ils mènent en vue d'être totalement acceptés.

Dans les années passées, l'Église adventiste a publié un certain nombre de déclarations malheureuses dans lesquelles l'homosexualité a été citée comme l'une des plus graves aberrations sexuelles[31]. Plus récemment, des leaders de l'Église ont insisté sur l'importance du dialogue avec les gays et les lesbiennes dans un climat paisible et pastoral. Au même moment, l'Église n'a pas laissé les membres dans le doute en déclarant que, si *l'orientation* sexuelle n'est pas un péché, *l'activité* homosexuelle est totalement inacceptable. La seule option pour les homosexuels est de rester célibataires.

Selon la position officielle de l'Église, une lecture littérale des prétendus « textes anti-homos » que l'on trouve dans la Bible[32] conduisent sans ambiguïté à la conclusion qu'un chrétien doit s'abstenir de tout comportement homosexuel et ne peut entrer dans une relation avec un partenaire du même sexe. Cependant, d'autres argumentent en disant que ces textes peuvent également être lus et interprétés sous un angle différent, et que la Bible n'aborde jamais le type de relations avec un partenaire du même sexe tel que nous le connaissons aujourd'hui (entre deux hommes ou deux femmes qui s'aiment et veulent rester fidèles l'un à l'autre toute leur vie). Pour beaucoup, et de nouveau en particulier pour ceux qui se situent « en marge » de l'Église, il est impossible d'accepter que les homosexuels soient souvent à peine tolérés dans l'Église adventiste et considérés (au mieux) comme des membres de seconde catégorie qui - même s'ils sont baptisés - ne peuvent mériter la confiance de n'importe quelle instance de l'Église.

UNE VISION PLUS LARGE
Le chapitre précédent nous a permis de constater la crise qui sévit au sein du christianisme contemporain et a mis en évidence un certain nombre de questions controversées qui agitent l'adventisme aujourd'hui. Je n'hésite pas à parler d'une *crise* réelle. Tous n'admettront pas cette affirmation et certains critiqueront probablement mon analyse de ce qui se vit dans l'Église. Il arrive trop souvent que certaines personnes sélectionnent un seul aspect d'un argument par-

ticulier. Ils réagissent alors en disant qu'ils ont quelques doutes sur l'exactitude de ce point spécifique. Sans considérer les autres aspects, ils concluent alors que le tableau tout entier doit être erroné. J'invite vivement le lecteur à observer avant tout le tableau complet et à décider ensuite si cela reflète réellement la réalité. Je pense que oui.

Les récentes tendances que je viens de décrire provoquent un exode lent mais régulier de l'Église. Alors que nous continuons d'évoquer les énormes défis de la crise au sein de l'Église adventiste et que nous observerons en détail dans le chapitre suivant la crise de foi que vivent beaucoup de croyants adventistes, il importe de comprendre que tout cela ne se produit pas dans le vide. Ce qui se passe dans l'Église adventiste est, dans une grande mesure, un reflet de ce qui se passe dans les milieux chrétiens occidentaux contemporains.

Tandis que nous poursuivons notre réflexion, nous devons garder à l'esprit trois autres éléments. (1) Les tendances au sein de l'adventisme d'aujourd'hui ne peuvent être détachées de son passé. Sans une connaissance élémentaire de notre histoire, nous ne pouvons voir les choses dans leur bonne perspective. (2) Beaucoup de problèmes jouant un rôle prioritaire dans la crise actuelle qui touche l'adventisme relèvent d'une question d'*herméneutique*, c'est-à-dire de la façon dont nous lisons et interprétons la Bible. Et (3) *il est possible de changer*. Au cours de l'histoire de l'adventisme, beaucoup de choses ont changé - certaines pour le meilleur et d'autres pour le pire. Un autre changement vers le mieux (selon moi) est possible. L'Église peut tendre vers une approche moins fondamentaliste de la Bible. Les dirigeants peuvent restreindre leur censure et permettre, ou même stimuler la diversité dans la façon de vivre notre foi dans les différentes régions du monde, au sein de nos cultures diverses. Et nous n'avons pas besoin d'être aussi rigides dans nos convictions doctrinales comme cela a été souvent suggéré, si nous voulons rester de « vrais » adventistes !

Beaucoup de choses ont changé au sein de l'Église, mais un certain nombre de ces changements préoccupent de nombreux « croyants en marge » plus qu'ils ne leur plaisent. Il apparaîtra clairement dans les pages suivantes que j'aspire à une sorte de changement qui apportera de l'air frais - un *aggiornamento* - dans notre Église. Je suis convaincu que ce type de changement est possible, et c'est l'une des raisons pour lesquelles j'ai écrit ce livre. Mais un vrai changement prend souvent beaucoup de temps et requiert donc de la patience. Une brève étude de l'histoire de l'Église confirme le fait que la plupart des changements nécessitent une longue période d'incubation. Mais ils se produiront en fin de compte si un nombre suffisant de croyants désire ces changements et permet à l'Esprit du Seigneur de les provoquer.

1 http://docs.adventistarchives.org/docs/ASR/ASR2014.pdf#view=fit.
2 David F. Wells, *Above Earthly Powers: Christ in a Postmodern World*. Grand Rapids, MI: Wm. B. Eerdmans, 2005, p. 108, 109.
3 Frank S. Mead, *Handbook of Denominations in the United States* (13th ed.) Nashville, TN: Abingdon Press, 2010.
4 Voir Richard W. Schwartz and Floyd Greenleaf, *Light Bearers: A History of the Seventh-day Adventist Church*. Nampa, ID: Pacific Press, 2000 rev. ed., p. 615-625.
5 http://www.bwanet.org.
6 George R. Knight, *A Search for Identity : The Development of Seventh-day Adventist Beliefs*. Hagerstown, MD: Review and Herald, 2000, p. 17-21.
7 David O. Moberg, *Church as Social Institution*. Upper Saddle River, NJ: Prentice Hall, 1962; revised 1984.
8 Cf. le titre de ce livre : *Why Christianity Must Change or Die* (San Francisco, CA: HarperCollins, 1998).
9 Quelques-unes des remarques dans les paragraphes suivants reflètent la présentation que j'ai faite aux Adventistischer Wissenschaftlicher Arbeitskreis en Allemagne — une organisation voisine des Associations des forums adventistes aux États-Unis — du 2 au 4 octobre 2015 à Eisenach, Allemagne.
10 Enregistrement audio de la présentation de Gilbert Valentine le 25 juillet 2015 à Glendale, CA, à la rencontre des forums adventistes : http://spectrummagazine.org/sites/default/files/LApercent20Forumpercent20-percent20Gilpercent20Valentine.mp3.
11 Plusieurs orthographes sont fréquemment utilisées : 'Christian Connexion' or 'Christian Connexxion'.
12 George R. Knight, ed., *Seventh-day Adventists Answer Questions on Doctrine*, annotated edition. Berrien Springs, MI: Andrews University Press, 2003.
13 *The Seventh-day Adventist Bible Commentary*, 7 vols. Washington, DC: Review and Herald, 1953-1957. À propos du contexte historique de ce projet, voir Raymond F. Cottrell, 'The Untold Story of the Bible Commentary,' *Spectrum* 16. 3 (Août 1985), p. 35–51.

14 Voir mon article 'Revival and Reformation—a Current Adventist Initiative in a Broader Perspective', presenté aux professeurs de théologie européens lors d'une convention, Newbold College, UK), du 25 au 29 mars 1915. Publié in Jean-Claude Verrecchia, ed., *Ecclesia Reformata, Semper Reformanda: Proceedings of the European Theology Teachers' Convention 25-28 March 2015*. Newbold Academic Press, 2016, p. 101-121.

15 Pour le texte original des 27 Croyances fondamentales, voir, par exemple, Ministerial Association of Seventh-day Adventists, *Seventh-day Adventists Believe—A Biblical Exposition of the 27 Fundamental Doctrines*. General Conference of SDA, 1988.

16 Voir pour la biographie : Milton Hook, *Desmond Ford: Reformist Theologian, Gospel Revivalist*. Riverside, CA: Adventist Today Foundation, 2008.

17 Voir *General Conference Working* Policy, A15; also: https://www.adventist.org/en/information/official-statements/documents/article/go/0/total-commitment-to-god.

18 Pour une transcription de ce sermon, voir *Adventist Review*, GC Session Bulletin no. 8, 9 juillet 2010.

19 Ellen G. White, *Testimonies for the Church*, vol. 9. Mountain View, CA: Pacific Press, 1948 ed., p. 271.

20 http://en.wikipedia.org/wiki/Raymond_Cottrell.

21 Rapport du Comité de la Conférence Générale, 15 octobre 1973. http://documents.adventistarchives.org/Minutes/GCC/GCC1973-10a.pdf

22 Robert H. Pierson, *Revival and Reformation*. Washington DC: Review and Herald, 1974.

23 Robert H. Pierson, 'Final Appeal to God's People', in *Review and Herald*, 26 Octobre 1973.

24 http://www.revivalandreformation.org/.

25 http://revivedbyhisword.org/.

26 http://www.revivalandreformation.org/777.

27 La question a été formulée ainsi : « A la suite de votre étude dans la prière de la consécration dans la Bible, les écrits d'Ellen G. White et les rapports des commissions d'étude ; et après avoir sérieusement considéré ce qu'il y a de meilleur pour l'Église et l'accomplissement de sa mission, est-il acceptable pour les comités exécutifs des Divisions, si elles estiment que cela peut s'appliquer dans leurs territoires, de prévoir la consécration des femmes au ministère pastoral ? Oui ou non."

28 *Understanding Scripture: An Adventist Approach*, Biblical Research Institute Studies, vol. 1 (2006); *Interpreting Scripture: Bible Questions and Answers*, Biblical Research Institute Studies, vol. 2 (2010).

29 'Seventh-day Adventist Doctrinal Statements', in: Don F. Neufeld, ed., *Seventh-day Adventist Encyclopedia*.Hagerstown, MD: Review and Herald, 1996 ed., vol. 2, p. 464.

30 L'article 6 des *Croyances fondamentales* sur la création est à présent formulé comme suit : Dieu, dans les Écritures, a révélé le récit authentique et historique de son activité créatrice. Il a créé l'univers et, en six jours de création récente, le Seigneur a fait « les cieux, la terre, la mer et tout ce qui y est contenu » et il s'est reposé le septième jour. Il a, par là même, institué le sabbat comme mémorial perpétuel de son œuvre réalisée et achevée en six jours littéraux qui, avec le sabbat, constituent une unité de temps identique à ce que nous appelons aujourd'hui une semaine Le premier homme et la première femme ont été créés à l'image de Dieu comme le couronnement de la création ; ils ont reçu le pouvoir de dominer le monde et ont été chargés de la responsabilité d'en prendre soin. Une fois achevé, le monde était « très bon » et proclamait la gloire de Dieu. (Gn 1 ; 2 ; 5 ; 11 ; Ex 20.8-11 ; Ps 19.1-6 ; 33.6,9 ; 104 ; Es 45.12,18 ; Ac 17.24 ; Col 1.16 ; He 1.2 ; 11.3 ; Ap 10.6 ; 14.7).

31 Par exemple dans les déclarations 'Homosexuality', et 'A Statement of Concern on Sexual Behavior' in *Statements, Guidelines and Other Documents of the Seventh-day Adventist Church*. Silver Spring, MD: Communication Department of the General Conference of Seventh-day Adventists, 2006, p. 38, 94-95. Une page de couverture du magazine Ministry des années 1980 annonçait que les adventistes avaient découvert le moyen de « guérir » les homosexuels. Le scandale qui s'ensuivit remplit les éditeurs de honte.

32 Les textes les plus importants qui ont été cités par ceux qui insistent sur le fait que la Bible n'autorise aucune activité sexuelle sont : Deutéronome 23.17, 18 ; Lévitique 18.22 ; Genèse 19 ; Juges 19 ; Romains 1.20, 21 ; 1 Corinthiens 6.9 et 1 Timothée 1.8-10.

CHAPITRE 4

Y a-t-il un Dieu ? Vraiment ?

J'avais alors dix ans. Depuis un certain temps Henk, mon petit frère âgé de deux ans de moins que moi, n'était pas en bonne santé ; mais notre médecin de famille ne trouvait pas la cause de ses problèmes de santé. Puis, assez soudainement, les symptômes devinrent si sérieux qu'ils exigèrent son hospitalisation immédiate. Deux semaines plus tard, Henk mourait. Une forme de rhumatisme articulaire n'ayant pu être diagnostiquée à temps, l'issue devint fatale. Notre famille n'était pas riche, et le mot est faible, c'est pourquoi il fut enterré dans une tombe anonyme dans le cimetière du village où nous vivions. Je vois encore la classe de l'école rassemblée autour de la tombe ouverte, chantant pour leur copain de classe, et je me souviens du sermon prononcé par l'un de nos pasteurs adventistes préférés qui était venu d'Amsterdam pour conduire le service.

Je croyais en Dieu à la manière de l'enfant que j'étais. Pendant quelques jours, entre le moment où le cercueil fut déposé dans notre maison - où il resta quatre jours avec le couvercle ouvert dans un couloir plutôt étroit où nous devions passer régulièrement - et les funérailles, je priais avec ferveur. Je connaissais les histoires de la Bible dans lesquelles des morts avaient miraculeusement recouvré la vie. Je comprenais que cela s'était produit occasionnellement et que la plupart des morts le restaient, mais ce miracle s'était produit quelquefois et je priais pour que Dieu fasse aussi une exception pour mon frère. Il ne semblait pas raisonnable qu'il ne puisse plus vivre parmi nous.

Pourquoi Dieu nous fait-il cela ? Malgré mes supplications, Dieu ne fit pas une exception. Et pourquoi pas ? Pourquoi laissa-t-il Henk mourir ?

À peine quelques années plus tard, nous nous retrouvions dans le même cimetière, cette fois pour un dernier « au revoir » à mon père. Il vécut jusqu'à l'âge de cinquante ans. À l'issue d'une vie plutôt difficile, avec son lot de maladies, et après de nombreux malheurs et revers, il contracta une leucémie. Le combat inégal contre cette maladie cancéreuse dura près de six ans - une période difficile pour lui et pour toute la famille. Mon père n'était plus. J'avais quatorze ans et j'allais devoir grandir sans père. En fait, même au cours des années qui précédèrent sa mort, je n'ai pas eu un père attentionné comme la plupart des enfants de mon âge. Le contact intime avec un vrai père m'a toujours manqué au cours de ma vie. Pourquoi cela m'est-il arrivé ? Et non seulement à moi, mais aussi à ma mère et à mes sœurs ? Pourquoi Dieu permit-il cela ? Savait-il que nous croyions en lui ? Pourquoi donc nous ignora-t-il et pourquoi ne nous aida-t-il pas ?

Quelques décennies plus tard - j'approchais la quarantaine - ma plus jeune sœur mourut à l'âge de trente-deux ans, laissant un mari et trois petits enfants. Une tumeur maligne au cerveau avait accompli sa besogne sournoise et rapide. Ce fut un choc qui me posa beaucoup de questions. Pourquoi Dieu permit-il que cela se produise dans un jeune foyer ? Comment ces enfants allaient-ils pouvoir vivre sans leur maman ? Pourquoi, Dieu, pourquoi ?

La plupart d'entre nous vivons des moments ou des périodes plus ou moins longues de souffrance, ou bien nous avons déjà traversé des temps difficiles au cours de notre passé. Nous réalisons qu'aucun de nous n'est immortel, et qu'un jour nous perdrons nos vieux parents ainsi que d'autres personnes proches et des amis. Mais jamais nous ne nous habituerons à perdre des gens qui nous sont ravis au milieu de leur existence ou à voir des petits enfants mourant d'un cancer.

Je comprends que beaucoup de gens aient pu connaître une vie bien plus difficile que la mienne jusqu'ici. Et, quand je pense aux innombrables victimes des guerres qui doivent survivre avec un traumatisme permanent, sans leurs parents ou sans leur partenaire et leurs enfants, les mots restent vides quand je tente de décrire ce qu'ils doivent ressentir. Pourquoi un Dieu tout-puissant permet-il de telles atrocités ?

Dans son best-seller intitulé *When Bad Things Happen to Good People* (Quand le malheur frappe ceux qui ne le méritent pas ?), le rabbin Harold Kushner suggère sque nous devons être capables d'accepter la souffrance comme une part inévitable de la vie humaine, mais aussi que l'abondance inexplicable de la souffrance nous déconcerte. C'est d'autant plus vrai si nous ne nous limitons pas à regarder seulement la souffrance des individus, mais aussi une souffrance sur une plus grande échelle - la misère de pays entiers ou de communautés entières. Pensons aux catastrophes naturelles qui touchent notre planète à une fréquence troublante, les tremblements de terre qui ensevelissent des milliers d'innocents sous les décombres de leurs propres maisons et de leurs usines, les tsunamis et les typhons qui provoquent de terribles dévastations et laissent des millions de morts et de sans abri. Pourquoi de telles choses se produisent-elles ?

Les actions terroristes apportent elles aussi leur lot de souffrances extrêmes et brisent nos vies. Nous ne pouvons plus monter à bord d'un avion sans avoir d'abord vidé nos poches, jeté nos bouteilles à moitié vides dans la poubelle et sans passer à travers un scanner corporel ; nous trouvons des barrières de détection des métaux à l'entrée des principaux bâtiments publics, et nous sommes filmés par des caméras de surveillance des douzaines de fois chaque jour. J'ai lu un rapport récent selon lequel au Royaume-Uni une personne qui circule pendant une journée à travers les rues de Londres sera filmée au moins trois cents fois. Néanmoins, les terroristes continuent de réussir dans leur cruelle entreprise de meurtre d'hommes, de femmes et d'enfants, qui ont eu le malheur de se trouver au mauvais endroit au mauvais moment. Pourquoi tout cela se produit-il ? Pourquoi l'État islamique et Boko Haram, ainsi que les cartels de la drogue en Amérique du sud et les autres organisations terroristes continuent-ils leurs pratiques brutales ?

Pourquoi notre monde a-t-il traversé des guerres mondiales avec leurs dizaines de millions de victimes ? Celui qui connaît un tant soit peu l'histoire n'a pas seulement entendu parler de la « Grande Guerre » de 1914 - 1918, de la guerre du Vietnam, des « champs de mort » des Khmers Rouges du Cambodge à la fin des années 70 et du génocide du Rwanda en 1994, mais aussi des plus récentes au Soudan, au Yémen, en Irak, etc... À cela il faut ajouter la souffrance causée par des guerres parfois politiquement oubliées tout autour du globe. Alors que je rédige ce chapitre, les terribles événements de Syrie ont déjà éteint des centaines de milliers de vies. Et cela continue.

MAIS POURQUOI ?

Dans les deux chapitres précédents, nous avons évoqué la crise sérieuse que traverse le christianisme contemporain ainsi que la méfiance très répandue à l'égard de l'institution ecclésiastique. Toutefois, la crise est beaucoup plus sérieuse qu'une perte de confiance croissante dans l'Église en tant qu'organisation. Parmi tous ceux qui s'estiment « en marge » de l'Église, nombreux sont ceux qui traversent eux-mêmes une crise au niveau de leur foi personnelle. Bien entendu, ces deux choses sont étroitement connectées, mais la crise de foi touche beaucoup plus qu'une confiance fortement réduite en l'Église. Elle affecte notre vie à son niveau le plus profond.

Un très grand nombre de chrétiens, dont les racines plongent dans la grande variété de dénominations du monde religieux - depuis l'extrême gauche jusqu'à l'extrême droite, et tout ce qui existe entre ces deux pôles - vivent une crise au niveau de leur foi. Bien entendu, il ne s'agit pas d'un phénomène nouveau, mais il semble plus intense aujourd'hui que par le passé. Il n'est pas limité à un groupe d'âge particulier. Et ne pensons à aucun moment que les adventistes soient immunisés contre cette crise. Beaucoup de jeunes adventistes ne se demandent pas ce qui s'est exactement passé auparavant, pendant et après la période de mille ans d'Apocalypse 20, ni comment ils peuvent expliquer la date de 1844 de Daniel 8 et 9. Ils veulent savoir s'il existe réellement un Dieu et, si possible, pourquoi toutes ces terribles choses se produisent dans le monde et au sein de la société dont ils font partie. La tragédie, c'est qu'ils peuvent découvrir un grand nombre de croyants dans l'Église qui sont prêts à leur donner toute une série de longues études bibliques pour les aider à saisir la quintessence de la doctrine, mais qui sont incapables d'aborder les vrais problèmes qui troublent leur esprit. Comme beaucoup de générations précédentes, ces croyants sont « en marge » de l'Église parce qu'ils ont été déçus par ce que les croyants de leur communauté disent et font, et à aussi à cause des tendances qu'ils voient apparaître dans leur Église. Mais bien souvent leur questionnement spirituel va bien plus loin encore. Ils se demandent : *Dieu existe-t-il vraiment* ? Et si tel est le cas, comment pouvons-nous concilier toute cette souffrance et toute cette misère du monde avec un Dieu tout-puissant ? Bien souvent, nous sommes nombreux à faire écho à cette question qui est devenue le titre du livre édifiant de Philip Yancey, *Where is God when it hurts* ? (Où est Dieu quand ça fait mal ?).

DIEU - TOUT-PUISSANT ET AIMANT ?

L'une des questions cruciales auxquelles les chrétiens sont confrontés est celle-ci : Comment concilier l'amour de Dieu avec sa prétendue toute-puissance ? Quand les chrétiens tentent d'expliquer à quoi peut bien ressembler Dieu, ils se réfèrent souvent à la simple définition en trois mots : *Dieu est amour* (1 Jean 4.6). Dieu est amour dans la forme la plus pure du mot. Et cela, comme nous le dit la Bible, s'est manifesté de façon sublime par le don du Fils de Dieu, Jésus-Christ, qui vint nous offrir le salut. Mais parler de Dieu implique aussi ses autres attributs : Dieu est *éternel* (il a toujours existé et existera toujours) ; il connaît toute chose (il est *omniscient*) ; il peut se trouver à plusieurs endroits en même temps (il est *omniprésent*) ; et il ne change jamais (il est *immuable*). Mais il est aussi tout-puissant (*omnipotent*) : cela signifie qu'il n'y a pas de limite à ce qu'il peut faire. Il est décrit dans la Bible comme le Créateur de l'univers et de tout ce qu'il renferme. Et on nous dit qu'il a le pouvoir de créer « de nouveaux cieux et une nouvelle terre » quand l'histoire, comme nous le savons, touchera à sa fin.

Ainsi, nous abordons là le dilemme que des millions de gens - incluant un grand nombre de chrétiens adventistes du septième jour - ne peuvent résoudre : Si Dieu est amour et possède une puissance illimitée, pourquoi toute cette souffrance existe-t-elle ? Pourquoi Dieu n'intervient-il pas et ne protège-t-il pas les créatures qu'il est supposé aimer ? Nous aimerions dire à Dieu : « Nous te mettons au défi de nous expliquer cela ! Défends-toi ! Aide-nous à comprendre pourquoi tu nous donnes l'impression de rester assis et d'attendre tout simplement, plutôt que d'intervenir et de mettre un terme au mal et à la destruction, et de nous sortir du chaos dans lequel nous nous trouvons si souvent. »

Cela reflète l'expérience de Steve Jobs, le génie et le cofondateur de l'empire *Apple*, qui mourut d'un cancer en 2011. Au cours de sa jeunesse, la plupart des dimanches, Jobs fréquentait une église luthérienne, mais il perdit la foi à l'âge de treize ans. Il demanda un jour à sa monitrice de l'École du dimanche : « Si je veux lever le doigt, Dieu saura-t-il lequel je le lève avant même que je le fasse ? » Quand le pasteur lui répondit : « Oui, Dieu sait toute chose », Steve tira de sa poche la couverture du numéro de juillet 1968 de la revue *Life*. Cette page choquante montrait un duo d'enfants mourants au Biafra (Nigéria). Il demanda alors au pasteur si Dieu connaissait lui aussi ces enfants. La seule réponse que Steve obtint fut : « Steve, je sais que tu ne comprends pas, mais oui, Dieu sait tout cela ! » Steve Jobs ne put se satisfaire de cette réponse et quitta l'Église pour ne plus y revenir[1].

Les théologiens emploient un terme technique pour cela. Ils parlent de *théodicée*. Ce mot dérive de deux mots grecs : *theos* et *dikè* - *Dieu* et *justice*. En d'autres termes : Comment Dieu justifie-t-il cette apparente inaction quand nous souffrons ? En surfant sur Internet, j'ai découvert la définition succincte et efficace suivante de la *théodicée* : « La revendication (défense) de la bonté et de la toute-puissance de Dieu face à l'existence du mal[2]. »

Dans l'esprit de beaucoup, concilier l'amour de Dieu avec sa puissance illimitée est une question insoluble qui les conduit à cette conclusion : Il n'y a pas de Dieu aimant ! Toutefois, des penseurs de tous les temps et de partout ont refusé d'accepter cette conclusion fatale et ont tenté de trouver une réponse qui puisse les satisfaire. J'ai lu un grand nombre de livres compliqués sur la *théodicée*. Le plus lisible et le plus informatif sur ce sujet est peut-être le livre de Richard Rice intitulé *Suffering and the Search for Meaning* (La souffrance et la recherche du sens). Le sous-titre éclaire ce que Richard Rice se propose de faire : donner des *Réponses au problème de la souffrance*.

Le Dr Rice, un professeur de théologie de l'université de Loma Linda en Californie, n'exige pas une vaste connaissance théologique de la part de ses lecteurs. Dans son livre très accessible, Richard Rice offre une étude des différentes approches de la question « pourquoi » que je vais résumer brièvement[3]. La première idée, c'est que toute tentative de justifier Dieu doit échouer ; il est impossible de trouver le moyen de concilier la misère du monde avec l'existence d'un Dieu tout-puissant et aimant.

Toutefois, il est possible d'apporter une réponse à la question « pourquoi » de cinq différentes manières au moins.
(1) Nous pouvons partir de l'idée selon laquelle toute souffrance et toute misère font partie, de façon mystérieuse, du plan de Dieu pour l'humanité. De l'aveu de tous, nous ne comprenons pas souvent pourquoi Dieu approuve ou permet tous les événements qui se produisent.
(2) Dieu n'est pas à blâmer parce qu'il existe tant de souffrances dans le monde. C'est le résultat de la libre volonté de l'être humain. Dieu n'a pas voulu créer des robots, mais des êtres qui veulent l'aimer et le servir de leur plein gré. Dieu a pris le risque de voir son projet prendre une autre tournure, mais cela ne le rend pas responsable de nos mauvais choix et, en conséquence, de toute la souffrance que nous rencontrons dans le monde.
(3) Nous pouvons être incapables de trouver une explication à toute la souffrance que nous observons ou subissons, mais nous pouvons apprécier le fait que la plupart des choses qui nous arrivent ont le pouvoir de stimuler notre croissance intérieure et de nous aider à grandir spirituellement.
(4) Un conflit cosmique fait rage entre le bien et le mal, et les êtres humains jouent un rôle dans cette lutte entre les puissances de la lumière et celles des ténèbres. Les chrétiens adventistes du septième jour ont traditionnellement opté pour cette façon de voir et se réfèrent à ce conflit cosmique en parlant de « la grande controverse ».

(5) Ensuite, en fin de compte, il y a ceux qui optent pour un autre type de réponse. Ils nous disent que nous devrions revoir notre point de départ. Dieu n'est pas omniscient, ni tout-puissant dans le sens classique des termes. Ils disent que Dieu ne sait pas exactement comment nous allons choisir d'employer notre libre-arbitre, et il n'a pas la possibilité d'intervenir lorsque nous prenons de mauvaises décisions[4].

Le livre de Richard Rice a une grande valeur parce qu'il offre un aperçu lucide des différentes options et il aborde ensuite les points forts et les points faibles de chacune de ses approches. Il parvient à apporter une valeur ajoutée plus grande encore par la façon dont il aborde également la dimension personnelle du problème. La souffrance humaine, dit-il, n'est pas seulement un *problème* philosophique et théologique (en fait, il préfère le terme *mystère*). Tôt ou tard, il touche chacun d'entre nous très personnellement. Richard Rice nous suggère de combiner des aspects de nos différentes approches lorsque nous tentons de proposer des « fragments de sens » et que nous espérons trouver consolation et soutien alors que nous sommes confrontés à un désastre personnel.

Personnellement, tout comme Richard Rice, je trouve un certain intérêt à plusieurs des « solutions » suggérées. Je suis particulièrement attiré par l'idée plus hétérodoxe du point numéro cinq, mais je ne peux me permettre de m'étendre sur ce sujet. En tant que pasteur et parce que je m'intéresse professionnellement à la théologie, il est vrai que je trouverais cette discussion très édifiante. En même temps, je comprends que, pour la plupart des gens, la question *pourquoi* ne serait pas résolue par un débat académique. Quels que soient les arguments que nous puissions avancer, il ne semble pas « bien » qu'un Dieu d'amour, qui est tout-puissant, n'empêche pas ou n'arrête pas la souffrance dont nous faisons personnellement l'expérience ainsi que la misère que nous découvrons chaque soir dans les nouvelles de nos journaux télévisés. S'il existe une réponse, pour la plupart d'entre nous elle ne reposera pas essentiellement sur des arguments rationnels. Nous devrons y revenir plus loin.

DOUTE INTELLECTUEL

Tout au long de l'histoire du christianisme, beaucoup ont douté de l'existence de Dieu, tandis que d'autres ont fait tout ce qui était possible en vue de « prouver » que le Dieu chrétien devait exister[5]. Ces « preuves » suivent habituellement un processus similaire : Tout effet doit avoir une cause, et cette cause doit également avoir sa propre cause, et ainsi de suite. Finalement, il doit exister une Cause première au commencement de toutes choses : *Dieu*. D'autres ont développé une ligne de pensée en prétendant que, si nous pouvons vraiment imaginer un Dieu qui soit éternel, tout-puissant et omniscient, cela démontre qu'il existe bel et bien en soi un tel Dieu, parce qu'une idée comme celle-là ne peut émerger toute seule d'un esprit humain limité, à moins qu'elle ne soit suscitée par une Cause (avec un C en lettre capitale). Rappelons-nous que certaines lois morales élémentaires semblent largement partagées par l'humanité ; cela ne peut s'expliquer, comme on l'affirme généralement, que par le fait qu'il existe un Être moral suprême qui a en quelque sorte implanté ces principes moraux au cœur de la race humaine.

Le plus célèbre « argument » en faveur de l'existence de Dieu se formule ainsi : Si nous nous baladons à travers une forêt et découvrons soudain une maison entourée d'un jardin bien entretenu, nous penserons que quelqu'un doit avoir construit le bâtiment et entretenu le jardin. Ou, si nous observons la mécanique complexe d'une montre, nous ne spéculons pas en disant que la montre peut avoir surgi il y a très longtemps grâce à une sorte de génération spontanée mystérieuse ou à un « big bang ». Nous pensons qu'un horloger en chair et en os s'est mis au travail. De la même façon, quand nous observons l'univers en y découvrant un ordre précis, nous ne pouvons pas raisonnablement éviter d'en conclure qu'il doit bel et bien exister un Artisan qui a disposé le cosmos et le monde dans cet ordre particulier. Chaque fois que se manifeste une évidence de *conception*, nous devons postuler l'existence d'un *concepteur* ! Bien que cet argument de la conception ait perdu beaucoup de force lorsque Charles Darwin et les autres évolutionnistes proposèrent leurs théories d'une évolution graduelle des différentes espèces de la faune et de la flore, celui-ci a effectué un intéressant « comeback » parmi quelques savants chrétiens au cours de ces dernières années.

Quelques-uns trouvent aujourd'hui très convaincantes les « preuves » traditionnelles en faveur de l'existence de Dieu. Beaucoup de chrétiens fermement persuadés que Dieu existe admettent, en fait, qu'aucune preuve absolue n'est possible ! Toutefois, même s'il est difficile, voire impossible, de fournir la preuve absolue de l'existence de Dieu, *prouver qu'il n'y a pas de Dieu se révèle encore plus difficile !* Considérons cette simple illustration. Fournir une solide évidence attestant qu'il existe des rhinocéros en ce monde n'est pas trop difficile. Nous pouvons trouver des rhinocéros dans n'importe quel zoo ! Toutefois, si vous souhaitez obtenir la preuve irréfutable que les rhinocéros *bleus* n'existent pas, cela pourrait s'avérer difficile, sinon impossible. Il vous faudrait dans ce cas mener une enquête pour savoir si dans ce monde, y compris dans les endroits les plus reculés et les plus inaccessibles, il est possible de trouver un rhinocéros *bleu*. Aussi longtemps que vous n'avez pas mené votre recherche sur la planète entière, vous ne pouvez pas en être absolument sûrs !

Dans la plupart des cas, le doute intellectuel relatif à l'existence de Dieu ne disparaît pas en tentant de « prouver » qu'il est bel et bien vivant. Cela nécessitera une approche différente, ainsi que nous le constaterons bientôt. En même temps, nous ne devons pas oublier un autre obstacle majeur pour tous ceux qui sont aux prises avec leur foi.

POURQUOI LE CHRISTIANISME ?

Le monde occidental n'est plus totalement chrétien. Des gens se réclamant de religions non-chrétiennes sont venus vivre parmi nous, et beaucoup d'entre nous avons ont voyagé dans des pays où l'islam, l'hindouisme, le bouddhisme ou une autre foi non-chrétienne prédominent. Il en résulte que beaucoup se posent aujourd'hui la question suivante : S'il existe un Dieu, qui est-il ? Est-il le Dieu des chrétiens ou peut-être le Allah des musulmans ? Ou existe-t-il une foule de dieux comme l'enseigne, par exemple, l'hindouisme ?

Comment les chrétiens peuvent-ils être sûrs que leur religion soit meilleure que toutes les autres ? Quels critères utilisent-ils pour affirmer que leur religion est la seule véritable religion, ou du moins qu'elle est supérieure aux autres ? Se pourrait-il que toutes les religions soient de valeur égale ? Existerait-il des moyens tout aussi valables de trouver un sens plus profond à notre vie ? Est-il si important d'appeler l'Être suprême « Dieu » ou de s'adresser à « Allah » ? Quelle différence cela fait-il si votre paix intérieure vous est offerte par Bouddha ou par Jésus-Christ ? Est-il important de rendre un culte dans un temple hindou ou d'allumer un cierge dans une cathédrale catholique ? Toutes les religions ne recherchent-elles pas le même objectif : établir une connexion entre nous et l'Au-delà inconnu ? Toutes ces questions offrent une autre raison d'exister au doute universel.

Ou, d'un autre côté, tous ces gens ont-ils raison de dire que toutes les religions sont le produit de l'imagination humaine, et rien de plus ?

QUELQUES QUESTIONS À PROPOS DE LA BIBLE

Parmi ceux qui continuent de croire en Dieu et se sentent attirés davantage par le christianisme que par n'importe quelle autre religion, beaucoup sont en conflit avec leur compréhension de la Bible. C'est particulièrement vrai pour ceux qui ont grandi au sein d'une dénomination ayant une approche plutôt littérale de la Bible. Si la Bible leur dit qu'un homme a survécu à un long séjour dans le ventre d'un grand poisson, et qu'un serpent et un âne ont parlé un langage humain, c'est que cela s'est réellement produit ! Mais pour beaucoup d'autres, un certain nombre de choses qu'ils acceptaient dans le passé ne leur paraissent plus aussi nettes à présent. Cela se vérifie pour beaucoup d'adventistes du septième jour. Bien que l'Église adventiste du septième jour rejette officiellement l'étiquette de « fondamentaliste » et bien que la théologie adventiste prétende qu'elle n'accepte pas la théorie de l'inspiration verbale, les choses se révèlent très différentes dans la pratique courante.

Nous devrions peut-être avant tout dire quelques mots à propos de ces deux termes, *fondamentalisme* et *inspiration verbale*. De nos jours, le mot « fondamentalisme » est assez largement employé. Le dictionnaire *Merriam-Webster Dictionary* définit le « fondamentalisme » comme « un mouvement ou une attitude insistant sur une adhésion stricte et littérale à une série de principes fondamentaux » et mentionne ensuite le « fondamentalisme politique » et le « fondamentalisme islamique » en guise d'exemples. Cependant, la définition première qui est donnée est plus spécifique : « Un mouvement issu du protestantisme du 20ème siècle mettant en évidence la Bible interprétée littéralement en qualité de fondement de l'enseignement et de l'existence chrétienne. »

Le courant fondamentaliste apparut dans le premier quart du 20ème siècle. Un groupe de théologiens horrifiés par les tendances libérales de plus en plus influentes présentes au sein de nombreuses dénominations en Amérique du Nord, décidèrent de rédiger une série de brochures afin de combattre ce qu'ils percevaient comme une trahison mortelle du protestantisme américain. Ces pamphlets devinrent célèbres sous le nom de « bases fondamentales » - et inspirèrent le choix du terme « fondamentalisme ».

« *L'inspiration verbale* » est la théorie de l'inspiration qui prétend que la Bible est « verbalement » inspirée, ce qui signifie que *le moindre mot* est inspiré. Il est admis que cela s'applique uniquement à la terminologie exacte des documents originaux (en hébreu, araméen et en grec), mais la thèse principale est que les auteurs bibliques ne furent que les scribes qui mirent par écrit ce que l'Esprit leur révélait. Parce que chaque mot leur fut « dicté » par l'Esprit, la Parole de Dieu ne pouvait donc contenir aucune erreur (elle est, en d'autres termes, *infaillible*). La Bible est en toute chose historiquement totalement fiable. Et lorsque la Bible entre en conflit avec la science, c'est toujours la Bible qui l'emporte.

Avant les années 1920, les adventistes évoluèrent progressivement vers une théorie de l'inspiration de la « pensée », une idée selon laquelle les auteurs communiquaient les révélations que Dieu leur donnait dans leurs propres mots humains, et en faisant usage leur propre style d'écriture. Ellen G. White fut parmi ceux qui soutinrent cette façon de voir[6]. Au cours de la fameuse « Conférence biblique » de 1919, les principaux responsables adventistes se déclarèrent aussi en faveur de cette idée[7]. Toutefois, lorsque le courant fondamentaliste gagna en puissance aux États-Unis, il toucha rapidement également l'Église adventiste, et la théorie de l'inspiration verbale prit le dessus, non seulement par respect pour l'origine de la Bible mais aussi en ce qui concerne la nature des écrits de la prophétesse, Ellen G. White. Au fil des années, la poussée fondamentaliste s'apaisa quelque peu. Mais elle est restée un problème récurrent (tout au moins, c'est ainsi que je vois les choses), et il a resurgi récemment dans sa pleine vigueur. Pour une large proportion d'adventistes, cette tendance au fondamentalisme, avec son étroite interprétation de l'inspiration, est devenue de plus en plus inacceptable.

Trois aspects de la Bible ont provoqué un certain malaise chez de nombreux lecteurs chrétiens des saintes Écritures - dont les adventistes du septième jour : (1) La violence et la cruauté de l'Ancien Testament ; (2) Les affirmations en conflit avec la science et le bon sens ; (3) Les récits de miracles - incluant la résurrection et l'ascension de Jésus.

Le Coran se trouve aujourd'hui sous le feu d'attaques fréquentes et puissantes. Les politiciens et les médias le décrivent souvent comme une source qui inspire un islam « radical », avec sa guerre sainte (*jihad*) contre les non-musulmans, son impitoyable loi de la *Sharia* et sa discrimination systématique à l'égard des femmes. Toutefois, l'argument ne s'arrête pas là, car on souligne souvent que la Bible contient autant de cruauté sinon davantage et, comme le Coran, ferme les yeux sur la violence et même sur les génocides. Ou, plus ostensiblement même, il est souligné que c'est le Dieu de la Bible lui-même qui, à maintes reprises, a ordonné le massacre d'hommes, de femmes et d'enfants !

En effet, même ceux qui ont adopté (ou le tentent) un regard plutôt fondamentaliste sur la Bible doivent admettre que certaines longues sections de l'Ancien Testament n'offrent pas une lecture très agréable. Les détails de ce qui se passe sont parfois particulièrement horribles. Je n'ai pas fait moi-même le calcul, mais quelqu'un en a publié le résultat sur Internet. Je cite : « Presqu'à toutes les pages de l'Ancien Testament Dieu tue quelqu'un ! Au total, Dieu tue 371 186 personnes directement, et ordonne que 1 862 265 autres soient massacrées[8]. »

Il n'est pas difficile de fournir quelques exemples de cette chronique de mort violente. Dieu noie la population de la terre entière, ne laissant survivre que huit personnes (Genèse 7.21-23) ; peu avant l'exode du peuple d'Israël d'Égypte, Dieu décide de tuer tous les premiers-nés égyptiens à cause de l'obstination du Pharaon (Exode 12.29) ; en 1 Samuel 6.19, nous lisons comment Dieu tue 50 000 hommes parce qu'ils ont osé jeté un regard sur l'arche de l'alliance ; et en 2 Rois 23, 24 nous découvrons une horrible histoire montrant comment Dieu massacre un groupe d'enfants qui se sont moqués du prophète Elisée. Et ainsi de suite.

Et que faut-il penser d'une histoire comme celle d'Abraham, à qui Dieu ordonne de sacrifier son fils Isaac ? Pour Larry King, qui a présenté pendant de nombreuses années le populaire *Larry King Live Show*, cela disqualifie Dieu à tout jamais[9].

Et que faisons-nous de l'histoire du juge Jephté qui était prêt à sacrifier sa fille parce qu'elle avait fait une promesse irréfléchie à Dieu (Juges 11.30-39) ? En parlant de sacrifices, quelle sorte de Dieu se réjouirait du meurtre de dizaines de milliers d'animaux offerts à sa gloire et à son honneur ? Selon 2 Chroniques 7.5, le roi Salomon, à l'occasion de la dédicace du temple qu'il avait fait bâtir à Jérusalem, offrit 22 000 têtes de bétail ainsi que 120 000 moutons et béliers ! Pouvez-vous imaginer un massacre à une telle échelle ?

LA CRÉATION

Peu d'érudits ont aussi vivement attaqué les récits de la création et du déluge que le scientifique britannique Richard Dawkins. La citation suivante ne nous laisse aucun doute à propos de son opinion sur la Bible : « La Bible devrait être enseignée, mais, j'insiste lourdement, non comme étant une réalité. C'est une fiction, un mythe, de la poésie, tout sauf la réalité[10]. » Maarten 't Hart, un écrivain néerlandais (avec un passé professionnel de biologiste) propose essentiellement le même message à l'intention de ses lecteurs. Son récent livre à propos de sa mère[11] contient un chapitre relatant une discussion partagée avec elle au sujet de l'arche de Noé. Non seulement la lecture de ce passage est très amusante, mais il s'agit en plus d'une bonne illustration du type de questions que se posent beaucoup de lecteurs de la Bible. Quand Maarten 't Hart écrit à propos de la religion et de la foi, en plus d'être très cynique, il fait preuve aussi d'une connaissance étendue de la Bible et avance souvent des arguments qui laissent de nombreux lecteurs dubitatifs quant à la véracité du récit biblique. Il a tenté de convaincre sa mère qu'une lecture littérale de l'histoire du déluge était totalement ridicule. Il lui raconte avoir fait certains calculs à propos de l'arche de Noé. La Bible indique que ce bateau était suffisamment grand pour contenir tous les animaux - un couple de tous les animaux « impurs » et sept couples de tous les animaux « purs ». Selon Maarten, le monde est l'habitat de près de deux millions d'espèces, c'est pourquoi des dizaines de millions d'animaux ont dû entrer dans l'arche par une porte étroite en un laps de temps bref et impossible. Mais si nous laissons de côté ce fait ahurissant, comment ces animaux ont-ils trouvé leur chemin vers l'arche ? Certaines espèces d'escargots ne se trouvent qu'en Scandinavie. Elles voyagent à la vitesse de cinq mètres par jour, ce qui signifie que le trajet doit leur avoir pris au moins quelques années. Mais c'est alors que surgit une autre complication : ils n'ont qu'une durée de vie assez courte et ont dû en chemin. Et comment donc tous ces animaux ont-ils pu être nourris au cours de ce voyage maritime ? En outre, comment Noé s'est-il assuré que les animaux ne s'entretuent pas au cours de cette croisière ? Et pensons à tout le fumier accumulé, etc, etc. Bien entendu, le sens que Maarten 't Hart donne au mot « espèce » peut différer de celui qui est employé par l'écrivain biblique, mais il se fait l'écho du doute dont de nombreux lecteurs du récit de la Genèse ne peuvent aisément se débarrasser.

Il y a quelque temps, j'ai visité l'Australie et, bien entendu, j'ai eu envie de voir des kangourous. Cet animal fait partie de la grande famille des marsupiaux. Le fait que ces créatures ne se trouvent qu'en Australie suscite de nombreux problèmes scientifiques et m'a amené à me poser des questions à propos des récits bibliques de la création et du déluge universel. Je ne pouvais pas m'empêcher de me demander comment ces animaux auraient bien pu sautiller des antipodes jusqu'au Moyen-Orient, pour revenir ensuite en Australie. Même s'il n'existait aucune barrière aquatique avant le déluge, il dut certainement en exister une après un tel déluge tel qu'il est décrit dans la Bible. Je sais que je ne suis pas la seule personne dans l'Église adventiste qui se pose de telles questions.

Beaucoup de jeunes sont perplexes quand ils démarrent leurs études secondaires et entendent parler de l'évolution. Certains d'entre eux osent dire à leur professeur de biologie qu'ils sont dans l'erreur et qu'eux ne vont pas croire cette camelote (soi-disant scientifique). Ils veulent rester attachés à ce qu'ils ont appris de leurs parents et entendu à l'Église : que Dieu a créé le monde en six jours seulement. Toutes ces idées modernes au sujet d'une lente évolution s'étendant sur des millions d'années ne peuvent être vraies ! Mais beaucoup de leurs camarades n'en sont pas aussi sûrs. Se pourrait-il que la science ait raison, après tout ? Ce qu'ils lisent dans leurs livres de biologie semble tellement plus logique que ce qu'ils trouvent dans la Bible. En outre, il semble que la plupart des gens qui ont sérieusement réfléchi à cette question sont devenus convaincus que le récit biblique peut en effet offrir une belle histoire, mais qu'elle doit être considérée comme un mythe plutôt qu'une histoire. Tous ces pédagogues de haut niveau peuvent-ils se tromper ?

Ce phénomène ne touche pas seulement les adolescents qui ont grandi dans un milieu chrétien, qui sont progressivement devenus plus critiques et n'ont plus voulu accepter quelque chose tout simplement parce que leurs parents le disaient et parce que leur pasteur insistait sur le fait qu'ils devaient seulement croire ce que la Bible déclare. Je connais personnellement un grand nombre de gens, et même de mon âge, qui ont cru au récit de la création pendant une longue période de leur vie, mais qui ont à un certain moment reconnu eux-mêmes (et l'ont parfois exprimé) qu'ils n'en sont plus aussi sûrs et qu'ils sont devenus sceptiques à propos de la lecture littérale des quelques premiers chapitres de la Bible. Ils ont conclu qu'il y a tout simplement trop de lacunes. Par exemple, toute l'humanité est supposée provenir de deux ancêtres, Adam et Ève. Ainsi donc, comment expliquons-nous que le monde soit peuplé par des individus de races différentes ? Et où les brontosaures et les tyrannosaures et autres types de dinosaures entrent-ils dans l'histoire ?

Beaucoup d'autres questions surgissent dans l'esprit de beaucoup de gens. Toute la misère et toute la souffrance du monde résultent-elles de la consommation d'un fruit dans un magnifique jardin ? Et, à propos, pourquoi le récit de la création nous est-il présenté deux fois - en Genèse 1 et en Genèse 2 ? Que faisons-nous des divergences significatives entre les deux versions ?

Je sais qu'il existe des réponses à ces questions et à bien d'autres. Et certaines personnes seront satisfaites lorsqu'elles connaîtront ces réponses et feront disparaître leurs doutes avec joie. Mais pour beaucoup de sceptiques, les réponses semblent trop simplistes et non convaincantes ; souvent, pour chaque problème qui trouve sa solution, dix autres surgissent.

MIRACLES

Une semaine avant d'écrire la première mouture de ce chapitre, j'ai assisté à un symposium d'une journée organisé par la Société historique de l'Église dont je suis membre. La journée était consacrée aux récits de miracles du Moyen-Âge. J'ai été surpris d'entendre deux experts en histoire de l'Eglise médiévale qui présentaient les aspects de la croyance médiévale dans les récits de miracles et la manière dont ces histoires sont très révélatrices de l'époque dans laquelle elles s'enracinaient. Je connaissais quelques-uns des récits auxquels ils se référaient, mais certains m'étaient inconnus. Je n'avais jamais entendu parler du pain qui se transforma en pierre. Ce miracle se produisit apparemment dans la ville néerlandaise de Leiden en 1316. Au cours de cette année-là, les champs ne produisirent pas beaucoup de céréales, ce qui provoqua une sévère famine dans la cité. Une femme avait réussi à se procurer une miche de pain. Après l'avoir coupée en deux, elle mangea la moitié et cacha l'autre dans son placard. Sa voisine de palier le découvrit et la supplia de lui donner sa part du pain. La propriétaire du pain refusa de le partager. Cela provoqua un conflit amer entre les deux femmes. Finalement, la femme qui avait caché le pain s'écria qu'elle désirait que Dieu change le pain en pierre. Dieu répondit promptement à sa requête. Le pain transformé en pierre peut encore se voir dans le *Lakenhal*, le splendide musée de la ville de Leiden.

De nos jours, peu de gens accorderaient encore beaucoup de crédibilité à de tels récits miraculeux. Ceux-ci ne correspondent pas à notre réalité quotidienne. Tout au long des siècles, beaucoup ont également manifesté leur scepticisme à propos des récits miraculeux qui abondent dans la Bible - aussi bien dans l'Ancien que dans le Nouveau Testament. Le nombre de sceptiques s'est régulièrement accru au fur et à mesure que nous avons pu connaître davantage les lois de la nature et que nous avons découvert des explications rationnelles aux nombreux phénomènes qui, dans le passé, étaient perçus comme des coïncidences miraculeuses. Les récits miraculeux de la Bible ne semblent pas « coller » à notre vie de tous les jours. Lorsque nous laissons tomber quelque chose dans une rivière ou un canal, nous ne disposons pas d'un prophète qui puisse nous aider à récupérer l'objet, comme cela s'est produit quand un groupe d'aspirants-prophètes virent disparaître un fer de hache dans l'eau. Elisée entra alors en scène et fit flotter l'outil pour que son propriétaire puisse l'atttraper (2 Rois 6.1-7). Et lorsque nous avons soif et cherchons de quoi l'étancher, nous ne voyons pas apparaître un robinet là où il n'y en avait pas quelques minutes auparavant. Mais c'est ce qui s'est produit, comme on nous le raconte, lorsque Agar faillit mourir dans le désert et quand elle aperçut soudain un puits qui ne s'y trouvait pas quand elle s'assit (Genèse 16.8-21).

Les récits de miracles du Nouveau Testament - la plupart accomplis par Jésus, mais aussi par ses disciples/apôtres eux-mêmes, ou également en leur faveur au cours de leur travail missionnaire - sont mieux connus de beaucoup d'entre nous que ceux de l'Ancien Testament. Nous y observons Jésus guérissant des hommes et des femmes malades de leurs maux physiques et mentaux, et ramenant même quelques personnes de la mort à la vie. Nous découvrons aussi des histoires nous relatant comment Jésus changea de l'eau en vin et comment il nourrit quelques milliers de personnes en multipliant miraculeusement quelques miches de pain et quelques poissons. Pour de nombreuses oreilles, de telles histoires, de tels récits paraissent tout aussi improbables que la légende de Leiden du 14ème siècle du pain transformé en pierre.

Toutes ces histoires bibliques doivent-elles réellement être comprises comme elles sont racontées ? Sans oublier le « miracle par excellence », la résurrection de Jésus ? Ou alors, existerait-il une autre façon de considérer ce qui est arrivé à Jésus ? La résurrection ne devrait-elle pas être expliquée dans un sens spirituel ? Cela signifie-t-il que, malgré la mort tragique de leur Maître, les disciples avaient commencé à comprendre la grande signification de ce qu'il leur avait enseigné et la valeur qu'il représentait, avec pour résultat que Jésus revint à la vie en tant que Christ dans leurs cœurs ?

Suis-je en train de faire surgir trop de questions ? À présent, certains lecteurs pourraient vouloir en savoir plus à propos de mes propres idées et chercher des réponses au lieu de se trouver confrontés à davantage de questions encore. Tenez bon ! Je promets de vous offrir quelques réponses au fur et à mesure de votre lecture.

CE QUE LES THÉOLOGIENS DISENT À PROPOS DE DIEU

Les théologiens et les biblistes sont supposés nous aider tout au long de notre itinéraire spirituel. En fait, beaucoup d'entre eux considèrent que c'est leur tâche sacrée et ont aidé de nombreux croyants à faire face à leurs doutes de manière constructive. Mais certains théologiens ont accru les doutes dans l'esprit de beaucoup de ceux qui les ont écoutés ou qui ont lu leurs livres. Il existe des théologiens qui contestent la possibilité de « révélation » au sens classique du terme et qui mettent en évidence l'élément humain à l'origine de la Bible - à tel point qu'il reste peu de place pour l'aspect divin. Un théologien a exprimé cela par ces mots fréquemment cités : « Tout ce qui vient d'en-haut vient d'en-bas[12]. » En d'autres termes plus énigmatiques, un autre théologien a affirmé : « Dieu est si grand qu'il n'a pas besoin d'exister[13]. » Dans un langage ordinaire, cela signifie que Dieu est un produit de notre propre cerveau. Nous créons notre propre concept de Dieu.

Pour de nombreux croyants fidèles, ce fut et c'est un choc d'entendre de grands théologiens nier ce qu'ils ont toujours cru et admis comme étant le cœur de la foi chrétienne : Dieu existe et il s'est révélé lui-même dans la Bible (la Parole écrite) et à travers Jésus-Christ (la Parole vivante). Beaucoup de croyants secouent simplement la tête et considèrent de telles affirmations comme la preuve d'une infiltration satanique dans l'Église. Mais beaucoup d'autres sont profondément influencés par de telles idées et les considèrent, en fait, comme la confirmation de ce qu'ils ont eux-mêmes toujours pensé, sans toutefois être capables de l'exprimer avec autant d'éloquence.

Nous découvrons un reflet de cette idée - selon laquelle tout ce que nous disons à propos du «ciel» doit venir d'en-bas - dans la manière de penser et de parler de Dieu de nombreux postmodernes aujourd'hui. Ils prétendent croire en Dieu, mais leur conception de Dieu n'est pas uniquement - et parfois pas essentiellement ou pas du tout - fondée sur la Bible. Le Dieu de la Bible est une sorte de Dieu par lequel ils ne se sentent pas attirés. Leur Dieu est souvent un curieux mélange d'éléments qu'ils ont glanés à différentes sources - consciemment ou non. Leur Dieu «vient d'en-bas» sans aucun doute.

MAIS ALORS, QUE FAIRE DE NOS DOUTES ?

Le doute n'est pas un phénomène récent. Dans un livre détaillé mais très lisible, l'historienne Jennifer Michael Hecht raconte l'histoire du doute tel qu'il se présente à travers les âges et sous ses différentes formes[14]. Elle retrace l'histoire du doute depuis la Grèce antique jusqu'aux « temps modernes ». J'espère que ce chapitre a offert un survol bref mais utile de la gamme de doutes qui existent de nos jours, ainsi que des raisons des doutes de tous ceux qui sont « en marge » de l'Église. J'ai souligné à quel point la troublante question *pourquoi* ratisse plus large aujourd'hui qu'auparavant dans l'esprit des chrétiens. Se peut-il qu'il existe un Dieu d'amour et qui pourtant permette autant de souffrances - s'il est réellement tout-puissant ? Nous avons concentré notre attention sur les difficultés qu'éprouvent beaucoup de gens quand ils lisent la Bible et tentent d'établir un rapport entre leur foi et le point de vue scientifique de notre époque, et nous avons constaté combien nombreux sont ceux qui n'ont pas de certitudes quant aux miracles. Que faisons-nous de tous ces doutes ?

Avant de tenter de suggérer quelques réponses, nous devons déjà signaler une autre sorte de doute. Même si, en dépit de nos questions et de nos incertitudes, nous continuons à croire qu'au fond Dieu existe et que, malgré les nombreux problèmes que nous reconnaissons, la Bible reste un livre très spécial, un autre doute subsiste. Il concerne certaines (ou beaucoup) doctrines de l'Église. C'est là un aspect qui n'est pas propre seulement aux adventistes du septième jour, mais qui peut affecter - à ce qu'il me semble tout au moins - beaucoup de mes coreligionnaires plus gravement que la majorité des chrétiens dans la plupart de nos dénominations. Cela pour la simple raison que l'Église adventiste insiste sur le fait que, si nous voulons être de « bons » adventistes, nous devons adhérer à toutes les doctrines « fondamentales ». Pour beaucoup, c'est extrêmement problématique, au point qu'ils en arrivent à se demander si toutes ces doctrines possèdent bien une solide base biblique. C'est cette question que nous aborderons dans le chapitre suivant.

---

1 Je suis redevable à Bobby Conway de m'avoir signalé cette expérience de Steve Jobs dans son livre *Doubting toward Faith: The Journey to Confident Christianity*. Eugene, OR: Harvest House Publishers, 2015, p. 50. L'histoire est décrite dans la biographie de Jobs par Walter Isaacson, *Steve Jobs*. New York: Simon & Schuster, 2011, p. 14, 15.
2 http://www.merriam-webster.com/dictionary.theodicy.
3 Richard Rice, *Suffering and the Search for Meaning: Contemporary Responses to the Problem of Pain*. Downers Grove: IVP Academic Press, 2015.
4 Cette théorie se réfère au « théisme ouvert » ou à la « théologie du processus » (une approche qui va, en fait, bien au-delà du « théisme ouvert »). Richard Rice est un grand théologien du processus.
5 Voir aussi mon livre *Faith: Step by Step: Finding God and Yourself*. Grantham, UK: Stanborough Press, 2006. Quelques paragraphes de ce livre ont été réécrits pour cette section.
6 Ellen G. White, *Great Controversy*, p. v-vii; *Selected Messages*, vol. 1, p. 16, 19, 20.
7 Les minutes de cette session restèrent introuvables jusqu'en 1975 lorsque les manuscrits de cette rencontre furent découverts dans les archives du quartier général de l'Église adventiste. Des extraits de ces documents ont d'abord été publiés par le magazine *Spectrum* et sont désormais disponibles dans leur intégralité sur un site officiel de l'Église. Pour la totalité des rapports, voir http://docs.adventistarchives.org/documents.asp?CatID=19&SortBy=1&ShowDateOrder=True
8 http://www.evilbible.com/.
9 Bobby Conway, op. cit., p. 72.
10 http://www.brainyquote.com/quotes/authors/r/richard_dawkins.html.
11 Maarten 't Hart, *Magdalena*. Amsterdam: Singel Uitgeverijen, 2015.
12 Telle est l'opinion du célèbre théologien néerlandais Harry Kuitert, *Alles behalve kennis*. Baarn, the Netherlands: Ten Have, 2012.
13 Voir le titre du livre de Gerrit Manenschijn: *God is zo groot dat hij niet hoeft te bestaan*. Baarn, the Netherlands: Ten Have, 2002.
14 Jennifer Michael Hecht, *Doubt: A History*. San Francisco: Harper Collins, 2004.

CHAPITRE 5

Puis-je encore croire cela ?

(Permettez-moi de vous avertir. Ce chapitre entre au cœur de certains détails - trop peut-être aux yeux de certains lecteurs. J'espère que vous aurez l'endurance de rester avec moi, car ce qui suit est important si vous souhaitez avoir un aperçu complet de ces questions. Prenez une forte inspiration et essayez de tenir bon. Ou, tout au moins, feuilletez ce chapitre.)

Les dénominations diffèrent les unes des autres. Elles doivent posséder quelque chose de spécial qui les met à part des autres communautés et les divergences peuvent en effet s'avérer très significatives. Bien que les protestants et les catholiques aient beaucoup de choses en commun, le gouffre entre leurs enseignements est énorme. Il est peu probable que les tentatives de réduire cet écart puissent réussir de sitôt. En outre, les protestants représentent une grande variété. Les Églises libérales se situent à des lieues dans leur théologie des communautés de foi conservatrices. Les dénominations qui se réclament d'une « famille de foi » particulière (comme les baptistes, les luthériens, les réformés, les méthodistes, etc.) sont, bien sûr, plus proches les unes des autres. Mais, même dans leur cas, certains points de vue spécifiques les rendent différentes les unes des autres, car une Église qui ne présente pas de doctrines ou de traditions distinctes perd sa raison d'être.

Certaines personnes sont membres d'une dénomination particulière surtout parce c'est en son sein qu'elles ont grandi. Elles peuvent cependant se montrer incapables de dire exactement en quoi leur Église diverge théologiquement d'autres dénominations appartenant toutefois à la même « famille de foi ». J'ai souvent constaté cela chez des croyants fréquentant les diverses Églises réformées conservatrices de mon pays, les Pays-Bas. Ces Églises, qui s'enracinent toutes dans le calvinisme, se sont fréquemment divisées sur des questions théologiques que beaucoup de leurs paroissiens ne comprenaient pas pleinement (ou pas du tout). J'ai rencontré des membres d'une Église A qui, en fait, croyaient ce qui était une doctrine spécifique de l'Église B, et vice versa.

Nombreux sont ceux qui ne se soucient pas trop de détails théologiques ; ils laissent ce soin à leur pasteur et aux professeurs dans leurs séminaires théologiques. Mais d'autres se sentent concernés et se posent de sérieuses questions auxquelles ils cherchent des réponses. Ils se demandent souvent : *Puis-je encore croire ce que j'avais l'habitude de croire ?* Et, sinon, cela est-il grave ? Puis-je encore être en accord avec ces choses que l'on m'a enseignées alors que je me préparais pour le baptême ou la confirmation ? Ou bien me suis-je beaucoup éloigné de ce que j'affirmais hier encore, au point que je me demande si je puis encore consciemment rester dans mon Église ? Les doutes à propos de certaines doctrines ont poussé ces gens « en marge » de leur Église. Cela peut être le résultat d'un processus lent et graduel. Ou alors les doutes peuvent avoir été en sommeil pendant une longue période et ont soudainement retrouvé de la vigueur à la suite d'une crise personnelle, ou bien de la lecture d'un livre particulier ou de l'écoute d'une conférence ou d'un sermon.

Certaines personnes s'entendent dire par des responsables d'Église ou par des comités qu'ils ne peuvent plus désormais être membres de leur Église depuis qu'ils ont « apostasié » et abandonné « la vérité ». Cela se produit plus souvent au sein de mouvements sectaires ou au sein de dénominations très strictes et conservatrices que dans les Églises du « courant principal ». Celles-ci semblent s'accommoder davantage de la diversité d'opinions. En fait, elles ont souvent établi diverses « modalités » créant ainsi un espace pour les croyants « de droite », « de gauche » et « du centre ». Cela s'est plus particulièrement vérifié dans les soi-disant « Églises d'État » d'Europe qui désiraient être un foyer spirituel pour les citoyens de la nation entière. (Aux États-Unis, ces différents courants ont eu tendance à s'organiser elles-mêmes sous forme de dénominations séparées).

Jusqu'à présent, radier des membres pour des raisons doctrinales n'est pas (ou n'est plus) très courant dans l'Église adventiste, et plus spécialement dans le monde occidental. Même si des professeurs de théologie « hérétiques » pouvaient être renvoyés ou forcés à démissionner, ils ne perdraient pas automatiquement leur statut de membre d'Église. Qu'on s'en lamente ou s'en réjouisse, il existe réellement une substantielle diversité de points de vue théologiques au sein de l'Église adventiste. Comme bien d'autres dénominations, l'adventisme a connu une évolution progressive de différentes « modalités » et de courants. Il est difficile de définir avec précision ces divers courants, même si certains ont déjà tenté de le faire. David Newman, ancien rédacteur en chef de *Ministry*, déclara un jour qu'il existe au moins quatre courants distincts dans l'adventisme : l'adventisme de courant dominant, l'adventisme évangélique, l'adventisme progressiste et l'adventisme historique[1]. Il y a quelques années, j'ai atterri en surfant sur *Google* sur un site web qui ne distingue pas moins de huit courants dans la théologie adventiste et fournit quelques clés représentatives de chacun de ces courants : libéral, progressiste, partisan de la théorie de l'influence morale, évangélique, modéré, conservateur/traditionnel, ultra-conservateur et extrême-ultra conservateur[2]. L'auteur a préféré rester anonyme, mais il est plutôt bien informé à propos de l'adventisme. Je dois admettre que je me suis senti bien en voyant que mon nom figurait parmi les six ou sept théologiens « progressistes » ! Néanmoins, je tracerais peut-être une ligne entre divers groupes sensiblement différents. Je ne considère pas, par exemple, le dernier groupe des « conservateurs ultra-extrémistes » comme une branche *véritable* de l'adventisme. Cependant, le message de l'article du site web est clair : *L'adventisme contemporain présente beaucoup de visages différents.*

Le fait qu'il existe une large divergence d'opinions théologiques ne signifie pas, cependant, qu'il existe partout une grande tolérance et que des discussions libres et ouvertes puissent avoir lieu. De nombreuses voix, plus spécialement du côté conservateur de l'Église, désirent « assainir » ce qu'ils perçoivent comme une regrettable situation. Ils préféreraient appartenir à une Église doctrinalement pure plutôt qu'à une Église au sein de laquelle on puisse ajuster sa propre profession de foi ! Et la forte poussée récente vers une plus stricte formulation des vingt-huit *Croyances fondamentales*, avec l'accent constant des leaders principaux mis sur le fait que l'adhésion à tous ces « fondements » est requise si l'on veut être considéré comme un adventiste authentique, préoccupe beaucoup de membres d'Église en attente d'une plus grande liberté personnelle en vue de préciser ce qu'ils croient. Aussi, les tentatives menées par l'administration de l'Église pour exercer un meilleur contrôle de l'orthodoxie des professeurs de théologie au sein des institutions d'enseignement supérieur de la dénomination sont perçues par beaucoup comme une trahison de la liberté académique et comme une volonté d'imposer une façon particulière de lire la Bible et de « faire » de la théologie.

A cet égard, le concept de « tremblement » est de plus en plus souvent évoqué, et ce de façon troublante. Ceci signifie qu'il existe un « criblage » continuel dans l'Église - un procédé par lequel ceux qui n'ont jamais pleinement adhéré à « la vérité » sont radiés des listes de l'Église. Ce procédé, comme on le suggère habituellement, atteindra son paroxysme juste avant la fin des temps. Le « criblage » qui finira inévitablement par un exode à grande échelle de l'Église, peut donc en fait, qu'il soit voulu ou sous-entendu par ceux qui en parlent, être considéré comme quelque chose de positif. Car il signifie que la venue du Christ est désormais plus proche qu'auparavant[3].

DÉPART VOLONTAIRE
Certains croyants ont lutté contre leurs doutes doctrinaux pendant des années et ont finalement décidé qu'ils ne pouvaient pas en bonne conscience rester membres de leur Église. Quelques-uns quittent leur communauté et n'en choisissent pas d'autre. Ils partent, parfois sans laisser de trace, alors que d'autres continuent d'entretenir un contact - surtout social - avec leurs anciens coreligionnaires. Certains

choisissent un nouveau foyer spirituel qui s'accorde avec la situation actuelle de leur pèlerinage spirituel. Ils ont décidé de dire adieu à leur ancienne Église, parfois avec un soupir de soulagement, mais souvent avec beaucoup de peine dans le cœur.

L'Église catholique romaine perd des millions de membres à travers le monde, des croyants qui n'acceptent plus certaines des obligations morales que l'Église leur impose. Ils protestent contre la position officielle au sujet des méthodes de contrôle des naissances et sont en désaccord avec le refus absolu de l'Église de permettre des relations homosexuelles entre partenaires qui souhaitent vivre une relation exclusive, monogame et permanente. Ils considèrent que les « lois » obligeant au célibat les membres du clergé et fermant aux femmes la prêtrise comme totalement dépassées et contraires à l'Évangile de Jésus-Christ.

Dans les cercles calvinistes stricts, nombreux sont ceux qui ont des doutes sérieux à propos des fondements évangéliques relatifs à la doctrine de la prédestination. Ils ont peut-être grandi avec la doctrine de la « double prédestination ». L'argument favorable à cette doctrine se formule ainsi : Dieu, dans son éternelle sagesse et dans son impénétrable souveraineté, a décidé avant notre naissance que nous aurons la vie éternelle ou que nous ferons face à l'éternelle damnation. Nous ne pouvons rien y faire. Bien sûr, nous sommes supposés mener une vie chrétienne et observer tous nos devoirs religieux, mais c'est Dieu seul qui décide si nous « le ferons » ou pas. Et si non, nous n'avons aucune raison valable de nous plaindre ! Car aucun être humain n'est habilité pour le salut. C'est par sa grâce souveraine seulement que Dieu désigne une personne qui héritera l'éternité.

Pour beaucoup de gens, il s'agit là d'une sorte de foi insupportable. Cela signifie que nous pouvons juste *espérer* figurer parmi les élus, mais sans en être jamais *sûrs* ! Pas étonnant que beaucoup se mettent à douter que cette doctrine corresponde à l'Évangile du Christ, qui déclare que Dieu « a tant aimé le monde » avec l'intention que tous les hommes soient sauvés ! Quelques-uns de ces sceptiques quitteront leur Église et diront adieu à toute forme de foi chrétienne, alors que d'autres, heureusement, découvriront un autre foyer spirituel au sein duquel ils pourront connaître l'assurance du salut.

L'Église mormone - ou Église de Jésus-Christ des saints des derniers jours - est la quatrième plus grande dénomination aux États-Unis. Cette religion « américaine » a attiré des millions d'hommes et de femmes, et peut encore inspirer à des milliers de jeunes gens le désir de s'engager pour une année de leur vie dans un travail « missionnaire » quelque part dans le monde. Mais l'Église voit aussi disparaître un nombre considérable de fidèles - pour des raisons semblables à celles que nous avons mentionnées précédemment en rapport avec les Églises chrétiennes en général. En plus, le sérieux déséquilibre des sexes dans l'Église mormone apparaît comme le problème le plus sérieux et est considéré par les enquêteurs comme la cause première de l'abandon de l'Église. Mais les chiffres de « l'apostasie » sont également significatifs - même si l'Église ne publie aucune statistique à ce propos. Parmi les doctrines mentionnées par de nombreux ex-mormons comme étant la raison de leurs doutes croissants quant à la véracité de leur religion se situe au niveau de l'importance attachée à d'autres livres (*Le Livre de Mormon*, *Le Livre de l'alliance* et *La perle de grand prix*) placés à côté de la Bible, la pratique du baptême au nom des morts et divers rituels secrets.

Nous pourrions mentionner une longue liste de vues doctrinales spécifiques qui provoquent beaucoup de discussions ou la dissidence dans d'autres dénominations. Mais notre objectif est l'Église adventiste du septième jour et, dans les pages suivantes, je passerai en revue quelques-uns des problèmes qui semblent faire surface le plus fréquemment lorsque les adventistes évoquent leurs doutes relatifs à certains enseignements de leur Église. Je ne les énumère pas dans un ordre spécifique, puisque je ne suis pas au courant de l'existence d'une étude qui indiquerait lequel de ces points atteint le rang le plus élevé parmi les motifs de doute.

INSPIRATION

Je voudrais simplement ajouter un petit mot à ce que j'ai déjà dit à propos de la doctrine adventiste de l'inspiration. C'est un problème-clé, car notre compréhension de l'inspiration et de la transmission de la Bible démontre que nous optons pour une lecture « littérale » de la Bible (qui prend à la lettre autant que possible ce que nous lisons), ou que nous attribuons un rôle plus important aux instruments humains que Dieu a employés dans ses contacts avec nous.

Il y a une bonne raison d'espérer que, dans un futur proche, les thèmes de l'inspiration et de l'herméneutique (comment interpréter la Bible) feront l'objet d'une attention croissante de la part des responsables de l'Église adventiste et demanderont dans les années à venir une grande part de temps et d'énergie de la part du personnel de *l'Institut de recherche biblique* (BRI) au siège de la Conférence Générale. Un certain nombre de publications relativement récentes émanant du BRI se sont engagées assez loin dans le soutien d'une lecture « littérale »[4].

Il convient de remarquer que, récemment, l'article un des *Croyances fondamentales* a été quelque peu « resserré ». Cet article figurant parmi « les vingt-huit » affirme que les Écritures sont « l'infaillible révélation de la volonté de Dieu ». Mais il souligne également que ces écrits sont « le révélateur autorisé des doctrines et le récit digne de confiance des interventions de Dieu dans l'histoire ». Tout dépend de la manière de comprendre les mots « infaillible, « autorisé » et « digne de confiance. » Dans la récente révision des « vingt-huit », nous lisons à présent que la Bible est non seulement « autorité » et « infaillible », mais également « ultime », et qu'elle est le révélateur « définitif » des doctrines. La nouvelle formulation de la *Croyance fondamentale* numéro dix confirme également que les *Croyances fondamentales* défendent une vision très étroite de l'inspiration.

Le document le plus autorisé relatif à l'approche adventiste de la Bible et de son interprétation est à ce jour, en dehors de la formulation des *Croyances fondamentales*, le *Document de Rio*. Tel fut le sujet d'une étude des années 1980 qui aboutit à une déclaration formelle qui fut acceptée par le Comité exécutif de la Conférence Générale au cours de sa « session d'automne » en 1996[5]. Ce document rejette la vision savante communément admise selon laquelle les écrits bibliques ont traversé un long processus de rassemblement et de « rédaction » avant d'atteindre la forme qui devint la base de nos traductions modernes. La plupart des spécialistes de la Bible, par exemple, ont conclu que les cinq livres de Moïse consistaient en plusieurs documents originaires de différents cercles, qu'ils furent écrits à des époques différentes et qu'ils ne furent assemblés que plus tard dans le Pentateuque (les cinq rouleaux). Ou, pour prendre un autre exemple de cette approche appelée couramment la « méthode historico-critique », la majorité des experts de l'Ancien Testament croient que le livre d'Ésaïe a deux, ou peut-être trois auteurs différents. Le *Document de Rio* ne l'entend pas de cette manière. (Assez étrangement, les biblistes adventistes semblent éprouver beaucoup moins d'hésitation à identifier différentes sources pour les évangiles ![6]) L'opinion des théologiens adventistes est nettement divisée à ce sujet. Ceux qui appartiennent à la *Société théologique adventiste*[7] soutiennent la position soulignée dans le *Document de Rio*. En fait, on ne peut devenir membre de cette société théologique influente sans avoir signé une déclaration écrite par laquelle on adhère à cette vision particulière de l'inspiration et de la transmission de la Bible.

Il est clair que l'opinion à propos de l'origine et de la nature de la Bible détermine également en grande partie la manière dont on approche les doctrines particulières et les sujets éthiques, tels la création et la consécration des femmes. Elle est aussi importante en ce qui concerne le ministère et les écrits d'Ellen G. White (voir plus loin).

Quand les membres d'Église commencent à éprouver des doutes à propos de la compréhension de l'inspiration telle qu'elle est couramment enseignée par les responsables de l'Église et par des institutions qui soutiennent cette position, cela constitue fréquemment le point de départ des doutes touchant d'autres thèmes doctrinaux. De nombreux sceptiques parmi eux apprécieront de moins en moins les publications de la dénomination ainsi que les autres productions émanant des médias de l'Église qui épousent le principe de la « lecture littérale ». Beaucoup chercheront une nourriture spirituelle auprès d'autres sources, mais s'exposer à cela peut, en réalité, faire surgir dans leur esprit de nouvelles questions à propos de certains enseignements adventistes traditionnels.

LA TRINITÉ

Le doute quant à la doctrine de la Trinité n'est pas un phénomène récent touchant les cercles adventistes. En fait, depuis très longtemps, de nombreux adventistes (y compris quelques pionniers) ont été de farouches antitrinitariens qui ne croyaient pas à la doctrine de la Trinité. Uriah Smith, le célèbre pionnier et auteur de livres sur Daniel et l'Apocalypse, a commenté, par exemple, le texte de l'Apocalypse qui appelle le Christ « l'Alpha et l'Oméga » (1.9). Il prétend que, bien que le Christ ait existé bien avant la création du monde, il n'était cependant pas de toute éternité, comme le Père. Le Christ a eu un commencement quelque part dans un lointain passé. Avec d'autres pionniers adventistes, comme par exemple James White, qui était lui aussi issu de la Christian Connection[8], Smith croyait que le Fils est subordonné à Dieu le Père et que l'idée de Trinité de trois êtres éternels et pleinement égaux n'était pas biblique. Ellen White n'employa jamais un langage antitrinitarien, mais ce n'est que plus tard qu'elle exprima son soutien au point de vue de la Trinité - Père, Fils et Saint-Esprit en tant qu'êtres coéternels et pleinement égaux. Il est intéressant de noter qu'elle n'utilisa jamais vraiment le mot Trinité !

Ce n'est qu'au 20ème siècle que l'Église adventiste se déclara officiellement du côté du camp trinitaire, même si des voix dissidentes continuèrent à se faire entendre. Mais plus récemment, la proportion de ceux qui doutent ou rejettent la théologie trinitaire semble être en augmentation[9]. Et même si beaucoup de partisans de la « gauche de l'Église se posent des questions ou éprouvent des doutes quant à cette doctrine chrétienne essentielle, la plupart des voix qui s'opposent à cette doctrine tendent à se trouver « à droite » dans le spectre théologique. Il y a des adventistes conservateurs qui croient que la doctrine de la Trinité est, en fait, un enseignement catholique romain (et donc faux par définition !), et que l'adventisme doit se méfier des dérives du catholicisme romain, mais devrait revenir à la foi historique (non-trinitarienne) de ses pionniers.

Même si la doctrine de la Trinité est une pierre angulaire de la théologie chrétienne, (curieusement) le doute à propos de cette doctrine-pivot dans les cercles adventistes est généralement moins sérieusement considéré que, par exemple, les questions relatives à la création en six jours littéraux ou à l'interprétation littérale du sanctuaire céleste. Ma lettre de créance de pasteur courrait un plus grand risque si j'allumais une cigarette en public que si j'exprimais un doute à propos de la doctrine de la Trinité dans un sermon. L'incertitude concernant cette doctrine importante ne pèse pas aussi lourd dans le cœur de la plupart des responsables adventistes que l'incertitude au sujet de quelques autres doctrines dont nous allons discuter brièvement à présent.

LA NATURE HUMAINE DU CHRIST

Le Christ était-il divin et humain en même temps ? Si oui, comment cela est-il possible ? Et comment devons-nous comprendre l'humanité du Christ ? Etait-il exactement comme nous, ou pas vraiment ? L'Église primitive eut besoin de quelques siècles d'étude et de débats vigoureux entre ses dirigeants, se réunissant en concile à Nicée (325), Chalcédoine (451) et en d'autres lieux. Ils parvinrent à des formules détaillées à propos des deux natures du Christ qui peuvent satisfaire la majorité des croyants chrétiens. Depuis lors, l'Église chrétienne confesse que le Christ est « vraiment Dieu » et simultanément « vraiment homme ».

La plupart des premiers adventistes ne se préoccupèrent pas outre mesure du mystère de la double nature du Christ. Leur attention se concentrait plutôt sur le statut actuel et sur le rôle de Jésus-Christ. Ils croyaient qu'il était monté au ciel en qualité de « grand prêtre » et que depuis 1844 il était impliqué dans une œuvre céleste préfigurée par le rituel du sanctuaire de l'Ancien Testament au « jour des expiations ». Mais comme le temps passait, la question des deux natures du Christ commença à exiger plus d'attention. Et la question est devenue plus controversée spécialement depuis la publication du livre *Seventh-day Adventists Answer Questions on Doctrine*[10], cet ouvrage qui présentait la nature humaine du Christ d'une manière qui parut inacceptable pour beaucoup.

En substance, il existe trois conceptions rivales à propos de la nature humaine du Christ.

(1) Le Christ était exactement comme nous en toute chose. Il partagea la même faiblesse humaine et fit l'expérience de la même propension (inclination) au mal que tous les êtres humains ;
(2) Le Christ était pleinement homme dans la mesure où il revêtit la nature humaine que possédait Adam *avant* la chute ; et
(3) Le Christ hérita notre nature humaine mais sans penchant pour le péché contre lequel nous luttons. Toutefois, cet « avantage » était plus que contrebalancé par le fait que le Christ fut infiniment plus tenté que nous ne pourrions l'être.

Laquelle de ces visions détient la plus forte crédibilité biblique ? Ici les opinions divergent nettement. Recourir à Ellen G. White pour obtenir une réponse précise ne nous aide pas réellement, car ses nombreuses déclarations à propos de la nature du Christ nous conduisent dans différentes directions, et malgré une consultation sélective de ses écrits, on ne peut trouver un soutien à aucun de ces points de vue[11].

De nombreux membres d'Église hausseront les épaules et diront : « C'est quoi, tout ce tapage ? Est-ce réellement important ? Bien entendu, nous ne comprendrons jamais comment une Personne peut être divine et humaine à la fois. C'est pourquoi, ne nous torturons pas le cerveau à propos de ce mystère ! » Pourtant, la question est plus importante qu'elle ne le paraît en surface ; en effet, certaines ramifications importantes rendent beaucoup de « croyants en marge » malheureux dans leur Église. Laissez-moi vous expliquer cela.

Tout d'abord, nous devons considérer l'article numéro quatre des *Croyances fondamentales* :

« Eternellement et véritablement Dieu, il (le Christ) est aussi devenu *véritablement homme*, Jésus, le Christ. Il a été conçu du Saint-Esprit et il est né de la vierge Marie. Il a vécu et *a été soumis à la tentation en tant qu'homme*, mais il *a donné l'exemple parfait de la justice et de l'amour de Dieu*. Ses miracles ont mis en évidence la puissance de Dieu et l'ont confirmé comme le Messie promis. Il a souffert et il est mort de son plein gré sur la croix pour nos péchés et à notre place, il est ressuscité des morts et il est monté exercer un ministère en notre faveur dans le sanctuaire céleste. Il reviendra en gloire pour délivrer définitivement son peuple et rétablir toutes choses. » (c'est moi qui souligne)

Une série d'éléments importants sont soulignés : (1) La pleine divinité du Christ ; (2) la naissance virginale ; (3) la pleine humanité du Christ et (4) le fait qu'il a pu servir de parfait modèle pour nous. On nous dit dans cet article que le Christ était « humain », mais la formulation évite judicieusement toute définition précise de ce terme. Personnellement, je serais très heureux d'en rester là. Car comment pourrions-nous jamais définir quelque chose qui soit totalement unique ? Nous ne pouvons rien comparer à cela. Cependant, tout le monde n'est pas préparé à accepter simplement et à vivre avec cet étrange paradoxe de la pleine divinité et de la pleine humanité en une seule Personne.

Quelle est la question la plus vaste ? On soutient que si le Christ revêtit la nature humaine d'Adam *avant* la « chute » dans le péché, il cesse d'être notre parfait exemple. Car si tel était le cas, il possédait un avantage distinct sur nous et, dans ce cas, nous ne sommes pas à blâmer si nous ne pouvons pas respecter les normes qu'il a placées devant nous. D'un autre côté, si le Christ a revêtu la nature humaine d'Adam *après* la « chute » et a néanmoins été capable de demeurer sans péché, il est en principe possible pour nous de parvenir à une vie sans péché. En d'autres termes, *la perfection est possible* - pas seulement dans le monde à venir, mais ici et maintenant, sur cette terre - si nous nous consacrons pleinement au Christ et si nous sommes décidés à vaincre tous nos défauts et à vivre dans une harmonie quotidienne avec la volonté de Dieu.

Peu d'adventistes, le cas échéant, nieraient que Dieu souhaite notre croissance spirituelle et veut modeler nos vies d'après notre grand exemple, Jésus-Christ. Mais un large pourcentage de membres d'Église reconnaîtraient aussi (je le pense et je l'espère) qu'ils sont pécheurs, qu'ils sont loin de la perfection et qu'ils n'atteindront jamais la perfection avant d'avoir été recréés en êtres parfaits dans un monde renouvelé. Ils croient que la Bible est claire sur ce point :

personne n'est sans péché. Celui qui se prétendrait sans péché serait un « menteur » (1 Jean 1.8).

Sans pour autant entrer trop loin dans les détails techniques de la théologie, je crois qu'il serait honnête de dire que l'idée d'une perfection accessible par les humains en a conduit beaucoup sur le chemin du légalisme. Cela a toujours été un piège pour les chrétiens conservateurs et, en particulier, pour les adventistes du septième jour. Le salut est reçu par la foi en Jésus-Christ et non pas par nos propres œuvres. Mais pour ceux qui insistent sur la validité éternelle de la loi de Dieu, chercher à marquer des points-bonus avec Dieu au prix d'une obéissance méticuleuse à sa loi a toujours représenté une grande tentation. C'est pourquoi l'affirmation selon laquelle nous pouvons vivre parfaitement, parce que le Christ était parfait et parce qu'il fut en toute chose totalement semblable à nous, peut facilement conduire à une approche très légaliste de la religion, dans laquelle l'essentiel de la joie de l'Évangile passe à la trappe. Et puis il y a la perception (justifiée ou non) de la part des croyants qui se situent « en marge » de l'Église qui déclarent que ceux qui tendent vers la perfection ne sont pas toujours les gens les plus agréables à fréquenter. Quand ces « perfectionnistes » sont en mesure de donner le ton dans une Église locale, beaucoup de ceux qui se trouvent « en marge » suffoquent et sont incapables de respirer dans l'environnement (souvent légaliste) qu'ils génèrent. Ils seront nombreux parmi eux à abandonner finalement et à partir.

L'idée selon laquelle la perfection est possible a d'autres ramifications et est intimement connectée à ce qu'on appelle communément la « théologie de la dernière génération » (TDG). Les partisans de cette idée combinent un certain nombre d'éléments issus de la tradition adventiste : le concept de la « grande controverse », le thème du « reste », la possibilité d'atteindre la perfection et le rôle du Christ dans le sanctuaire céleste.

Permettez-moi de présenter cette TDG (théologie de la dernière génération) en quelques mots : avant la seconde venue du Christ, les vrais croyants qui « gardent tous les commandements de Dieu » (dont le sabbat du septième jour) et qui ont « le témoignage de Jésus » (identifié comme « l'esprit de prophétie, à savoir Mme Ellen G. White) formeront un « reste » relativement petit. Ils parviendront au point d'avoir vaincu tout péché et auront atteint un état de totale perfection. Cela est essentiel, car le temps de « probation » prend fin quand le Christ achève son œuvre d'intercession dans le sanctuaire céleste. Dans la toute dernière période de l'histoire de cette terre - avant l'apparition du Christ - ceux qui appartiennent au reste doivent être parfaits car ils devront vivre pendant un certain temps sans intercesseur.

C'est là peut-être une version quelque peu simplifiée de la « théologie de la dernière génération », mais elle en résume l'essentiel. Le principal architecte de cette « théologie » était M. L. Andreasen (1876 - 1962), un théologien adventiste marquant mais qui tomba en disgrâce dans la dénomination et perdit même sa lettre de créance pendant un certain temps peu avant sa mort. Il y eut des époques dans le passé où cette « théologie » exerça une grande influence, par exemple à l'époque où Robert Pierson était président de l'Église adventiste (1966 - 1979). Elle a fait un grand retour récemment et trouve un fort soutien en la personne de Ted N. C. Wilson, l'actuel président de la dénomination adventiste.

Pour beaucoup de « croyants en marge », tout cela semble plutôt ardu et peut ressembler à tout sauf à l'Évangile joyeux et simple du salut et de la liberté en Jésus-Christ. Il se peut qu'ils ne connaissent pas tous les détails des arguments qui sont mis en avant pour défendre cette conception particulière de la nature humaine du Christ, l'insistance sur le perfectionnisme et cette théologie de la dernière génération, mais ils constatent à quel point cela affecte beaucoup de ses partisans et à quel point cela entretient une attitude intolérante envers ceux qui partagent d'autres vues. Il se peut qu'ils ne comprennent pas tout le raisonnement qui s'y rattache et qu'ils n'aient pas lu de livres sur ce sujet, ou qu'ils n'aient pas étudié et comparé toutes les citations pertinentes d'Ellen G. White. Et le doute peut ne pas être la meilleure définition de leurs sentiments à l'égard de ce type d'adventisme, mais ils possèdent surtout ce sens intuitif révélant que cela n'est pas leur « tasse de thé ». Ce type de « théologie » ne produit pas le genre d'expérience religieuse qui nourrit leur foi et les rend heureux. Etre submergé par tout cela les pousse à fuir.

LE SANCTUAIRE

On prétend souvent que la doctrine du sanctuaire est le seul enseignement vraiment propre à l'adventisme. Perdre cet élément de l'héritage adventiste serait donc une mise en danger de la seule raison d'être de l'Église adventiste en tant que dénomination distincte. Il existe d'autres groupes de chrétiens qui gardent le sabbat le septième jour de la semaine et beaucoup de chrétiens qui annoncent la proche venue du Christ, mais on ne connaît aucun parallèle exact à la vision adventiste du sanctuaire. Cependant, la doctrine du sanctuaire est non seulement *unique*, mais elle est également la plus *controversée* et elle a été attaquée et critiquée par beaucoup de gens en dehors de l'adventisme aussi bien que par de nombreux membres d'Église. On peut retracer une histoire constante du doute à propos de et contre cette doctrine telle qu'elle est traditionnellement formulée.

A l'époque de l'Ancien Testament, Dieu institua un *tableau vivant* (représentation dramatique) afin d'inculquer aux Israélites le sentiment que la rupture entre lui et l'humanité ne pourrait être rétablie qu'au prix d'une gracieuse intervention divine. Cette démarche était très coûteuse ; elle exigeait un sacrifice onéreux. Un système élaboré de sacrifices fut accordé au peuple, pour lui transmettre un message lui annonçant le sacrifice ultime, celui qui restaurerait la relation entre l'homme et Dieu. Le Christ était ce sacrifice, mais celui-ci était aussi symbolisé par les prêtres, et en particulier par le grand prêtre qui préfigurait le rôle du Christ en tant que suprême grand prêtre, comme cela est décrit dans l'épître aux Hébreux. Ainsi donc, tout ce qui se déroulait dans le service du sanctuaire de l'Ancien Testament, tous les différents services - quotidiens et annuels - et tous ceux qui officiaient dans le sanctuaire représentaient un symbole collectif de Jésus-Christ et de son œuvre salvatrice.

À partir de plusieurs déclarations prophétiques de la Bible, William Miller développa une théorie selon laquelle le retour du Christ était imminent et pouvait être attendu « autour de 1843 ». Plus tard, il se fit plus précis et, finalement, s'accorda avec quelques autres prédicateurs millérites pour dire que la seconde venue aurait lieu le 22 octobre 1844. Le jour fatidique devint cependant celui du « grand désappointement » pour les croyants millérites quand il passa sans aucun signe de la venue du Christ.

Dans les jours et les semaines qui suivirent cette expérience décourageante, les croyants adventistes désillusionnés se demandèrent ce qui avait bien pu mal tourner. S'agissait-il d'une erreur dans leurs calculs ? Et si les calculs avaient été faits correctement, s'étaient-ils trompés au sujet de l'événement qui devait se produire ce jour-là ? Un groupe de ces croyants adventistes conclurent rapidement qu'à cette date - le 22 octobre 1844 - le Christ avait inauguré son sacerdoce en qualité de grand prêtre dans le sanctuaire céleste. C'est cette œuvre spéciale qui était préfigurée par le rituel détaillé lors du jour des expiations dans le service du sanctuaire israélite. Ils firent en outre valoir que le jour annuel des expiations était, en un sens, une sorte de jour de jugement. Les péchés que le peuple avait confessés au cours de l'année et pour lesquels les Israélites avaient offert leurs offrandes en sacrifice tout au long de l'année étaient effacés au « Yom Kippur » - le jour des expiations. Ce service annuel signalait à l'avance l'œuvre du Christ dans le ciel au cours de cette phase du jugement appelé « investigatif », qui montrerait clairement qui serait sauvé et qui serait perdu.

Où se trouve le problème pour tous ceux qui se situent « en marge » ? Dans le passé, les doutes se concentraient plus particulièrement sur deux questions. Premièrement, il s'agissait de savoir si l'œuvre du Christ s'était vraiment terminée sur la croix ou si l'expiation restait incomplète jusqu'à ce qu'il ait accompli sa grande prêtrise dans le sanctuaire céleste. Pour beaucoup de gens, il était (et il est) important de souligner que le sacrifice du Christ sur la croix a été ultime et que son œuvre d'expiation ne devrait pas être scindée en une première et une seconde phase, comme semble le laisser entendre la doctrine adventiste traditionnelle du sanctuaire.

Et ensuite, il faut mentionner le rôle d'Azazel. Si vous n'êtes pas sûrs de ce que représente Azazel, vous pouvez relire le rituel de l'expiation dans l'Ancien Testament en Lévitique 16. À la fin des cérémonies de cette journée, un bouc était envoyé dans le désert, chargé de tous les péchés du peuple (verset 16). D'après l'explication adventiste traditionnelle, chaque détail du rituel de l'Ancien Testament trouve sa contrepartie dans le « véritable » jour des expiations au cours duquel officie le Christ. Le bouc appelé Azazel est perçu comme le symbole de Satan. Une vive opposition s'est élevée contre cette façon de voir, car elle semblait impliquer que les adventistes croient en fait que Satan joue un rôle dans notre libération du péché.

Depuis quelque temps, les objections de plusieurs sceptiques du sanctuaire (du moins ceux dont j'ai entendu parler) tendent à être plus larges et/ou à se concentrer sur d'autres aspects. Les opposants trouvent difficile d'accepter l'idée qu'il puisse exister une sorte d'édifice littéral, matériel dans le ciel, avec ses meubles et ses ustensiles, avec ses deux appartements séparés, comme le revendiquent leurs frères adventistes. Ils estiment passablement ridicule de croire qu'en octobre 1844 Jésus-Christ soit passé d'un appartement de cet endroit céleste dans le suivant, là où il est resté depuis lors, travaillant dur pour garantir qu'aucune faute ne serait commise dans la comptabilité du péché de l'homme. Devons-nous vraiment croire en une telle application littérale du symbolisme de l'Ancien Testament, se demandent-ils ?

Une objection probablement bien plus fondamentale réside dans le fait que la doctrine traditionnelle adventiste du sanctuaire ne commence pas avec la description du service du sanctuaire céleste dans le Nouveau Testament, comme nous la découvrons dans la lettre aux Hébreux, mais avec le récit de l'Ancien Testament du jour des expiations. Au lieu d'interpréter le rituel de l'Ancien Testament à la lumière du commentaire donné par le Nouveau Testament, cette dernière interprétation (inspirée) se révèle forcée à la manière de l'Ancien Testament.

1844

Pour plusieurs, la date de 1844 est un domaine sacré de l'enseignement adventiste. Les anciens adventistes se souviendront des représentations schématiques des « 2300 soirs et matins », avec la date de

457 avant notre ère d'un côté et celle de 1844 de l'autre, et quelque part au milieu le symbole de la croix. De nos jours, les adventistes qui insistent sur l'importance de 1844 ne seraient même pas capables d'expliquer à quoi aboutit cette date d'octobre 1844. En effet, cela requiert un raisonnement assez complexe. Les sceptiques diraient que cela suppose une série d'affirmations qui leur semblent extrêmement incertaines.

L'enseignement adventiste traditionnel maintient que nous trouvons une prophétie chronologique dans le livre de Daniel qui nous conduit à l'année 1844, au moment où quelque chose de significatif s'est produit dans le ciel. Pour parvenir à cette conclusion, il faut vouloir franchir une série d'étapes. Tout d'abord, on doit accepter que le livre de Daniel a été écrit par un prophète qui a vécu et œuvré à la cour babylonienne, et plus tard à la cour de Perse, au 6ème siècle avant notre ère, et qu'il a transmis un certain nombre de messages prophétiques qui se rapportent à la période partant de cette époque et aboutissant à la fin des temps.

Aujourd'hui, la plupart des spécialistes du livre de Daniel croient que cette partie de la Bible a été réellement rédigée au 2ème siècle avant notre ère par un auteur inconnu qui a utilisé le nom du prophète Daniel pour donner à son texte davantage d'autorité. De nos jours, cette façon de procéder serait considérée comme très trompeuse, mais dans les temps anciens cette pratique était plutôt courante. D'après l'interprétation adventiste classique du livre, la puissance mauvaise qui joue un rôle-clé (la petite corne) se réfère à l'Église catholique romaine. La plupart des théologiens contemporains prétendent que cette « petite corne » est le symbole d'un roi grec, Antiochus IV Epiphane, qui fit passer un mauvais moment au peuple juif et désacralisa le temple de Jérusalem en 168 avant notre ère. Pour parvenir au point de vue adventiste traditionnel concernant la prophétie chronologique des 2 300 soirs et matins qui prend fin en 1844, on doit s'élever contre l'opinion de la majorité des théologiens et s'en tenir à la datation ancienne (6ème siècle avant notre ère) du livre et rejeter la théorie alternative que beaucoup estiment bien plus convaincante. Il faut dire, toutefois, qu'il existe aussi quelques bons arguments en faveur d'une datation ancienne du livre. Néanmoins, il est bon de savoir que les approches du livre de Daniel diffèrent nettement.

La prochaine étape pour arriver à la date de 1844 serait d'accepter que Daniel 8, dans lequel la période de temps de 2300 jours est mentionnée, est reliée à Daniel 9, où le point de départ de la période prophétique se retrouve. Daniel ne comprit pas la vision du chapitre 8 à propos des 2300 jours et continua de se faire des soucis quant à la signification possible. En Daniel 9, l'explication se profile et la clé lui est fournie. Une nouvelle période de temps est mentionnée : soixante-dix semaines sont « fixées » dans un but spécifique. On pense que la période de soixante-dix semaines est, en fait, la première section des 2300 jours. Donc, si nous connaissons le point de départ de la période de soixante-dix semaines de Daniel 9, nous savons aussi quand les 2300 jours de Daniel 8 commencent. Toutefois, le problème que beaucoup d'interprètes perçoivent est qu'il existe un laps de temps considérable (douze années) entre la vision de Daniel au chapitre 8 et celui du chapitre 9, ce qui rend cette connexion moins probable, disent-ils, que ce que les adventistes ont traditionnellement avancé.

Mais ensuite apparaît l'obstacle suivant. Selon l'enseignement adventiste, le point de départ des soixante-dix semaines, et donc probablement aussi celui des 2300 jours, se trouve en Daniel 9.25. Nous lisons dans ce texte que c'est le moment où un homme d'état produirait un décret permettant aux Juifs qui avaient vécu en exil à Babylone de retourner en Palestine et de reconstruire Jérusalem. L'interprétation traditionnelle nous dit que ce décret a été promulgué par le roi perse Artaxerxès Ier en 457 avant notre ère. Toutefois, plus d'un décret de ce genre a été produit et tous n'admettent pas que ce décret particulier d'Artaxerxès soit celui auquel Daniel 9.25 se réfère et que nous puissions fixer en toute sécurité la date de 457 comme le commencement des soixante-dix semaines et des 2300 jours.

Ceci ne diminue pas le nombre d'étapes que nous devons franchir pour parvenir finalement à 1844. Dans les prophéties des temps bibliques un *jour prophétique* doit être interprété comme une *année littérale*, et cela représente une hypothèse-clé. Si cela se vérifie, si le choix de 457 est correct et si les périodes de Daniel 8 et 9 se déroulent correctement, alors en effet les 2300 jours prophétiques sont 2300 années littérales et aboutissent à 1844. Mais existe-t-il une base solide pour ce « principe jour-année » ?

Le « principe jour-année » n'est pas une création adventiste ; il a été utilisé par de nombreux commentateurs des prophéties dans le passé. Toutefois, cela s'est produit à une époque où la majorité de ces érudits percevaient les prophéties « apocalyptiques » (et plus spécialement dans la Bible les livres de Daniel et de l'Apocalypse) comme une description de l'histoire du monde jusqu'à la seconde venue du Christ. Aujourd'hui, la plupart des théologiens préfèrent d'autres approches de ces portions prophétiques de la Bible, et peu d'entre eux défendraient encore le « principe jour-année. Ils soulignent que les deux textes qui sont couramment cités pour défendre ce principe (Nombres 14.34 et Ézéchiel 4.5-6) ne sont pas très concluants - certainement pas quand ils sont lus dans leur contexte.

Une autre question relative à la date du 22 octobre 1844 et qui reste plutôt déroutante pour la plupart des adventistes (et pas seulement ceux qui se trouvent « en marge »), c'est qu'un genre particulier de calendrier juif est employé pour préciser quel jour le dixième jour du mois juif de Tishri (au cours duquel le jour juif des expiations devait être célébré) tombait cette année-là. Les « pionniers » adventistes qui développèrent la doctrine du sanctuaire optèrent pour le calendrier du mouvement juif karaïte. Pour la plupart des membres d'Église qui tentent de comprendre le fondement de la doctrine du sanctuaire, la raison qui les poussa à choisir ce calendrier particulier reste un mystère.

Mais d'autres questions émergent encore. Dans la version *King James*, Daniel 8.14 se lit ainsi : « Jusqu'à deux mille et trois-cents jours ; alors le sanctuaire sera *purifié*. » D'autres versions indiquent que le sanctuaire devait être *restauré*, ou « *restauré dans son état légitime* ». Toute la doctrine se maintient ou tombe avec l'identification du sanctuaire et l'interprétation du mot « purification » ou « restauration ». Pour l'adventisme traditionnel, qui situe Daniel au 6ème siècle avant notre ère, il est clair que le sanctuaire qui doit être « purifié » doit se référer au sanctuaire céleste, puisque le temple de Jérusalem n'existait plus au terme de la période de 2300 *ans*.

Beaucoup d'adventistes « en marge » se demandent comment une chose aussi compliquée que la doctrine adventiste traditionnelle du sanctuaire peut être cruciale pour notre foi. Ils croient que le Christ est leur médiateur et que, grâce à lui, ils peuvent se sentir en sécurité. Mais cette idée d'un sanctuaire littéral dans le ciel, où le Christ entra en 1844 pour accomplir la phase finale de son œuvre rédemptrice, n'a pas pour eux un accent convaincant. Et est-il pertinent de raconter aux autres que quelque chose est sensé s'être produit en 1844 ? N'est-il pas beaucoup plus important de se soucier de la signification du message de l'Évangile en cette première partie du 21ème siècle ?

À quoi il faudrait ajouter que le doute à propos de la doctrine traditionnelle du sanctuaire ne se limite pas aux « croyants en marge »[12]. Une évidence empirique jointe à des données plus solides suggère que beaucoup de membres d'Église éprouvent des doutes profonds au sujet des opinions traditionnelles relatives au sanctuaire, et plus spécialement à propos de l'interprétation de Daniel 8.14 et de l'arithmétique basée sur ce texte[13]. Il existe également plus qu'une simple évidence empirique pour indiquer qu'un pourcentage significatif de pasteurs adventistes ne soutient plus l'opinion traditionnelle[14].

PROPHÉTIES RELATIVES À LA FIN DES TEMPS
Un autre domaine synonyme de grand malaise et de doute parmi les « croyants adventistes en marge » est l'approche traditionnelle des prophéties de Daniel et de l'Apocalypse en général. Bien que les détails de l'interprétation traditionnelle de ces livres prophétiques ne soient pas énoncés dans les *Croyances fondamentales*, exprimer des doutes à ce propos est extrêmement vexant pour tous ceux qui maintiennent que l'adventisme perd son identité si nous ne prêchons plus ou si nous ne croyons plus en la « vérité » telle qu'elle a été expliquée dans les livres classiques que les pionniers adventistes ont écrits, ou - tout au moins - telle qu'elle est présentée dans une version quelque peu remise à jour dans certaines publications émanant de nos maisons d'édition et (plus encore) par des éditeurs indépendants repré-

sentant la « droite » de l'Église. J'ai personnellement expérimenté le déplaisir de *l'Institut de recherche biblique* de la Conférence Générale (et d'un certain nombre de ses responsables) quand j'ai écrit mon mémoire de doctorat traitant des attitudes adventistes à l'égard du catholicisme romain, plaidant en faveur d'une révision critique de quelques-unes de nos opinions traditionnelles[15].

D'après l'interprétation adventiste de Daniel et de l'Apocalypse, ces portions de la Bible nous parlent de « la grande controverse » entre le bien et le mal à travers les âges. Les symboles s'appliquent à des événements historiques ainsi qu'à des *puissances* politiques et spirituelles et, à certaines époques, également à des *personnages* du passé, du présent et du futur clairement identifiables. L'apostasie de l'Église chrétienne a culminé dans l'Église papale qui a persécuté le peuple de Dieu dans le passé et qui agira de nouveau ainsi avec une plus grande virulence dans le futur - avec l'appui du protestantisme « apostat » assisté de diverses puissances occultes. Tout se meut inexorablement jusqu'à un sombre point culminant, juste avant la seconde venue du Christ, quand un petit reste de ceux qui sont restés loyaux aura à affronter une opposition implacable de la part des ennemis de Dieu, qui formeront ensemble la « Babylone spirituelle ».

Le reste est - d'après ce point de vue - l'Église adventiste du septième jour, ou le noyau des croyants adventistes qui seront restés fidèles à la vérité des « messages des trois anges ». Dans le conflit final, le sabbat jouera un rôle de plus en plus crucial. Les observateurs du dimanche se signaleront par la « marque de la bête », alors que les observateurs du sabbat porteront le « sceau » de Dieu ! Les lois du dimanche seront proclamées au cours d'une campagne mortelle et mondiale contre le reste de Dieu, dans laquelle le catholicisme romain, appuyé par le protestantisme, uniront leurs forces avec les États-Unis d'Amérique.

De l'aveu général, la plupart des adventistes qui partagent cette opinion ne colleront pas sur tous les non-adventistes l'étiquette de « Babylone » et ne condamneront pas tous les chrétiens qui cherchent à servir leur Dieu de leur mieux. Il est clair, cependant, que ce scénario prophétique adventiste global n'encourage personne à nouer des liens avec d'autres communautés chrétiennes. Tous les signaux positifs émis par des organisations œcuméniques en direction de l'Église adventiste tendent à être perçues avec beaucoup de suspicion, quand on sait (ou croit savoir) à quoi tout cela aboutira finalement.

Dire que beaucoup de « croyants en marge » ne se sentent plus à l'aise avec ce scénario général est un euphémisme. Ils se demandent combien de ces applications historiques qui ont été proposées sont réellement valables. Ils savent que beaucoup d'interprétations ont dû être modifiées alors que les événements ne se produisaient pas précisément comme on s'y attendait. Ils se demandent si les catholiques sont nos ennemis et si les autres chrétiens méritent notre méfiance. Et ils se demandent : l'Église catholique du pape François est-elle la même que l'institution médiévale qui favorisa l'Inquisition ? Tous les chrétiens dans le monde actuel n'affrontent-ils pas des défis communs ? Le sécularisme rampant de notre temps n'est-il pas un plus grand danger que les formes de christianisme qui diffèrent de l'adventisme ? L'essor de la religion islamique, même en Occident, n'est-il pas un problème bien plus grave que le mouvement œcuménique qui peut présenter des aspects que nous n'apprécions pas ?

Même si on accepte que l'adventisme puisse à juste titre prétendre qu'il doit proclamer un message spécial mettant en évidence certains aspects de l'Évangile qui sont plutôt négligés par d'autres - cela garantit-il que seuls les croyants adventistes constituent l'Église du « reste » et qu'elle représente ainsi la seule communauté de croyants qui va le « faire » à la fin ? Pour les « croyants en marge », la compréhension adventiste prophétique traditionnelle pose de plus en plus de questions. Ils se demandent : Est-ce que je désire vivre dans cette atmosphère où je dois assumer que je suis le seul à avoir raison et où je dois dire aux autres qu'ils ont tort ? Ne devrais-je pas me focaliser sur le Christ comme mon ami plutôt que sur les autres chrétiens en tant qu'ennemis ?

ELLEN G. WHITE

Peu d'adventistes, le cas échéant, nieront que Mme Ellen G. White a joué un rôle important dans l'Église adventiste du septième jour. On se réfère souvent à elle de nos jours comme appartenant au groupe des cofondateurs de l'Église adventiste. La plupart des adventistes reconnaîtront a également qu'elle fut une femme extraordinaire qui, en dépit d'une instruction très limitée, exerça une influence marquée sur la pensée de l'adventisme à ses débuts et sur l'évolution de la philosophie de l'Église dans des domaines tels que l'éducation, la santé et l'évangélisation. Les opinions commencent à diverger lorsque ses capacités et ses actions sont décrites comme étant le résultat d'un don prophétique, et quand elle est élevée au rang de prophète.

Tout dépend, bien entendu, de la manière dont on définit le terme « prophète ». Fut-elle une personne employée par Dieu dans la première phase de l'Église adventiste comme, par exemple, Martin Luther au temps de la Réforme du 16ème siècle, ou John Wesley dans la phase de création du méthodisme ? Ou fut-elle une prophétesse inspirée dans le sens que tout ce qu'elle écrivit devrait, en détail, s'appliquer à nous qui vivons et « faisons » l'Église dans des circonstances totalement différentes ? Devrions-nous aussi opter pour une méthode de « lecture littérale » à l'égard des écrits d'Ellen White ? Et ce qu'elle a dit et écrit est-il le mot de la fin à propos de l'interprétation de la Bible et le critère définitif permettant de préciser les doctrines correctes ?

Bien que l'enseignement adventiste officiel précise clairement que les écrits d'Ellen G. White ne possèdent pas la même autorité que la Bible, beaucoup d'adventistes « en marge » sont perturbés par le fait indéniable que, dans la pratique, Ellen White n'est pas perçue comme s'opposant à la lumière des Écritures mais que c'est bien plus fréquemment l'inverse. Beaucoup semblent avoir recours à Ellen G. White comme à un guide infaillible vers une compréhension correcte de la Bible. Bien plus, ses paroles sont souvent appliquées à des situations contemporaines, sans aucun regard pour le contexte totalement différent dans lequel elle a vécu et œuvré. De nombreux croyants « en marge » sont contrariés quand une prédication contient plus de citations d'Ellen White que de références bibliques et quand le mantra « Ellen White dit », ou tout simplement « elle dit » est invoqué pour résoudre toute chose.

Il faut admettre que, parmi les critiques d'Ellen G. White, nombreux sont ceux qui n'ont jamais lu aucun de ses livres et qui connaissent à peine le rôle important qu'elle a joué dans les premières heures de l'adventisme. Toutefois, il serait trop facile de dire que tous les doutes à propos du ministère d'Ellen White disparaîtraient rapidement si on lisait tout simplement davantage ses écrits. Il en est beaucoup qui ont (avec plus ou moins de succès) essayé de lire des livres tels que *Patriarches et prophètes*, *Jésus-Christ* et *La tragédie des siècles* et y ont trouvé beaucoup de pensées édifiantes et inspiratrices. Mais ils ne sont pas nécessairement convaincus que tout ce qu'elle a écrit soit pleinement historiquement correct, et que la manière dont elle comprenait les événements bibliques et historiques soit la seule perspective possible. En outre, ils ont aussi lu certaines choses *à propos* d'Ellen White et ont découvert qu'elle ne prétendait pas elle-même ce que beaucoup de ses admirateurs prétendent à sa place. Et, à leur grande consternation, ils ont trouvé qu'elle avait souvent « beaucoup emprunté » à d'autres auteurs. Ils ont constaté qu'Ellen White était un être humain ordinaire et imparfait, qu'elle n'était pas toujours cohérente, qu'elle pouvait changer d'avis et modifiait parfois sa façon de penser au fil des années.

Beaucoup d'adventistes « en marge » protestent contre la façon dont Ellen White est mise sur un piédestal et utilisée comme l'arbitre final en toute chose. Ils n'apprécient pas cette tendance dans leur Église locale, quand Ellen White est traitée comme une sainte et utilisée comme un instrument pour critiquer ceux qui peuvent avoir d'autres opinions sur la théologie et le style de vie. Et ils éprouvent aussi une certaine aversion quand des responsables d'Église emploient ses paroles - souvent totalement hors du contexte - pour résoudre chaque problème et répondre à chaque question. En fait, beaucoup de « croyants en marge » ressentent que la manière d'*utiliser* Ellen G. White et « l'Esprit de prophétie » (le choix du verbe est intentionnel) risque de faire de l'Église adventiste une secte religieuse.

QUESTIONS RELATIVES AU STYLE DE VIE

En plus des doctrines qui poussent de nombreux membres à se demander « Puis-je encore croire cela ? », d'autres doutes courants ont un rapport avec des questions de style de vie. En quoi les « règles » adventistes relatives à la nourriture, aux bijoux, aux loisirs, à la cohabitation et à la sexualité (y compris les relations homosexuelles) sont-elles bibliques ? Certaines de ces restrictions ne sont-elles pas simplement le résidu de l'héritage victorien ? La plupart d'entre elles ne sont-elles pas à l'origine « fondées sur Ellen White » plutôt que sur la Bible ? Certaines de ces prohibitions n'entrent-elles pas finalement en conflit avec le principe de l'Évangile de la liberté en Christ ?

Au point où nous en sommes, je souhaite simplement mentionner ce sujet de préoccupation. Et permettez-moi de dire, en toute honnêteté, que les doutes de cette sorte peuvent (tout au moins dans certains cas et dans une certaine mesure) refléter le désir de justifier sa propre conduite et ne sont pas toujours des doutes pleinement considérés et théologiquement enracinés.

Nous aurions pu en dire plus à propos des doutes en rapport avec des doctrines particulières et avec l'importante question de savoir si une organisation ecclésiastique peut exiger l'adhésion à un faisceau aussi étendu de positions doctrinales, sans permettre une large diversité d'opinions, et sans exhorter à la tolérance à l'égard de tous ceux qui pensent différemment. Beaucoup sont aux prises avec le dilemme suivant : que doivent-ils faire de leurs doutes et de leurs opinions, quand ceux-ci diffèrent de la norme officielle de l'Église telle qu'elle est codifiée dans les vingt-huit *Croyances fondamentales* ? Peuvent-ils encore prétendre être de « vrais » adventistes ? Peuvent-ils en bonne conscience rester membres de l'Église adventiste ? Doivent-ils rester « en marge » ? Peuvent-ils redécouvrir un rôle satisfaisant pour eux-mêmes au sein de l'Église adventiste ? Ou n'existe-t-il pas d'autre voie pour sortir de ce dilemme qu'une sortie radicale de la communauté adventiste ?

Dans le chapitre suivant, je désire revenir sur la question du doute en général : le doute à propos de Dieu et de l'Église. Dans un chapitre ultérieur, nous fixerons notre attention sur le traitement des doutes relatifs à certaines doctrines spécifiques. Je ne fournirai pas de réponse à chaque question. Je suis moi-même constamment confronté à des doutes et à des questions - relatives à ma foi, à mon Église, et à d'importantes facettes de certaines croyances adventistes. Mais j'espère que ce qui suit aidera les lecteurs de ce livre à découvrir certaines clés leur permettant d'aborder efficacement leurs questions et leurs doutes.

---

1 Voir 'How Much Diversity Can We Stand?' in *Ministry* (April 1994), pp. 5, 27; Voir aussi William G. Johnsson, *The Fragmenting of Adventism*. Boise, ID: Pacific Press, 1995, p. 91-95. A. LeRoy Moore, *Adventism: Resolving Issues that Divide Us*. Hagerstown, MD: Review and Herald, 1995 se concentre sur les divergences de vues à propos de la loi et de la grâce, l'expiation et les natures du Christ.
2 http://christianforums.com/member.php?u=185580.
3 Roger W. Coon, 'Shaking', in: Denis Fortin and Jerry Moon, eds., *The Ellen G. White Encyclopedia*. Hagerstown: Review and Herald, 2013, p. 1157, 1158.
4 Voir note xxx on page xxx.
5 'Methods of Bible Study,' in: R Dabrowski, ed., *Statements and Guidelines and Other Documents of the Seventh-day Adventist Church,* published by the General Conference Communication Department, 2005.
6 Voir vol. 5, p. 175-181 of the *Seventh-day Adventist Bible Commentary* (1956).
7 L'*Adventist Theological Society* (ATS) est associée avec l'Église adventiste du septième jour en tant que ministère indépendant. D'après son site web, il s'agit d'une organisation internationale, professionnelle, non-lucrative instituée comme une ressource théologique pour l'Église adventiste du septième jour. L'association est conservatrice dans sa théologie et bénéficie de la confiance des hauts responsables de l'Église. Cela n'est pas vrai pour (ou l'est moins) pour l'*Adventist Society of Religious Studies* (ASRS), qui est considérée par beaucoup comme étant « libérale ».
8 Voir p. 49.
9 Merlin D. Burt, 'History of Seventh-day Adventist Views on the Trinity,' *Journal of the Adventist Theological Society*, 17/1 (Spring 2006), p. 125–139. See also Richard Rice, 'God,' in: Gary Charter, ed., *The Future of Adventism*. Ann Arbor, MI: Griffin & Lash, Publishers, 2015, p. 3-24, and Woodrow Whidden, et al., *The Trinity: Understanding God's Love, His Plan of Salvation and Christian Fellowships*. Hagerstown, MI: Review and Herald, 2002.
10 Ce livre est le résultat de longues discussions en 1955-56 entre quelques représentants de l'Église adventiste et deux responsables évangéliques. Donald Barnhouse and Walter Martin voulaient en savoir plus à propos des enseignements de l'Église adventiste du septième jour, avant que Martin publie un livre à propos de l'adventisme. Voir George R. Knight, *Seventh-day Adventists Answer Questions on Doctrine*—Annotated Edition. Berrien Springs, MI: Andrews University Press, 2003.
11 Pour un résumé très accessible de nombreuses déclarations d'Ellen White à propos de la nature humaine du Christ, voir Dennis Fortin, 'Ellen White and the Human Nature of Christ', https://www.andrews.edu/~fortind/EGWNatureofChrist.htm.

12 Voir Jean-Claude Verrecchia, *God of No Fixed Address: From Altars to Sanctuaries, Temples to Houses*. Eugene, OR: Wipf and Stock, 2015. Ce livre important explore de nouvelles voies à propos de la doctrine du sanctuaire. Il a paru en anglais, français et néerlandais. Jean-Claude Verrecchia plaide en faveur d'une franche réévaluation de la conception adventiste traditionnelle de cette doctrine, après avoir souligné le grand malaise qui existe parmi beaucoup d'adventistes au sujet de l'interprétation traditionnelle. Pour un survol historique de la relation entre l'adventisme et la doctrine du sanctuaire, voir Alberto R. Timm, 'The Seventh-day Adventist Doctrine of the Sanctuary (1844-2007), in: Martin Pröbstle et al., eds, *For You Have Strengthened Me: Biblical and Theological Studies in Honor of Gerard Pfandl in Celebration of his Sixty-Fifth Birthday*. Peter am Hart (Austria): Seminar Schloss Bogenhofen, 2007, p. 331-359.

13 Dr. David Trim, directeur du service des Archives and Statistiques de l'Église mondiale adventiste du septième jour, rapporte au Conseil annuel de 2013 le résultat d'un projet de recherche mondiale auquel près de 4 000 membres d'Église du monde entier ont participé. 38 % ont signalé ne pas avoir accepté (ou pas pleinement) la doctrine du sanctuaire et du jugement investigatif.

14 Une enquête menée auprès de deux cents pasteurs en 2000 dans la région de Los Angeles (USA) indique que 41 % d'entre eux n'ont pas accepté la version traditionnelle de la doctrine adventiste du sanctuaire. Voir Aivars Ozolins, 'Doctrinal Dissonance and Adventist Leadership: Recapturing Spiritual Wholeness through Crisis, http://lasierra.edu/fileadmin/documents/religion/School_of_Religion_2011-12/ASRS_2011/05_Aivars_Ozolins_Doctrinal_Dissonance.pdf

15 Reinder Bruinsma, *Seventh-day Adventist Attitudes toward Roman Catholicism, 1844-1965*. Berrien Springs, MI: Andrews University Press, 1994.

DEUXIÈME PARTIE

Faire face au doute et trouver des réponses

CHAPITRE 6

Le saut de la foi

Rédiger les cinq premiers chapitres fut relativement facile. Il s'agit d'une *description* de ce que je vois et de ce que je vis - dans le monde qui m'entoure, et en particulier dans le monde religieux contemporain. J'ai évoqué la crise que traverse l'Église chrétienne – y compris plus précisément l'Église adventiste du septième jour. Ensuite, je me tourné vers la crise de foi personnelle que traversent de nombreux croyants et, dans le chapitre précédent, vers le malaise que ressentent beaucoup d'adventistes du septième jour à propos de quelques enseignements de leur Église et de sa rigidité doctrinale. Au commencement de ce livre, j'ai signalé que je voulais m'adresser à un groupe spécifique de lecteurs : ceux qui ne se sentent plus chez eux dans leur Église et qui se dirigent vers la porte de sortie. J'ai appelé cette catégorie les « croyants en marge ».

Mais si c'est une chose de fournir une *description* de la situation, c'en est une autre d'offrir une *prescription* pour remédier à la maladie spirituelle dont souffrent trop de croyants « en marge » - individuellement ou collectivement - et de suggérer comment l'Église pourrait recouvrer une santé totale. En fait, si c'est ce que vous espérez, vous pouvez aussi bien arrêter votre lecture à cet endroit, parce que vous allez être déçus. Dans les pages précédentes, j'ai posé de nombreuses questions - de front et entre les lignes - pour lesquelles je n'ai aucune réponse immédiate. Bien plus, bien que je ne me considère pas comme un « croyant en marge » qui se glisse tout doucement vers la sortie d'une foi méthodique, je partage beaucoup de soucis éprouvés par les « marginaux » et je ressens souvent le même malaise à propos de nombreuses tendances actuelles au sein de l'adventisme.

Ce que vous pouvez attendre de ce chapitre et des chapitres qui suivront sera une tentative honnête de mettre en évidence quelques pistes vous permettant d'aborder vos incertitudes et vos doutes (les vôtres et les miens) d'une manière ouverte et, je l'espère, constructive. Au cours des années passées et au cours de la préparation de ce livre, j'ai beaucoup réfléchi à propos des questions évoquées. Au fil des ans, j'ai écrit pas mal de choses sur ces sujets et parlé avec pas mal de monde à ce propos. Dans ce qui suit, je souhaite présenter quelques-unes de mes conclusions (souvent timides). Je saurai que mes efforts auront été plus que méritoires si quelques lecteurs, ici et là, découvrent quelques « tuyaux » susceptibles de les aider à faire face à leurs doutes et à aborder leurs questions de manière constructive. Et je me réjouirai si, peut-être, suite à la lecture de ce livre certains parvenaient à sortir des « marges » et à trouver une manière satisfaisante de participer plus activement à la vie de l'Église et de vivre leur foi.

QU'EST-CE QUE LE *DOUTE* ?

Tout d'abord, essayons d'éliminer quelques fréquentes idées fausses à propos du doute. Os Guinness, un auteur adventiste marquant, mentionne dans l'introduction de son livre sur le doute trois idées fausses :
1. Le doute, c'est mal, car cela ressemble à l'incroyance ;
2. Le doute est seulement associé à la foi, et non à la connaissance ;
3. Le doute, il faut en avoir honte, et il est malhonnête de rester dans l'Église si vous éprouvez des doutes sérieux[1].

Plus loin dans son livre il souligne que le doute est universel : « Seul Dieu et les fous ne doutent pas », dit-il[2]. Au fil de notre progression, nous pourrons, je l'espère, désamorcer cette idées fausses.

Nous avons besoin de préciser plus avant le concept de doute. Le doute ne se retrouve pas seulement dans la religion et la foi. Nous pouvons douter de la sagesse de certaines décisions ou de choix professionnels que nous avons faits dans le passé. Nous pouvons douter des conclusions auxquelles certains savants sont parvenus, ou douter de la véracité de certaines déclarations faites par nos hommes politiques. Nous pouvons être sceptiques quant à la manière de réaliser un projet particulier ou nous pouvons douter d'avoir l'expertise nécessaire. Nous pouvons éprouver des doutes sérieux à propos de questions morales importantes. Certaines personnes peuvent douter de la fidélité de leur épouse. C'est pourquoi, si le doute représente un tel phénomène universel, il serait étrange de ne pas le rencontrer en pénétrant dans l'arène de la religion. *Le doute n'est pas seulement un problème chrétien, c'est un problème humain*[3].

Par définition, le doute n'est pas quelque chose de négatif. Il peut devenir destructeur et même fatal si nous refusons de l'affronter, et si nous sommes réticents à y réfléchir et à le combattre. Il devient carrément un danger pour notre santé spirituelle si nous chérissons nos doutes, comme s'ils étaient la preuve déterminante de notre indépendance d'esprit et de notre superbe intelligence, au lieu d'essayer d'y faire face.

Certains « saints » du passé et du présent ont traversé des périodes de doute profond. L'histoire de sainte Thérèse de Lisieux (1873 - 1897) mérite d'être lue. Une nonne française carmélite, plus populaire sous le nom de « petite fleur de Jésus », est l'un des exemples de sainteté les plus influents parmi les catholiques romains, presque à égalité avec saint François d'Assise. Elle mourut de tuberculose à l'âge de vingt-quatre ans, après avoir traversé une période de doute sérieux. À un certain moment, elle confessa ne plus croire en la perspective de la vie éternelle et déclara que le Christ l'avait conduite dans un lieu souterrain où le soleil ne pouvait plus pénétrer[4]. Malgré cette sombre période de doute, elle fut canonisée par le pape Pie XI le 17 mai 1925, et on lui attribua le titre de « docteur de l'Église ».

Martin Luther fit l'expérience d'une longue période de doute et ressentit amèrement l'absence de Dieu. Il évoque ces tribulations en parlant de ses *Anfechtungen* - une crise religieuse qui affecta son être tout entier. Il admit plus tard que parfois, lorsqu'il voulait prêcher, il se sentait tellement submergé par le doute que ses mots gelaient sur ses lèvres. Et à la grande surprise de beaucoup de gens, Mère Teresa elle-même traversa de longues saisons de sécheresse spirituelle et ressentit une déconnection de Dieu[5]. Bien qu'elle fût continuellement adulée par le public, Mère Teresa connut une période de grande douleur spirituelle. Dans plus de quarante lettres, dont la plupart n'avaient pas encore été publiées jusqu'ici, elle déplore la « sécheresse », « l'obscurité », la « solitude » et la « torture » qu'elle subit. Elle compare son expérience à l'enfer et déclare qu'elle la mena à douter de l'existence du ciel et même de Dieu[6].

Le doute n'est pas synonyme d'incroyance. La distinction est importante. *L'incroyance* est un refus délibéré et intentionnel de croire. C'est un refus délibéré de reconnaître la possibilité de l'existence de Dieu et un rejet explicite de la foi. *Le doute* peut être mieux perçu comme une incertitude sans préjugés, alors que *l'incroyance* prétend la certitude hermétique selon laquelle Dieu et la foi sont un non-sens ou, au mieux, sans aucune importance. J'ai lu quelque part que les Chinois parlent de quelqu'un qui doute comme de celui qui a un pied dans deux bateaux. Le mot anglais *doubt*, tout comme en français le mot *doute*, dérivent du terme latin *dubitare*. Il se réfère à la situation d'un être divisé - ou d'un être avec deux esprits.

Le célèbre théologien protestant Paul Tillich (1886 - 1965) fit cette déclaration souvent citée (qui a été souvent attribuée à saint Augustin) : « Le doute n'est pas le contraire de la foi ; c'est un élément de la foi[7]. » L'auteur juif Isaac Bashevis Singer (1902 - 1991) se montra lui aussi plutôt positif à propos de la valeur du doute : « Le doute fait partie de toute religion. Tous les penseurs religieux étaient des sceptiques[8]. » Alfred Lord Tennyson (1809 - 1892), l'un des poètes britanniques les plus populaires de l'ère victorienne, écrivit dans un poème intitulé *In memoriam* : « Il y a plus de foi dans un doute honnête, croyez-moi, que dans la moitié des credos[9]. »

Connaître un peu de doute approfondit notre foi. Il peut nous donner une foi plus solide, plus persévérante et plus résiliente. Guy Parker disait dans son livre *Le don de la foi* : « Si la foi ne rencontre jamais le doute, si la vérité ne lutte jamais contre l'erreur, si le bien ne croise pas le fer avec le mal, comment la foi peut-elle connaître sa propre puissance ?[10] » Parmi toutes les définitions du « doute » que j'ai parcourues, j'aime celle de Os Guinness par-dessus tout : « *Le doute, c'est une foi sans mise au point*[11]. »

LE DOUTE EST-IL UN PÉCHÉ ?

De nombreux croyants « en marge » se sentent mal, ou même carrément coupables, quand ils éprouvent des doutes. Douter, c'est mal, pensent-ils. Douter, c'est un péché. Ils se rappellent l'histoire d'Adam et Ève au paradis et leur rencontre avec le mal qui s'approcha d'eux déguisé en serpent. Le premier couple n'avait aucune raison de douter, tous deux vivaient en parfaite harmonie et dans une paix totale au milieu d'un jardin délicieux. Ils bénéficiaient d'une ligne de communication ouverte avec leur Créateur. Mais lorsque le mal entra en scène, le doute s'approcha avec lui. Il suggéra qu'Adam et Ève seraient totalement justifiés en doutant des bonnes intentions de Dieu. Dieu leur dissimule des choses, dit le diable, qui les rendraient plus matures. Cela pouvait-il être vrai ? se demandèrent Adam et Ève. Ils n'avaient pas envisagé cette possibilité jusqu'alors et le doute s'insinua dans leur esprit - avec de fatales conséquences. Quiconque lit cette histoire tracera une ligne droite entre le diable et le péché, d'un côté, et le doute de l'autre.

Dans *Vers Jésus*, l'un de ses livres les plus connus, Ellen G. White établit également le lien direct entre le doute et le péché. Le chapitre 12 de son livre est intitulé : « Que faire de nos doutes ? » Elle commence le chapitre en admettant que les chrétiens ne sont pas immunisés contre le doute :

> « *Bien des chrétiens, et particulièrement des jeunes dans la foi, sont parfois troublés par les suggestions du scepticisme. Il y a dans la Bible bien des choses qu'ils ne peuvent expliquer ni même comprendre, et Satan s'en sert pour ébranler leur foi dans les saintes Ecritures comme révélation de Dieu. Comment pouvons-nous connaître la bonne voie ? se demandent-ils. Si la Bible est véritablement la Parole de Dieu, comment nous affranchir des doutes dont nous sommes obsédés ?*[12] »

Nous remarquons que Satan - le diable - entre immédiatement en scène. Il n'est pas difficile de trouver d'autres pages où Ellen G. White crée la même connexion. Prenons, par exemple, cette déclaration : « Satan souhaite agir avec ingéniosité, de différentes manières et par des pouvoirs divers, de façon à saper la confiance du peuple du reste en Dieu[13]. »

Est-il juste de relier le doute avec « le diable » et avec « le péché » ? Oui et non. Si nous croyons que tout ce qui est négatif et problématique résulte, d'une façon ou d'une autre, de notre nature humaine, qui donc a permis au « mal » de pénétrer dans notre monde et d'infecter nos vies, alors, oui, c'est là que le doute trouve sa place. Mais ce serait là une interprétation instable. Car si nous relisons d'autres récits bibliques nous percevons également un tableau différent qui nous fait découvrir l'autre face du doute. (Nous ne nous préoccuperons pas trop, à ce point, de l'*historicité* des récits bibliques, mais nous fixerons notre attention sur le *message* qu'ils nous transmettent).

Jetons un regard sur l'un des plus grands sceptiques présentés par la Bible, Jean-Baptiste. Il était le « précurseur » de Jésus. Quand Jésus vint à lui, alors que Jean baptisait des gens dans le Jourdain, il savait parfaitement bien qui était ce Jésus. Et il comprenait que lorsque Jésus commencerait sa mission en tant que Messie, son propre ministère se terminerait inévitablement. Les récits des évangiles nous fournissent peu de détails sur Jean et sur son œuvre, mais nous le rencontrons à nouveau au cours de son incarcération dans la forteresse de Machéronte que le roi Hérode avait fait construire non loin de la mer Morte. Jean est vivant, mais se fait peu d'illusions quant à son avenir. Il est sérieusement déprimé et son cœur est rempli de doute. Comment se peut-il qu'il doive finir sa vie comme un prisonnier ? Comme beaucoup d'autres avec lui, il avait cru que ce Jésus était le Messie qui amènerait la fin de l'oppression romaine à son peuple. Cependant, cela ne s'était pas produit. Jésus était suivi seulement par un petit groupe de disciples. Il n'avait pas de lieu permanent pour y vivre dans un confort raisonnable, ni de quartier général représentatif pour y recevoir les chefs du peuple et les diplomates des nations environnantes, alors qu'il cherchait à installer son règne.

Nous lisons dans le récit qui est rapporté en Matthieu 11.2-14 que Jean s'autorise à envoyer quelques-uns de ses disciples à Jésus. À une certaine époque, il avait été tellement certain : ce Jésus était l'Agneau de Dieu qui allait ôter les péchés du monde (Jean 1.29). Mais à présent cette certitude s'est complètement évaporée et il envoie donc ses disciples vers Jésus avec cette question : « Es-tu réellement celui que nous attendions ? Ou sommes-nous totalement dans l'erreur ? » Peut-il exister un doute plus intense quand on a investi sa vie entière dans le soutien et la promotion de quelqu'un, tout simplement parce qu'on croyait vraiment en cette personne, et quand finalement on se demande si tout cela n'était pas une farce, et si celui en qui on a mis sa confiance était peut-être un imposteur ?

Jésus ne réprimande pas les hommes qui viennent le voir au nom de son cousin Jean. Il leur recommande simplement de garder les yeux ouverts, de regarder autour d'eux et de rapporter à Jean ce qu'ils ont vu et entendu à propos de son ministère. Nous ferions bien de retourner à cette histoire de l'évangile et de la relire. Et alors, ne manquons pas la remarque que Jésus fit à propos de Jean, quand il le situe au même rang que le grand prophète de l'Ancien Testament, Élie : « Amen, je vous le dis, parmi ceux qui sont nés de femmes il ne s'en est pas levé de plus grand que Jean le Baptiseur... Depuis les jours de Jean le Baptiseur jusqu'à présent, le royaume des cieux est soumis à la violence, et ce sont les violents qui s'en emparent. Car tous les prophètes et la loi ont parlé en prophètes jusqu'à Jean ; et, si vous voulez l'admettre, l'Élie qui devait venir, c'est lui. » (Matthieu 11.11-14) Clairement, Jésus ne voyait pas en Jean-Baptiste un pécheur sans espoir parce qu'il fut momentanément vaincu par un doute sérieux.

Le doute n'est pas synonyme de péché - du moins pas de péché dans le sens d'une faute personnelle qui créerait la culpabilité dans le cœur du sceptique. Nous découvrons cela non seulement dans l'histoire de Jean-Baptiste mais aussi dans d'autres récits qui nous présentent des sceptiques bibliques. Nous connaissons tous Thomas, l'un des douze disciples de Jésus, comme le sceptique par excellence. On nous dit que Thomas n'était pas présent quand le Christ ressuscité apparut à ses disciples et qu'il refusa de croire que Jésus était bien vivant quand il entendit le récit de l'apparition de Jésus. Thomas exigeait une évidence vérifiable. Peu de temps après, il vit Jésus et toucha ses plaies.

Son doute se dissipa et il reconnut Jésus pour ce qu'il était : « Mon Seigneur et mon Dieu. » (Jean 20.28)

Nous ne savons pas si l'histoire apocryphe des *Actes de Thomas*[14] relatant la mort de l'apôtre Thomas en 72 est historique, mais quelques autres sources attestent qu'il mourut en martyr à Mylapore, un district de la cité indienne de Chennai. Il fut emmené en un lieu en dehors de la ville où quatre soldats le percèrent de leurs lances. Une solide tradition situe Thomas en Inde, où l'on prétend qu'il a prêché l'Évangile à partir de l'an 52. Thomas eut un CV apostolique impressionnant, en dépit du fait qu'il soit dépeint comme un sceptique dans l'évangile de Jean (20.19-29).

Jean-Baptiste et Thomas ne sont pas les seuls sceptiques bibliques. Pensons aux histoires d'Abraham et Sara, et à Zacharie, le père de Jean-Baptiste. Et souvenons-nous de Job. Dans sa misère, Job lutta contre un doute intense mais il n'abandonna pas Dieu, comme le lui suggérait sa femme. Il se demanda : « Pourquoi tout cela m'est-il arrivé ? » Cela n'était pas juste. Comment son infortune était-elle conciliable avec l'image d'un Dieu aimant et compatissant ? Lire les quelques derniers chapitres du livre de Job est une expérience qui en vaut la peine. Job parvint à la conclusion, en dernière analyse, que ses doutes provenaient de sa conception inadéquate de Dieu !

(RE)DÉCOUVRIR LA FOI EN DIEU

Beaucoup pensent que la conclusion finale de Job n'est pas (encore) à portée de main. Ils continuent de lutter contre leur doute. Si le doute se situe à mi-chemin entre la foi et l'incroyance (comme je le crois), comment un « croyant en marge » peut-il migrer vers la foi, plutôt que glisser toujours plus loin de la foi et aboutir à une incroyance absolue[15] ?

On a toujours dit qu'avoir la foi en Dieu suppose un grand *saut*. Paul Ricœur (1913 - 2005), le célèbre philosophe protestant français, expert renommé dans le domaine de l'herméneutique (les principes d'interprétation), incitait ses lecteurs à *commencer* leur itinéraire spirituel avec la foi, et non avec les doutes et les efforts intellectuels sensés dissiper ces doutes. Il les invitait à commencer par un « pari ». Nous sommes mieux lotis, disait-il, si nous prenons le risque calculé d'assumer que la foi dans l'histoire chrétienne sera plus bénéfique à notre vie dans le monde qu'un programme de scepticisme. Cela ne signifie pas que nous devons simplement essayer d'oublier nos doutes et nos questions, mais que nous décidions d'avancer sur la base d'une *croyance hypothétique*. Pour ce faire, nous devons décider de nous placer (ou d'être certains de rester) dans un environnement où la foi est vécue[16]. Nous devons donner à l'histoire chrétienne la chance de nous impressionner, et alors nous devons attendre et voir ce que cela produira en nous. Si nous choisissons ce « saut de la foi », nous constaterons que la preuve du pudding, c'est de le manger.

Notre environnement exerce une grande influence sur nos expériences. Il est très difficile de jouir de l'un des concerti brandebourgeois de Jean-Sébastien Bach tout en travaillant dans un garage où on répare des voitures, là où toutes sortes de bruits mécaniques et autres interfèrent avec la beauté de ce merveilleux exemple de musique baroque. Si nous nous sentons tendus ou pressés, nous trouverons plus facilement le repos et la relaxation en nous promenant tranquillement le long de la plage, ou assis à une terrasse de café sirotant notre tasse de cappuccino, plutôt qu'en voyageant dans un train bondé ou en essayant de lutter contre le rush du trafic routier. Un dîner aux chandelles dans un restaurant chic est souvent plus propice à la romance que faire la queue chez Mc Donald. L'atmosphère d'une cathédrale médiévale, la lecture d'un livre spirituel, un morceau de musique inspirant, la compagnie d'un partenaire ou d'un ami croyant authentique captivé par les beautés de la nature - toutes ces choses peuvent créer le type d'environnement qui favorise un sentiment de totale dépendance en Dieu - la certitude intuitive que quelqu'un prend soin de vous.

Ricœur suggère que la foi émerge et grandit (et se maintient) mieux dans un environnement où le « langage de la foi » est parlé. La meilleure façon d'apprendre et de maintenir la maîtrise d'une langue est de s'immerger dans cette langue. C'est aussi vrai à propos du langage de la foi. Je partage le point de vue de Ricœur par ma propre expérience. Quand j'ai déménagé en 1984 avec ma famille pour le pays africain du Cameroun, j'ai remarqué qu'une seule personne parlait l'anglais au sein de l'institution dont je venais prendre la charge. Les quarante employés communiquaient entre eux en Bulu - l'un des nombreux dialectes locaux de ce pays. La langue officielle était le français. J'avais une connaissance élémentaire de la langue française depuis mes études secondaires. Toutefois, les premières semaines m'ont presque rendu fou, car je ne comprenais presque rien de ce me disaient les gens. Mais j'ai écouté et essayé de parler avec eux, même si ma grammaire était désespérément mauvaise et mon vocabulaire extrêmement réduit. J'ai acheté un journal local et je l'ai étudié « religieusement » chaque matin. J'ai décidé d'ajouter chaque jour vingt nouveaux mots à mon vocabulaire français. Deux mois plus tard environ, j'ai découvert que je commençais à comprendre ce que les gens me disaient. Au bout d'un certain temps, je suis devenu raisonnablement compétent en français et j'ai même osé prêcher dans cette langue. Toutefois, je dois admettre que j'ai aujourd'hui beaucoup perdu de mon français, parce qu'il est rare que je me retrouve encore dans un environnement francophone. Mon expérience de la langue suédoise est très semblable. Ma femme et moi avons souhaité apprendre cette langue scandinave pour une bonne raison : nos deux jeunes petites-filles vivent en Suède et parlent le suédois plutôt que le néerlandais. Nous sommes à présent parvenus à dialoguer avec elles et, en bonus extra, nous sommes en mesure de lire les bons romans policiers de Wallander dans la langue originale ! De nouveau, le secret était de s'immerger dans la langue suédoise autant que possible.

Comme le dit Ricœur, si vous voulez aider ceux qui ont essayé en vain d'avoir la foi, conseillez-leur de se brancher (et de le rester) sur le *langage de la foi*.

Si vous comptez parmi ceux qui se situent « en marge » et qui risquent de perdre la foi, lisez la Bible, et cela même si au premier abord cela ne signifie pas grand-chose pour vous. Même si vous en avez assez des choses désagréables qui s'y trouvent, cela est et reste néanmoins une bonne idée. (Sautez simplement, au moins pour un temps, les sections que vous estimez difficiles à ingurgiter). Et aussi, forcez-vous à fréquenter votre Église, et vous y entendrez le langage de la foi, même si quelques éléments du service peuvent vous perturber, et même si vous rencontrez des gens dont vous aimeriez restés éloignés. Ecoutez les prières des autres et prononcez vous-même une prière, même si vous vous demandez à quoi cela peut bien servir. Encore une fois, *immergez-vous dans le langage de la foi.*

Beaucoup de ceux qui l'ont fait disent qu'ils ont *reçu* la foi ou qu'ils l'ont retrouvée. J'emploie le terme *recevoir* intentionnellement. Car, après tout, la foi est un don et non quelque chose qui résulte de notre propre cogitation intellectuelle. Nous reviendrons plus loin sur cet aspect.

Beaucoup de ceux qui ont suivi la démarche que Paul Ricœur et d'autres ont conseillée attesteront que le christianisme est vrai parce que « ça marche ». Mais, ce qui est assez vrai, avoir la foi suppose un grand *saut* ! Certains diront que c'est là un saut dans le vide ou pourraient dire que la foi est une aberration psychologique, un dysfonctionnement mental. Sigmund Freud (1856 - 1939) fut le plus célèbre partisan de cette idée. Il considérait la foi religieuse tout au plus comme une réflexion volontaire. Et il utilisa même des termes moins aimables, comme la névrose, l'illusion, le poison et l'intoxication. Dieu en tant que Père céleste ne serait qu'une simple projection, dit-il, dérivée de nos blocages subconscients relatifs à notre père terrestre. D'autres ont dit des choses semblables.

Et bien, Freud et tous les autres qui pensaient et pensent comme lui ont droit à leur *opinion*. Car, après tout, ce sont des opinions. Pour soutenir leurs idées, aucune bribe d'*évidence* authentique n'est nécessaire. Il convient de noter qu'en rangeant tout cela dans le domaine du subconscient, la théorie de Freud se situe bien au-delà de tout type de vérification ! Bien plus, la suggestion selon laquelle la foi peut se réduire à un vœu pieux n'est pas vraiment méritante, après réflexion. Car il est clair que de nombreuses caractéristiques de la foi religieuse (par exemple le péché et le jugement) ne correspondent tout simplement pas à nos rêves les plus fous !

SUR QUOI NOTRE FOI EN DIEU EST-ELLE FONDÉE ?

Je vais essayer de ne pas verser dans un excès de technique, mais notre sujet exige que nous creusions plus profond. Dans le chapitre deux, nous avons observé que peu de gens aujourd'hui sont impressionnés - et convaincus - par les « preuves » classiques de l'existence de Dieu. Étant donné que j'ai été personnellement confronté à la question de savoir si j'étais sûr de l'existence réelle de Dieu, j'ai expérimenté la validité de la « méthode » recommandée par Paul Ricœur. Mais j'ai aussi grandement bénéficié de la lecture de deux autres livres importants. Au cours d'un congé, j'ai découvert accidentellement (ou providentiellement) le premier de ces deux livres dans une petite librairie d'une ville provinciale en Suède.

Je me suis demandé pourquoi il se trouvait là, au milieu d'une poignée de livres de théologie et de philosophie plutôt médiocres. Je cherchais quelque chose de « sérieux » à lire et, constatant que le choix était assez limité, j'ai acheté le livre de Nancey Murphy, *Beyond liberalism and fundamentalism*[17] (Au-delà du libéralisme et du fondamentalisme). J'ai oublié comment j'ai trouvé le second livre, *Warranted Christian Beliefs*[18] (Croyances chrétiennes garanties). Il a été écrit par Alvin Plantinga, professeur émérite de la prestigieuse université catholique Notre-Dame de South Bend en Indiana. Ces deux théologiens m'ont aidé à me détendre et à mettre en veilleuse mes questions à propos de l'existence de Dieu. Ils m'ont révélé qu'il n'existe aucune « preuve » solide de l'existence de Dieu, mais qu'il y a quand même de bons arguments permettant de croire qu'il existe. Ils expliquent dans leur livre qu'il subsiste toujours une place pour le doute, mais que cela ne représente pas un problème insurmontable.

Pour un pasteur adventiste du septième jour c'est, bien entendu, toujours une bonne chose de mentionner qu'Ellen G. White accepte de tout cœur un point de vue particulier ! Et elle le fait en effet dans ce cas. Avant de me lancer dans une terminologie plus philosophique découverte chez Nancey Murphy et Alvin Plantinga, permettez-moi donc de citer quelques lignes de *Steps to Christ* (Vers Jésus) extraites du chapitre déjà mentionné :

« *Dieu ne nous demande jamais de croire sans nous donner des preuves suffisantes pour servir de base à notre foi. Son existence, son caractère, la véracité de sa Parole, tout cela est établi par des témoignages qui en appellent à notre raison ; et ces témoignages sont abondants. Toutefois, Dieu n'a jamais enlevé la possibilité du doute*[19]. »

J'espère que votre patience et votre persévérance vont se prolonger pour rester avec moi alors que je quitte Ellen G. White pour me tourner vers Murphy et Plantinga. Ils posent la question de savoir s'il existe un solide fondement pour notre foi en Dieu en profondeur. Comme Ellen G. White, ils déclarent que le doute aura toujours sa place ! (Si ce qui suit devient trop philosophique à votre goût, sentez-vous libre de sauter le reste de cette partie.)

Comment pouvons-nous être sûrs, lorsque nous parlons de Dieu, de ne pas utiliser seulement des termes pieux, mais de parler vraiment d'une Réalité qui existe ? Comment pouvons-nous être certains de parler d'un Être personnel, qui agit et intervient dans ce monde et en temps réel ? Comment pouvons-nous être absolument sûrs que les blocs de construction de la foi chrétienne sont absolument et indubitablement vrais ? Et enfin, existe-t-il quelques principes moraux intemporels et immuables ?

Le *fondamentalisme* est le nom donné à la tentative philosophique visant à découvrir de tels principes absolus - des croyances qui, pour être justifiées, ne dépendant pas d'autres croyances, mais sont « basiques » et « immédiates ». Il existe différentes versions du fondamentalisme sur le marché. Les fondamentalistes « durs » ou « classiques » appuient leur conviction sur l'idée que toute notre connaissance peut, en fait, être fondée sur des principes absolus et inattaquables[20]. Selon cette théorie, ces croyances basiques sont bien entendu vraies. En d'autres termes, quand vous les rencontrez, elles vous frappent avec une telle force que vous ne pouvez que les accepter pour vraies. Aujourd'hui, il existe un doute très étendu quant à la légitimité de ce fondamentalisme « dur ». Personne, soutient-on, ne peut approcher ces éléments supposés basiques sans aucune idée préconçue. Et même si de nombreux principes qui semblent être « basiques » se soutiennent mutuellement, cette soi-disant « concurrence » ne représente pas une preuve indiscutable de leur véracité.

Si ce fondamentalisme « dur » va un pont trop loin, cela signifie-t-il que rien de solide ne puisse être posé ? Qu'il n'y ait rien au-delà des barrières sociales et des préférences personnelles, et que le scepticisme total devra prévaloir ? Heureusement, nous pouvons prendre le chemin que l'on appelle souvent le « fondamentalisme modéré ». D'après cette approche, nous devons faire preuve de moins de certitude *absolue*, mais il reste *suffisamment* de certitude pour y faire reposer notre foi (de nouveau Ellen G. White serait d'accord, et cela même si elle n'a jamais entendu parler de *fondamentalisme*). Les fondamentalistes « modérés » disent que leurs croyances essentielles ne sont pas totalement immunisées contre certains doutes concevables, mais qu'elles « sont parfaitement acceptables, à moins qu'on ait une bonne raison de penser qu'elles soient minées. Ils sont innocents jusqu'à preuve de leur culpabilité[21].

À présent, je vous demande de rester avec moi un peu plus longtemps ! Parmi ceux qui ont étudié ce sujet, nombreux sont ceux qui soulignent que quelque chose peut être considéré comme fiable aussi longtemps qu'une méthode fiable a été suivie pour le produire[22]. Si différentes idées sont cohérentes les unes par rapport aux autres et forment un ensemble logique, il y a de bonnes raisons de les accepter pour vraies. En suivant cette ligne de pensée, il n'existe aucune hypothèse selon laquelle une série de croyances justifiées prenne la forme d'une *construction* complète, comme une métaphore qui prétendrait à la vérité de façon excessive. Mais les croyances, comme le disent Nancey Murphy et d'autres partisans de la conception « fondamentaliste modérée », sont interdépendantes - chaque croyance étant soutenue par sa connexion à d'autres croyances et finalement à l'ensemble[23]. Le philosophe américain W. V. Quine (1908 - 2000) préférait la métaphore d'une *toile*[24]. L'image de la toile suggère que ses fils peuvent être fragiles et vulnérables, mais que tous peuvent former ensemble une structure solide. Ainsi donc, les croyances individuelles peuvent avoir leur faiblesse et être sujettes au doute, mais une série de croyances cohérentes nous offre une base suffisamment solide à partir de laquelle on peut avancer. Alvin Plantinga (né en 1932) a introduit la notion de « *croyances garanties*[25] ». Il prétend que nous ne pouvons avoir l'absolue certitude de nos croyances que recherchent les « fondamentalistes durs », mais qu'il existe une « garantie » suffisante pour maintenir les croyances qui constituent le fondement du christianisme.

Même si un élément de la pensée volontaire est impliqué, Plantinga prétend que cela ne peut pas réellement discréditer la notion de foi. Notre Dieu Designer (en assumant qu'il existe en fait) nous a peut-être créés avec une sorte de désir inné de croire en lui et de devenir plus conscient de sa présence. « Les humains peuvent très bien être ainsi psychologiquement conçus par leur Créateur de telle sorte que, quand ils subissent certains types d'expériences, une croyance en Dieu en est naturellement... le résultat[26]. » Le célèbre père de l'Église Augustin (354 - 430) nous a peut-être orientés dans cette direction par son fameux dicton : « *Nos cœurs sont sans repos jusqu'à ce qu'ils se reposent en toi, O Dieu !*[27] »

LA FOI AU-DELÀ DE LA RAISON

Avant d'aller plus loin, permettez-moi de préciser que tout ce qui s'affiche comme étant la foi n'en a pas forcément la qualité. Il existe une sorte de foi qui est malsaine et qui déprime les humains. Elle les emprisonne et fait d'eux des névrosés ou des craintifs. Il existe une sorte de foi qui résulte de l'arrogance odieuse qui consiste à prétendre qu'on possède la vérité finale à propos de tout. Ce type de foi génère l'intolérance et a souvent conduit à de terribles persécutions.

Hans Küng, un théologien catholique romain qui n'a pas toujours (c'est un euphémisme) été apprécié par les responsables de son Église, l'a bien exprimé :

> *La foi en Dieu a été et est encore souvent autoritaire, tyrannique et réactionnaire. Elle peut produire anxiété, immaturité, étroitesse d'esprit, intolérance, injustice, frustration et isolement social ; elle peut légitimer et inspirer l'immoralité, les abus sociaux et des*

guerres contre et entre des nations. Mais la foi en Dieu peut aussi être libératrice, orientée vers l'avenir et se révéler bénéfique aux êtres humains ; elle peut donner confiance dans la vie, maturité, ouverture d'esprit, tolérance, solidarité, engagement créatif et social, renouveau spirituel, réformes sociales et paix mondiale[28].

Ce type de foi « libératrice » et « bénéfique », c'est la foi que nous voulons posséder ou retrouver. Seule la foi qui édifie les gens, qui les fait grandir individuellement et qui les rend plus humains mérite ce nom[29].

Certaines personnes parlent de la foi et de la croyance en Dieu comme s'il s'agissait de quelque chose d'étrange et d'anormal, ou de quelque chose que nous devrions considérer comme devenu inutile. Nous devons protester énergiquement contre une telle notion. Nous avons foi en un tas de choses et tout le temps. Quand je traverse un pont en voiture, je n'hésite pas à suivre d'autres véhicules. Je ne m'arrête pas pour mener préalablement une enquête minutieuse à propos de la résistance des piliers sur lesquels repose la structure. Le pont est là depuis de nombreuses années. Des centaines de voitures le traversent chaque jour. Je crois fermement qu'il me soutiendra aussi quand je vais le traverser.

Nous avons foi en beaucoup d'autres choses. Je ne suis jamais allé ni au pôle Nord ni au pôle Sud. (Mais qui sait ? Je continue de rêver d'une croisière vers les régions arctiques !). Cependant, j'ai vu pas mal de photos d'explorateurs posant à côté de leur drapeau national à un endroit qu'ils disent être le pôle. Je n'ai aucun moyen de le vérifier. Les clichés pourraient avoir été tirés dans le nord du Canada ou en Sibérie, ou avoir été créés à l'aide d'un logiciel à Miami. Mais je ne suis pas membre d'une « société de la terre plate » et je crois que la terre est un globe et qu'il existe deux points aux côtés opposés que nous appelons « pôles ». Je ne doute pas que quelques personnes seulement ont tenté de s'y rendre de différentes manières. De plus, quand nous prenons le bus ou un avion, nous avons foi dans les capacités du pilote ou du chauffeur, et quand nous allons au restaurant nous croyons que le chef ne nous empoisonnera pas.

H. C. Rümke (1893 - 1967), l'un des plus grands psychiatres néerlandais du milieu du 20ème siècle, a produit un solide dossier sur la normalité de la croyance religieuse dans son livre traitant de la personnalité et du tempérament en relation avec la croyance et l'incroyance[30]. Si nous définissons la foi comme la confiance me permettant d'accepter quelque chose pour vrai, et comme un comportement fondé sur cette confiance, sans évidence intellectuelle décisive, nous devons conclure, dit-il, qu'il n'existe aucun humain qui n'ait pas la foi. Notre existence entière est fondée sur cette sorte de foi confiante qui n'est pas différente de l'instinct ou de l'intuition. La croyance religieuse est une forme particulière de la foi. Suggérer que ce type de foi est une évidence de dysfonctionnement mental ou d'un manque de maturité démontre un parti-pris déraisonnable[31].

La foi, semble-t-il, ne peut se comparer à l'acceptation intellectuelle d'arguments logiques ou de certaines propositions indubitables. Et le raisonnement de Plantinga lui-même à propos des « croyances garanties » ne dissipera pas tous les nuages de doute. La croyance selon laquelle Dieu existe et que nous pouvons avoir foi en lui (que nous pouvons lui faire confiance) va au-delà de ce que nous pouvons faire valoir par nos raisonnements, aussi brillants que nous les considérions, et cela va au-delà de ce que nous pouvons voir, entendre ou ressentir. C'est ce que l'auteur de l'épître aux Hébreux souligne dans sa célèbre définition de la foi : « La foi, c'est la réalité de ce qu'on espère, l'attestation des choses qu'on ne voit pas. » (Hébreux 11.1) Or, comme le commente Eugène Peterson dans son livre *Message Bible*, « la foi est le ferme fondement de tout ce qui fait en sorte que la vie vaille la peine d'être vécue. C'est notre emprise sur ce que nous ne pouvons pas voir[32] ». Cette définition n'implique pas que nous devions dire « au revoir » à la raison et à l'intelligence. Cela ne signifie pas que Mark Twain ait raison quand il dit que « la foi c'est croire que ce que vous savez n'est pas vrai ! » La foi, ce n'est pas abdiquer notre arrière-plan et la volonté d'entrer dans un monde magique ou de science-fiction dans lequel tout est possible.

Les sceptiques qui veulent douter de tout continueront, bien entendu, de prétendre que la foi doit reposer sur une solide évidence, c'est-à-dire sur une preuve qui ne peut pas être vérifiée par l'usage de nos sens. Mais il existe toujours une fatale incohérence dans les actes et les raisonnements du sceptique : dans des situations concrètes, le sceptique, qui croit n'être sûr de rien, abandonne invariablement son scepticisme. Quand sa maison est en feu, il ne doutera pas de la réalité de l'incendie mais il appellera le numéro d'urgence, se saisira de quelques objets de valeur et quittera sa maison !

Naturellement, la raison a son importance mais, quand les choses se gâtent, pourquoi mettrions-nous notre confiance dans l'une des nombreuses facultés dont nous avons été dotés et non dans d'autres aptitudes dont nous sommes équipés ? Pourquoi, par exemple, ferions-nous confiance en la raison plus que dans notre perception ou notre intuition ? Le choix de compter essentiellement sur la raison est, quand tout est fait et dit, une décision arbitraire[33]. La foi, déclare Hans Küng, « serait une demi-chose, ne fût-ce que pour répondre à notre intelligence et à notre raison, et non à la personne entière, incluant notre cœur ». Il ne s'agit pas d'abord d'une question de déclarations théologiques ou de doctrines telles qu'elles sont définies par une Église, ou d'arguments intellectuels, mais cela concerne également notre imagination et nos émotions[34].

La foi en Dieu n'est pas sans défis, mais il vaut la peine « d'essayer de croire[35] ». Il se peut que nous disions que nous disposons de trop peu d'évidence pour être certains. Mais, d'un autre côté, nous disposons de trop d'évidence pour l'ignorer[36]. Il se peut que nous n'atteignions pas la preuve finale, mais jusqu'à présent personne non plus n'a produit une preuve convaincante de la non-existence de Dieu. Croire en Dieu est une démarche de la personne humaine dans son intégralité, avec sa raison et son cœur ; une démarche de confiance raisonnable pour laquelle il se peut qu'aucune preuve stricte n'existe, mais dans laquelle il y a de bonnes raisons de s'engager !

UN DIEU EN QUI NOUS POUVONS CROIRE ?

Nous devons franchir un pas supplémentaire - ou un *saut* - dans notre quête de la foi. Une question importante à poser est celle-ci : notre foi est-elle dirigée vers le *vrai* Dieu ? La foi chrétienne a avant tout affaire avec la confiance en une *personne*. Certains centrent à tort leur foi sur la Bible et font des Écritures leur dieu. Beaucoup de chrétiens ont commis cette erreur. De nombreux protestants vénèrent un livre plutôt qu'une Personne ; ils placent leur foi dans un document plutôt qu'en Celui auquel le document se réfère. Beaucoup de catholiques romains commettent l'erreur de faire de leur Église le centre de leur foi au lieu de Celui que l'Église a été appelée à proclamer[37]. Certains adventistes ont centré leur foi sur les vingt-huit *Croyances fondamentales*. Nous ne devons jamais oublier, cependant, que *la foi authentique est une relation de personne à personne*. Tout le reste est secondaire.

Mais alors, bien sûr, la question essentielle revient : *Pouvons-nous croire en un Dieu qui permet que tant de choses terribles se produisent ?* Il n'existe pas de réponse facile à cette question. En fait, il n'existe aucune réponse concluante du tout. Finalement, la seule réponse humaine peut être : Si Dieu est amour et sait toute chose, il sait ce qu'il fait. Il doit avoir ses raisons pour laisser le mal poursuivre sa course dans le monde. Oui, il est tout-puissant. Il *peut* faire toute chose, mais il *choisit* les choses qu'il fait. Il choisit de limiter sa puissance dans ses propres voies insondables. Si Dieu est le genre de Dieu que la Bible présente, il est toute-sagesse, et sa sagesse doit inspirer la confiance - même s'il est difficile d'admettre que la confiance puisse subsister quand les désastres frappent.

Je ne connais aucune histoire biblique qui illustre mieux ce sujet que celle de Job, le patriarche qui, au début du récit, possédait tout ce qu'il désirait et perdit tout ensuite : ses biens matériels, son foyer, sa santé, et même ses enfants. Pas étonnant qu'il pose l'éternelle question : *Pourquoi ?* Ses « amis » prétendaient connaître la réponse. Ils soutenaient qu'il devait exister un terrible secret dans la vie de Job, pour lequel il était puni de Dieu. Job lui-même était loin de comprendre pourquoi des épreuves aussi dures lui survenaient. Sa femme lui conseilla d'abandonner sa foi en Dieu.

De l'aveu de tous, on décèle quelques aspects très remarquables dans cette histoire de perte et de recouvrement. D'abord, il y a là quelque chose que je trouve difficile à comprendre dans ce livre de la Bible. Dans le premier chapitre, Satan est présenté comme un acteur important. Assez étrangement, le diable a encore accès au ciel et nous lisons qu'il peut encore paraître en présence de Dieu. Il discute avec Dieu à propos de Job et des raisons égoïstes pour lesquelles Job est loyal envers Dieu. À la suite de cette discussion, Dieu permet à Satan de mettre Job à l'épreuve - mais Dieu impose une limite : Satan ne peut ôter la vie à Job. Je dois admettre que je trouve cette histoire surprenante, mais la signification essentielle doit être que beaucoup plus d'éléments sont impliqués dans le mystère du mal, de la souffrance et de la mort que ce que nous pouvons voir et comprendre. Ce récit de l'Ancien Testament nous raconte qu'une dimension plus qu'humaine se rattache au problème du mal et de la souffrance et qu'à cause de cela nous, humains limités, ne devons pas prétendre trouver des réponses concluantes.

Mais alors intervient la section finale du livre de Job. C'est l'un de mes passages favoris dans la Bible. J'y découvre que Dieu ne peut jamais être défini, car il est infiniment différent de nous, et infiniment plus grand que tout ce que nous pourrions imaginer. Quand les amis de Job n'ont plus de mots et quand Job lui-même ne discerne aucune solution à son dilemme, Dieu lui parle « dans une violente tempête » et fait le point en posant à Job une longue série de questions intrigantes :

> Pourquoi confonds-tu la question ?
> Pourquoi parles-tu sans savoir de quoi tu parles ?
> Ressaisis-toi, Job ! Lève-toi sur tes pieds ! Tiens-toi droit !
> J'ai quelques questions à te poser,
> Et je veux des réponses claires.
> Où étais-tu quand j'ai créé la terre ?
> Dis-le-moi, puisque tu sais tant de choses !
> Qui a déterminé sa grandeur ?
> Tu dois certainement le savoir !
> Qui en a établi les plans et les mesures ?
> Comment ses fondements ont-ils été posés et qui y plaça la pierre angulaire ?

> Et as-tu déjà commandé au matin : "Lève-toi !" et dit au soir "Au travail !" ...
> Au point de pouvoir saisir la terre comme une couverture
> Et secouer les méchants comme des cafards ?
>
> As-tu déjà atteint le vrai fond des choses,
> Exploré le labyrinthe de l'océan profond ?
> Connais-tu la première chose à propos de la mort ?
> As-tu seulement un indice concernant les sombres mystères de la mort ?
> As-tu la moindre idée de la grandeur de la terre ?
> Parle donc si tu as seulement le commencement d'une réponse !
>
> (Job 38, paraphrase)

Je n'ai cité que quelques-unes des nombreuses questions que Dieu pose à Job. Celui-ci reçoit clairement le message. Ses plaintes cessent. Il est finalement en mesure de voir les choses dans les bonnes proportions :

> Job répondit à Dieu : « Je suis convaincu : tu peux faire tout et n'importe quoi. Rien ni personne ne peut bouleverser tes plans... J'ai babillé à propos de choses qui me dépassent, j'ai fait peu de cas des merveilles qui sont au-dessus de ma tête. Tu m'as dit : Écoute et je te parlerai. Laisse-moi poser des questions. Tu donneras les réponses. *J'admets que j'ai entendu beaucoup de rumeurs à ton propos ; à présent j'ai des informations de première main - de mes yeux et de mes oreilles !* Pardonne-moi. Je ne le referai plus, je le promets ! Je ne vivrai plus de croutons de ouï-dire, ni de miettes de rumeurs. »
>
> (Job 42.1-6, paraphrase, en italique par l'auteur)

Je ne vais pas entrer dans une discussion pour savoir si oui ou non Job est un personnage historique dans tous ses détails. Il me paraît tout aussi inutile de savoir si oui ou non, dans la période patriarcale, un homme appelé Job a bel et bien existé et a possédé exactement sept mille moutons et chèvres, trois mille chameaux, était marié, avait sept fils et trois filles. Je ne me soucie pas de savoir si l'histoire entière qui s'est déroulée est historiquement fidèle. Dans tous les cas, il est difficile de croire que les « amis » de Job lui parlaient dans le style de leurs discours révélés par le livre de Job. Une discussion à propos de l'historicité pourrait être intéressante mais passerait à côté de la question de savoir pourquoi ce « livre » a été inclus dans le canon biblique. Il fut inséré dans le canon à cause de sa perception de la souffrance humaine. Il nous raconte que la souffrance est réelle et peut nous laisser brisés et dans le désespoir. Il souligne aussi le fait que toutes les théories humaines restent vides et insatisfaisantes - comme nous le déduisons des termes grandiloquents des amis de Job. Toutefois, il cherche à nous convaincre que Dieu a le dernier mot. Dieu est présenté comme celui en qui nous pouvons placer notre confiance parce qu'il est ce qu'il est.

Je le redis : la foi chrétienne, c'est avant tout la confiance en une « personne ». Nous devons admettre que nous ne pouvons pas - et que nous le pourrons jamais dans cette vie - comprendre pourquoi Dieu n'interfère pas quand « des malheurs se produisent dans la vie de bonnes gens ». En même temps, nous devons reconnaître qu'il interfère, en fait, beaucoup plus souvent que nous l'imaginons. Si le mal est totalement destructeur, nous devons aux interventions constantes de l'amour de Dieu d'être toujours en vie et, en dépit de toute la misère, de pouvoir apprécier un peu de joie et de beauté. *Le mystère de l'existence de tant de bien est peut-être aussi grand que le mystère de l'existence de tant de mal.* Alors que nous méditons sur ces choses, souvenons-nous toujours que Dieu doit être et doit toujours rester Dieu. Si nous pouvions le comprendre pleinement, il ne serait plus Dieu mais il se rabaisserait à notre niveau. Et qui voudrait d'un tel Dieu ?

Au point où nous en sommes, nous avons besoin de faire un autre saut de la foi ! Si Dieu - tel que les chrétiens le voient et tel que la Bible le décrit - existe, et si les paroles de Jean 3.16 sont vraies, à savoir que « Dieu a donné son Fils unique », nous sommes alors en face d'un sacrifice tellement immense et si loin de toute compréhension humaine, que nous devons nous demander si nous sommes justifiés en ayant des doutes à propos de Dieu à cause des mauvaises choses qui nous arrivent personnellement et qui se produisent dans le monde. S'il est vrai que Dieu a donné ce qui lui était le plus cher à notre intention, nous devrions marquer une pause et réfléchir à deux fois avant de l'accuser de ne pas nous témoigner suffisamment d'amour. Si nous pouvons croire que Dieu a sacrifié celui qu'il chérissait, et cela pour notre salut, nous disposons en effet d'une base solide sur laquelle placer notre confiance en Dieu.

COMMENT TROUVER LA FOI SI NOUS LE DÉSIRONS ?

Pendant un instant, nous devons revenir sur la question suivante : Où et comment la foi apparaît-elle ? Pouvons-nous tout simplement choisir d'avoir la foi ? Ou choisir de ne pas l'avoir ? Certaines personnes naissent-elles avec une capacité spéciale pour avoir la foi ? Comment se fait-il que certains voudraient abandonner leur foi et ne parviennent pas à s'en débarrasser, alors que d'autres envient ceux qui l'ont, mais prétendent ne pas savoir comment la trouver pour eux-mêmes ? Ces questions sont loin d'être simples.

Mais serait-il raisonnable de croire que, s'il existe vraiment et s'il est d'une façon ou d'une autre responsable de nos origines, Dieu nous a créés avec la capacité d'avoir la foi ? En d'autres termes, y a-t-il en nous quelque chose qui reconnaisse le fait que Dieu est là et qu'il cherche à nous atteindre - qu'il désire communiquer avec nous. Appelons cela un sixième ou un septième sens, ou donnons-lui un nom latin, comme le fit le réformateur du 16ème siècle Jean Calvin[38] - ou alors décrivons-la comme une certitude intérieure de l'existence d'un Dieu qui non seulement existe mais qui se soucie de nous - quelle que soit la manière de l'appeler, elle est là. Pourrions-nous dire peut-être que lorsqu'une personne ne reste pas branchée à cette intuition de la présence divine, son antenne devient si rouillée que le signal ne parvient plus à passer ?

La capacité de recevoir et de donner de l'amour semble plutôt ressembler, je pense, à la capacité d'avoir une croyance religieuse. Pour la plupart des gens, l'amour est quelque chose de naturel. Depuis les premiers moments de leur vie, avant même qu'ils puissent parler et marcher, les enfants sont capables de répondre aux signaux d'amour de leur mère. Nous sommes incapables d'expliquer cet étonnant mécanisme de l'amour. Mais il existe. À moins d'être victime d'un désordre de la personnalité, ou à moins d'avoir vécu quelque chose de terriblement perturbant au cours de notre enfance, nous grandissons avec cette mystérieuse capacité de reconnaître l'amour, de le recevoir et de le donner. L'amour, pourrions-nous dire, est un *don* qui nous a été fait. Il ne dépend pas de nos arguments intellectuels, même si nous savons que nous ne pourrions pas aimer sans utiliser notre cerveau. Cependant, il existe des degrés dans la capacité qu'ont les humains de donner et de recevoir de l'amour. Certains semblent ne plus posséder cette antenne permettant de recevoir des signaux d'amour des autres et sont, d'une certaine manière, incapables de répondre à de tels signaux. Mais cela ne conduit pas à douter de la réalité et de la normalité de l'amour.

La foi - la capacité de croire et de faire totalement confiance à Dieu et l'intense désir d'en savoir plus à son sujet et d'apprendre ce qu'il veut pour nous et de nous - est aussi un *don*. Chacun a reçu ce don à un degré plus ou moins élevé. Paul, un auteur biblique qui a écrit une série de lettres à certaines Églises chrétiennes du milieu du 1er siècle, suggère que Dieu a dès le commencement implanté une connaissance basique de sa personne dans l'esprit de tous les humains. Il met spécifiquement en évidence la nature comme source de la conscience de Dieu, quand il déclare : « En effet, ce qui chez lui est invisible - sa puissance éternelle et sa divinité - se voit fort bien depuis la création du monde, quand l'intelligence le discerne par ses ouvrages. Ils sont donc inexcusables, puisque, tout en ayant connu Dieu, ils ne l'ont pas glorifié comme Dieu. » (Romains 1.20)

Cette prise de conscience du divin n'est pas le fruit d'une profonde réflexion ou de la lecture de livres philosophiques sophistiqués, ni même d'une étude sérieuse de la Bible, bien que toutes ces choses aient leur importance. Elle vient à nous comme un don. Et si nous le perdons, il peut être retrouvé. L'apôtre Paul, que nous venons de citer, a également écrit à une autre Église locale au sujet des concepts de grâce et de foi en les présentant comme des dons de Dieu (Éphésiens 2.8). Ce don peut, d'une certaine manière, tomber simplement comme s'il venait du ciel, mais en règle générale, nous faisons bien de nous rendre là où le don est plus communément « prodigué ».

Ceux qui ont commencé à croire vous raconteront quelques anecdotes sur la façon dont ils sont devenus croyants. Certains vous diront qu'au plus profond d'eux-mêmes ils ont toujours été croyants, mais pendant un certain temps ils n'en ont pas été conscients. D'autres seront capables de mentionner un moment précis où ils ont fait l'expérience de la foi. D'autres encore ne pourront vous dire exactement comment ils sont parvenus à croire. Mais les gens qui vous racontent l'histoire de leur foi n'ont pas l'habitude de se référer à des arguments intellectuels, bien que ceux-ci aient offert une plus grande profondeur à leur foi. Quand ils précisent quand et où leur foi a démarré, ils parlent presque toujours un langage de perception sensitive. Ils disent qu'ils ont *ressenti* une présence divine ; ou alors ils se sont sentis submergés en *regardant* un ciel étoilé au cours d'une nuit claire. Ils parlent en termes de *crainte respectueuse* ou disent avoir été *touchés* dans leur être intérieur. Ils ont ressenti soudain qu'ils devaient prier et que leurs prières étaient *entendues*, etc. Il est indubitable que la foi suppose une forte composante expérimentale. Cela atteint notre mental, mais certainement aussi nos affections.

Pouvons-nous *décider* que nous aurons la foi, ou que nous voulons revenir à la foi que nous avons connue, et pouvons-nous également *refuser* d'avoir foi en Dieu ? Je cite à nouveau Rümke :

> Je n'ai jamais été en mesure d'observer un cas où une personne a trouvé la foi par le biais de la réflexion ou de la volonté. Quand nous observons ceux qui disent qu'ils ont été amenés à la foi par un argument rationnel, nous constatons toujours que le terme « rationnel » doit être compris dans un sens très large. Au cours de conversations ultérieures, ils reconnaîtront que la procédure mentale contenait plusieurs liens qui sont très proches de la confiance du croyant.

> En observant ceux qui disent qu'ils ont acquis la foi par le biais de la volonté, j'ai souvent découvert que leur foi n'était pas authentique, ou que cette volonté de croire était, en réalité, déjà une forme de foi qu'ils avaient développée d'une certaine manière.

Je ne peux pas dire qu'il soit tout à fait impossible de rencontrer des cas où la raison et la volonté ont pu amener à la foi. Je peux simplement dire que je n'ai jamais observés de tels cas. Mais je pense que « réfléchir » et « vouloir » peuvent jouer un rôle important dans le processus intérieur de notre expérience et dans la place que nous attribuons à la religion[39].

La métaphore du *saut de la foi* est très appropriée. La foi a souvent été décrite comme une aventure, ou comme le point de départ d'un sentier dont on ignore la fin. Telle est la sorte de foi que, d'après le récit biblique, Abraham a vécue après avoir été « appelé » par Dieu à quitter la ville où il s'était installé et à voyager vers une destination inconnue. Il ne bénéficia pas de coordonnées précises à introduire dans son GPS. Il ne put donc pas entendre la voix masculine ou féminine en hébreu, programmée pour lui fournir les instructions à chaque carrefour ou rond-point. Il reçut sa feuille de route par petits morceaux. L'histoire d'Abraham montre bien que la foi contient un parfum d'aventure. Pourtant, cette aventure de la foi n'est pas un saut aveugle dans les ténèbres, par-dessus un abîme d'une profondeur totalement inconnue. Les choses qu'on nous demande de croire ne ressemblent pas du tout aux étranges phénomènes du monde de Haruki Marukami ou de Harry Potter ! Elles peuvent ne pas être accessibles à nos sens ou à une recherche en laboratoire, mais elles font partie d'une toile de « croyances justifiées » et s'assemblent pour former une histoire cohérente.

Comment allez-vous faire ce saut ? Ou, pour employer une autre métaphore, *où allez-vous pour recevoir le « don » de la foi ?* Je ne peux pas proposer un programme en douze étapes qui vous aiderait à passer de l'incroyance à la croyance. De toute façon, cela ne marche pas ! Mais je crois pouvoir affirmer « sous garantie » que Dieu nous a créés avec la capacité de croire et qu'il est plus que disposé à offrir le don de la foi une fois de plus à ceux qui l'ont quelque peu perdue. Mais se pourrait-il qu'il attende parfois jusqu'à ce qu'il estime que le bon moment est venu ? Dieu attend-il peut-être que le receveur humain adopte l'attitude appropriée, une ouverture et un penchant pour ce don ? Par-dessus tout, nous devons nous rappeler que la foi exige l'attente et l'ouverture. Nous devons tendre la main, si nous voulons recevoir ce don. Nous devons être désireux de faire un pas en avant et de faire le saut.

Et nous devons prier. Si nous avons cessé de prier, nous devons retrouver l'habitude de la prière. Bien sûr, je peux entendre déjà l'objection immédiate : « La prière ne précède pas la foi mais la suit. Les croyants prient. Les incroyants ne prient pas. » Dans un sens, c'est correct. Ceux qui ont foi en Dieu veulent parler à celui en qui ils croient. Mais, en même temps, il est tout aussi vrai que la prière peut conduire à la foi. S'il existe un Dieu qui désire que nous ayons la foi, n'aurait-il pas une oreille ouverte même pour la plus primitive des prières qui s'exprime ainsi : « Cher Dieu, s'il te plaît, offre-moi ce don » ? Et si nous sentons que notre foi est faible et si nous ne savons pas, ou plus, comment prier, ne devrions-nous pas répéter la courte prière de l'homme désespéré qui vint à Jésus alors que son fils était sur le point de mourir : « Je crois ! Viens au secours de mon manque de foi ! » ? (Marc 9.24)

ON PEUT TROUVER DIEU

La bonne nouvelle pour les « croyants en marge » qui ont de la peine à croire en Dieu et à lui faire confiance quand ils constatent tant de méchanceté et de souffrance dans le monde, c'est que le doute peut être vaincu et qu'il peut en fait nous aider à grandir pour devenir des croyants matures, en bonne santé et équilibrés. Si vous avez besoin d'exemples de gens qui ont vaincu leurs doutes à propos de Dieu, et qui ont trouvé Dieu (soit pour la première fois, soit après avoir traversé un passage sans Dieu), je vous conseille de lire des livres qui racontent l'histoire de ces gens qui ont trouvé Dieu. Les livres de ce genre abondent. J'ai été très encouragé par la lecture du livre de John M. Mulder, *Trouver Dieu*[40]. Et pour réfléchir à propos de la souffrance dans le monde qui provoque tant de doute, j'ai trouvé le livre de C. S. Lewis *Le problème de la souffrance* très édifiant. C. S. Lewis, qui ne fut pas épargné quand il s'agit de la souffrance, fait cette remarque saisissante qui nourrit amplement la réflexion : « J'ai vu une très grande beauté spirituelle chez ceux qui ont beaucoup souffert. J'ai vu des hommes grandir mieux ou moins bien au cours des années, et j'ai vu la dernière maladie produire des trésors de courage et de douceur chez la plupart des sujets les moins prometteurs[41]. »

Malheureusement, beaucoup de gens perdent leur foi, et cela pour différentes raisons. Mais l'inverse est tout aussi vrai. Beaucoup d'hommes et de femmes (re)découvrent la foi et sont capables d'en faire la dimension centrale de leur vie. Si vous êtes un « croyant en marge », je vous exhorte : n'abandonnez pas votre foi. Dieu existe et vous pouvez avoir une relation personnelle avec lui qui offrira un nouveau sens à votre vie. Si votre foi s'est progressivement érodée ou si elle a même disparu, regardez à nouveau vers le « don » de la foi. En dépit de tous mes propres doutes et incertitudes, je crois encore que c'est la meilleure chose à faire.

---

1 Os Guinness, *Doubt: Faith in Two Minds.* (Tring, UK: Lyon Publishing, 1976, p. 15.
2 Idem, p. 31.
3 Bobby Conyway, op. cit., p. 46.
4 Le prêtre écrivain tchèque Tomás Halík se réfère à Thérèse de Lisieux dans son très beau livre *Patience with God: The Story of Zacchaeus Continuing in Us.* New York–London-Toronto-Sydney-Auckland: Doubleday, 2009. Voir en particulier le chapître 3.
5 Voir: Brian Kolodiechuk, ed., *Mother Teresa: Come Be My Light: The Private Writings of the Saint of Calcutta.* New York: Doubleday, 2007.
6 http://time.com/4126238/mother-teresas-crisis-of-faith/.
7 Paul Tillich, *Systematic Theology*, 1975, vol. 2, p. 116.
8 *New York Times*, 3 décembre, 1978.
9 Le texte intégral de ce long poème se trouve sur Internet à de nombreux endroits. Voir par exemple : http://www.online-literature.com/tennyson/718/.
10 Gary Parker
11 Guinness, op. cit., p. 61ff.
12 Ellen G. White, *Steps to Christ*, p. 105.
13 Ellen G. White, *Selected Messages*, p. 48.
14 Le texte de l'apocryphe « Les actes de Thomas » peut se trouver sur : http://www.earlychristianwritings.com/text/actsthomas.html.
15 Dans ce qui suit dans ce chapitre je me réfère à deux de mes premières publications : *Faith: Step by Step* (en particulier chapitre 3, p. 51-66), qui a été publié en 2006 par Stanborough Press, Grantham, UK) et à *Keywords of the Christian Faith*. Hagerstown, MD: Review and Herald, 2008, spécialement le chapitre 2, p. 22-31.
16 Robert C. Greer, *Mapping Postmodernism: A Survey of Christian Options.* Downers Grove, IL: InterVarsity Press, 2003, p. 183, 184.
17 Publié par Trinity Press in Harrisburg, PA en 1996.

18 Publié par Oxford University Press, Oxford/New York, en 2000.
19 *Steps to Christ*, p.102.
20 W. Jay Wood, *Epistemology: Becoming Intellectually Virtuous*. Downers Grove, IL: IVP Academic, 1998, p. 83.
21 Idem, p. 99.
22 Jonathan Dancy, *Introduction to Contemporary Epistemology*. Oxford, UK: Blackwell, 1985, p. 31-32.
23 Nancey Murphy, *Beyond Liberalism and Fundamentalism: How Modern and Postmodern Philosophy Set the Theological Agenda*. Harrisburg, PA: Trinity Press International, 1996, p. 94.
24 W.V. Quine and J.S. Ulian, The Web of Belief (New York: McGraw-Hill Inc., 1976 ed.).
25 *Warranted Christian Belief*. New York/Oxford: Oxford University Press, 2000.
26 Voir Alvin Plantinga, op. cit., p. 192-198; W. Jay Wood, idem, p. 162.
27 Augustine, *Confessions*. London, UK: Penguin Classics, 1961 ed., p. 21.
28 Hans Küng, *Credo*. London: SMC Press, transl. R.S. Pine-Coffin, 1993 ed., p. 14.
29 Anny Matti, *Moeite met God*. Kampen, the Netherlands: J. H. Kok Uitgeversmaatschappij,1991, p.48.
30 H. C. Rümke, *Karakter en Aanleg in Verband met het Ongeloof*. Kampen: Kok Agora, 2003 ed.
31 Idem, p. 29-34.
32 Eugene H. Peterson. *The Message: The New Testament in Contemporary Language*. Colorado Springs, CO: Navpress, 1993, p. 471.
33 Plantinga, op. cit., p. 217-222.
34 Küng, op. cit., p. 7-11.
35 Cf. Le titre du livre de Nathan Brown. Voir p. 21, note 12.
36 Nathan Brown, op. cit., p. 13.
37 Küng, op. cit., p. 11.
38 John Calvin, l'un des leaders de la Réforme au 16ème siècle, employa le terme sensus divinatis, i.e. Une conscience intérieure de la présence divine.
39 Rümke, op. cit., p. 37f.
40 Publié par William B. Eerdmans à Grand Rapids, MI, 2012.
41 C.S. Lewis, *The Problem of Pain*. Glasgow, UK: Collins, 1989 ed., p. 86.

CHAPITRE 7

Pourquoi nous devons rester dans l'Église

Cela se passait en 1985, quelques mois après mon arrivée en tant que « missionnaire » de l'Église adventiste du septième jour à Yaoundé, la capitale du Cameroun en Afrique occidentale. Je pense que je n'étais pas préparé à un tel choc culturel : vivre et travailler au sein d'une culture totalement différente avec ses habitudes et ses règles différentes, faire face à un nouveau type de travail, devoir supporter un climat chaud et humide et être forcé de communiquer en langue française, tout cela était très perturbant. Mais mon plus grand problème fut probablement d'arriver avec une vision plutôt naïve et romantique de l'Église dans cette partie du monde. J'étais habitué au matérialisme de l'Europe occidentale. Je pensais l'avoir laissé derrière moi lorsque notre avion quitta la piste à Amsterdam, mais rien ne pouvait être aussi loin de la vérité. En Afrique, rien, absolument rien - et cela s'applique à l'Église - ne se passe sans échange d'argent.

Je ne fus pas long à constater que, dans de nombreux cas, le fait de ne pas payer un pot-de-vin (donner un *petit cadeau*) était une option à peine pensable si je voulais obtenir un service. Il ne me fallut pas beaucoup de temps pour découvrir que la corruption était tout aussi rampante dans l'Église adventiste. L'un des hauts responsables était impliqué dans une affaire plutôt louche d'importation de véhicules de seconde main. Un autre dirigeant de l'Église avait volé à l'Église un montant élevé. Il ne fut pas révoqué mais déplacé vers un poste de professeur d'éthique dans un collège de la dénomination. (Non, je n'exagère rien !)

Ainsi, il n'est pas surprenant qu'à un moment donné, je ressente un certain découragement. Un après-midi, j'avais du travail à faire en ville et j'ai décidé de prendre un café dans l'un des estaminets situés le long du boulevard Kennedy - la principale rue commerçante de Yaoundé. À peine assis devant mon *grand café noir*, je suis salué par un missionnaire d'une autre dénomination que j'avais déjà rencontré quelques fois. Je l'invite à se joindre à moi pour bavarder. Quand il me demande comment les choses se passent pour moi, je saisis l'occasion de partager avec lui quelques-uns de mes soucis et je lui confie à quel point je suis déçu de constater toutes les choses déplorables que j'avais commencé à remarquer dans mon Église. Sa réponse a été plutôt surprenante. « Oh, dit-il, je vis dans ce pays depuis de nombreuses années et je connais pas mal de choses à propos de ce qui se passe dans votre Église. Mais si vous pensez que la situation de votre Église adventiste est mauvaise, permettez-moi de vous dire qu'elle est pire encore dans la mienne. Le président de mon Église dirige une maison de prostitution ! » Ce commentaire à cœur ouvert m'encouragea beaucoup ! Après tout, mon Église pouvait bien connaître des déficiences, mais ce n'était pas le pire !

Eh bien, je pourrais vous raconter de nombreuses autres histoires aussi horribles. Vous ne pouvez travailler pour une Église pendant plus de quarante ans et siéger pendant des heures dans des comités administratifs sans entendre régulièrement parler de situations qui vous feraient vomir. Et je ne prétends pas être moi-même parfait. J'ai toujours essayé d'être honnête et convenable, mais je dois admettre que je regrette certaines décisions imprudentes prises au sein des institutions dont j'ai eu la charge - des décisions qui ont parfois heurté certains et nui à la réputation de l'Église. Je pourrais ajouter que parfois j'ai moi-même été blessé par la manière dont certains membres d'Église m'ont traité et par certaines accusations douloureuses. On m'a traité de tous les noms et quelques-uns même ont suggéré que j'étais un jésuite infiltré dans l'Église adventiste. (Si vous en doutez, consultez Internet. Mais, même si je voulais en être un, j'ignore comment se fait le recrutement !)

Je comprends que beaucoup de « croyants en marge » puissent raconter de bien pires anecdotes sur la façon dont ils ont été traités par l'Église ou par ses membres - des histoires qui me font souvent blêmir. Beaucoup ont souffert de graves injustices, ont été victimes de calomnies vicieuses, d'une honteuse discrimination ou d'intolérance, ou ont été traités sans respect et avec indifférence. Dans le chapitre deux, nous avons vu comment l'Église chrétienne a souvent oublié d'être à l'écoute des attentes des gens et nous avons évoqué quelques-unes des principales raisons pour lesquelles les croyants ont délaissé *en masse* la religion organisée. Dans le chapitre trois, nous avons conclu que l'Église adventiste est en crise pour les mêmes nombreuses raisons que le christianisme en général. Toutefois, en dépit de tout cela - et malgré quelques expériences personnelles plutôt tristes - *je désire rester dans mon Église*. Et dans ce chapitre, je souhaite exhorter tous les « croyants en marge à rester avec moi dans l'Église adventiste ou à y retourner. Je crois qu'il vaut mieux réagir ainsi - même si cela peut se révéler souvent difficile.

AVONS-NOUS BESOIN DE L'ÉGLISE ?

Nous entendons souvent certains dire : « Je crois en Dieu, mais je n'ai pas besoin de l'Église pour cela. La foi, c'est une relation personnelle entre Dieu et moi, et je n'ai pas besoin de l'Église pour rester en contact avec Dieu. » Cela peut être vrai - tout au moins jusqu'à un certain degré. Je connais des gens qui ont été fermes dans leur foi, même quand ils étaient totalement isolés des autres. Je pense à Méropi Gijka. Elle mourut en 2001 à l'âge avancé de 97 ans. J'eus le privilège de la rencontrer au cours de mes nombreuses visites en Albanie alors que je travaillais au bureau régional de l'Église adventiste du septième jour qui desservait à l'époque trente-huit régions. L'Albanie était l'une de ces régions. J'ai, en fait, rendu possible la venue de Méropi à la session de la Conférence Générale de 1995 à Utrecht.

Méropi avait entendu parler de l'adventisme par un missionnaire américain qui a travaillé peu de temps en Albanie (et qui a été emprisonné et qui est mort pour sa foi), peu de temps avant que l'Albanie soit coupée du reste du monde et dirigée par Enver Hoxha, le cruel dictateur communiste, qui bannit les Églises chrétiennes de son pays. Le simple fait de posséder une Bible pouvait mettre une personne en danger de mort. Pendant presque cinquante ans, Méropi resta une croyante fidèle, lisant en secret sa Bible qu'elle cachait prudemment. Elle avait un grand souhait : que vienne le temps où elle pourrait être baptisée et voir une Église créée en Albanie, où elle pourrait semer l'Évangile avec d'autres croyants adventistes. Pendant qu'elle attendait que cela se produise, elle mit fidèlement de côté sa dîme dans une boîte en fer blanc, qu'elle cachait sous son lit et qu'elle transmit aux premiers représentants de l'Église adventiste qui visitèrent la région après la chute d'Enver Hoxha. Pour moi, Méropi est la preuve indéniable que nous avons besoin de l'Église pour être croyants. Je crois néanmoins que, dans des circonstances normales, la foi en Dieu et l'appartenance à une communauté de croyants vont de pair. Il est amplement prouvé que le fait de ne pas fréquenter une communauté de foi conduit à un affaiblissement graduel, ou même à la disparition de la foi.

Si vous croyez en Dieu et si vous voulez entretenir une relation étroite avec lui, je pense qu'il existe au moins sept raisons de considérer comme un privilège important d'être membre d'une communauté de foi.

1. Nous avons été créés en tant qu'êtres sociaux, « faits » pour être ensemble et pour faire des choses ensemble.
Il existe dans le monde d'aujourd'hui une forte tendance à faire tout, tout seul. Avez-vous remarqué combien de jeunes gens choisissent de nos jours de rester célibataires et de vivre seuls ? Parmi les dix-sept millions d'habitants des Pays-Bas, 2,7 millions vivent seuls. Mais même si nous partageons un logement avec d'autres personnes, nous faisons beaucoup de choses seuls. Pensons seulement à tout ce temps que les jeunes (et aussi les moins jeunes) passent devant leur PC ou en manipulant leur *smartphone*. Oui, nous vivons une époque d'individualisme.

D'un autre côté, beaucoup de gens aiment aussi se retrouver ensemble avec d'autres. Ils prennent part à de grands événements ; ils aiment les festivals de musique ou les matchs de football, où ils peuvent s'assembler avec des milliers d'autres personnes. Et ils veulent rester en contact avec leurs amis grâce aux réseaux sociaux. Avoir quelques centaines d'amis Facebook n'est pas rare, en avoir des milliers n'est pas exceptionnel.

Les chrétiens doivent lutter pour garder l'équilibre. Ils ont besoin de passer du temps dans la solitude pour nourrir leur foi. Mais il est aussi naturel de rechercher la présence de ceux qui croient aussi que la foi est un élément important de leur existence. L'Église rend possible cette communion avec d'autres croyants.

2. Nous avons besoin du soutien des autres.
C'est là un fait tout simple de la vie. Nous avons besoin du soutien des autres, et plus spécialement quand nous faisons face à des grands problèmes ou à de grands défis. Avez-vous déjà essayé par vous-mêmes de perdre du poids ? Pourquoi des millions de gens rejoignent-ils *Weight watchers* ou un groupe du même style ? Pourquoi existe-t-il tant de groupes de soutien pour aider les victimes de handicaps physiques ? Et pourquoi trouve-t-on tant d'associations de patients qui souffrent du diabète, du cancer, de MOPC, etc. ? Les gens trouvent un soutien en se joignant à d'autres qui traversent les mêmes circonstances, et plus particulièrement quand ils traversent des situations de crise. C'est pour cela que nous avons besoin d'encouragement et de soutien, parce qu'ensemble nous avons plus de chance de succès si nous voulons passer à travers une situation difficile.

Dans le passé, l'Église adventiste a organisé des Plans de 5 jours pour aider les fumeurs à rompre avec leur addiction. L'Église a démarré cette action innovante au moment où quelques associations s'inquiétaient des dangers du tabac. Pourquoi cette initiative a-t-elle eu tant de succès ? Tout simplement parce que les efforts individuels des participants étaient soutenus par un groupe. Ceux qui voulaient désespérément cesser de fumer s'y retrouvaient.

Il y a quelques années, j'ai participé à une marche aux Pays-Bas. Chaque année, près de 40 000 personnes prennent part à cette aventure de quatre jours et marchent 30, 40 ou 50 kilomètres par jour, en fonction de leur âge. Je me trouvais dans le groupe des 40 kilomètres. À la surprise générale, j'ai achevé les 160 kilomètres avec succès, sans même une ampoule. Cependant, j'en suis sûr, je n'aurais jamais pu le faire par moi-même. J'aurais sûrement abandonné le troisième jour, voire même avant. Mais j'ai continué à avancer parce que j'étais associé à trois collègues. Ensemble nous avons atteint la ligne d'arrivée !

En règle générale, je crois que nous avons besoin des autres pour continuer à avancer spirituellement. Et les autres doivent pouvoir compter sur notre soutien spirituel. Comme l'a dit un écrivain, « la religion, c'est un sport d'équipe[1] ».

3. Nous nous complétons les uns les autres.
Toutes les parties de notre corps physique jouent chacune un rôle spécifique. Quand j'ai approché la quarantaine, j'ai parfois été accusé de me comporter comme un boulimique du boulot et je ne peux nier que c'était vrai. Mon cœur me donnait des soucis de santé. Des gens m'avaient dit : « Sois prudent, ralentis ton rythme ; un de ces jours, tu vas subir une attaque cardiaque ! » Avec les années, j'ai découvert que j'avais aussi d'autres organes, comme la vésicule biliaire et la prostate, qui peuvent susciter de graves problèmes. Nous cessons de fonctionner si l'un de nos organes vitaux ne fonctionne plus comme il le devrait.

Il en va de même du « corps du Christ ». La Bible emploie toute une série de métaphores différentes pour décrire la nature et le fonctionnement de l'Église. Celle qui se réfère à l'Église comme à un « corps » m'interpelle le plus. Chacun de nous, que nous soyons ou non « en marge » de l'Église, possède certains dons et talents, alors qu'il est tout aussi vrai que nous manquons tous d'autres compétences et capacités importantes. Cela signifie que je ne peux jamais dire que l'Église soit en mesure de fonctionner aussi bien sans moi. La vérité, c'est qu'elle ne le peut pas ! Nous sommes tous nécessaires parce que nous nous complétons les uns les autres. En soi, cela peut très bien ne pas être une raison suffisante pour nous maintenir dans l'Église, ou pour nous y faire revenir, mais cela mérite toutefois notre plus sérieuse attention.

4. Faire des choses ensemble nous procure joie et satisfaction.
Les gens aiment célébrer les occasions spéciales - avec des parents, des amis ou des collègues. Les mariages, les anniversaires, les ren-

contres, les naissances leur sont importants. J'aime toujours regarder (à la télévision) la "last night of the Proms" au Royal Albert Hall de Londres. Et cela me fait quelque chose de voir l'enthousiasme et l'énergie qui s'expriment, quand la salle tout entière s'unit pour chanter *Land of hope and glory - mother of the free.*

Vous pouvez chanter quand vous êtes seuls dans votre salle de bain, et prier quand vous vous rendez au travail, et parler au téléphone à un ami. Mais chanter ensemble, prier ensemble, discuter de certaines choses ensemble, jouir de la compagnie des autres et se consoler mutuellement dans la tristesse, tout cela donne une dimension extraordinaire à notre vie de chrétien. L'Église est le lieu où tout cela se vit.

5. Certaines bénédictions ne peuvent être vécues que dans l'Église.
Certaines activités chrétiennes n'exigent pas la compagnie d'autres personnes. Vous pouvez lire votre Bible n'importe quel jour de la semaine, vous pouvez y consacrer quelques moments n'importe quand. Si vous êtes en méditation, vous avez besoin de moments et de lieux de solitude paisibles. Mais d'autres choses ne peuvent se produire que si vous êtes en présence d'autres personnes. Le baptême est un exemple de choix. C'est la reconnaissance publique de votre engagement avec Jésus-Christ et de votre foi en lui. Il scelle votre décision de mettre votre confiance en Dieu et d'essayer de vivre en accord avec les valeurs chrétiennes. C'est bien vrai, mais dans le Nouveau Testament le baptême est aussi lié à l'entrée dans une communauté de foi. L'apôtre Paul a dit que « nous avons reçu le baptême pour appartenir à un seul corps » (1 Corinthiens 12.13). C'est là une expérience qui renferme une profonde signification pour notre vie personnelle. Mais en même temps elle nous relie avec nos amis croyants de l'Église.

L'un des principaux temps forts de l'Église chrétienne est le service de communion, souvent présenté comme la sainte Cène du Seigneur. Les catholiques romains, ainsi que quelques autres dénominations, parlent d'eucharistie ou de messe. Les « théologies de la communion » diffèrent beaucoup. Certains voient la Cène comme une sorte de répétition ou de re-promulgation du sacrifice du Christ, tandis que d'autres estiment qu'il s'agit d'un service purement symbolique.

La plupart des protestants, toutefois – y compris les adventistes - ne croient pas que les sacrements, comme la sainte Cène, ont des pouvoirs magiques. Mais la majorité des gens qui prennent part à la communion diront qu'elle est pleine de sens. Ils peuvent très bien ne pas pouvoir décrire exactement ce que produit le fait de manger un bout de pain et de boire un peu de ce vin spécial, mais ils ressentent d'une certaine manière que cela les rend forts et les encourage, et que cela est essentiel dans leur pèlerinage de foi.

Bien sûr, il est possible de méditer sur le sacrifice du Christ alors que vous vous promenez le long d'une plage. Vous pouvez rester à la maison et lire dans l'évangile le récit de la passion du Christ, ou écouter la *Passion selon saint Matthieu* de Bach. Mais prendre part au repas du Seigneur est l'une des plus grandes bénédictions qui se produit quand on participe à la vie de l'Église.

6. Nous avons besoin de l'Église pour grandir spirituellement.
Si nous voulons grandir et être physiquement en bonne santé, nous devons consommer une nourriture appropriée. Cela se vérifie aussi dans le domaine spirituel. Quitter les « marges » de l'Église suppose certaines initiatives qui suscitent l'enthousiasme quand elles sont entreprises collectivement. Nous pouvons être revivifiés, grandir spirituellement et aborder nos doutes quand nous entendons proclamer la Parole de Dieu, quand nous lisons la Bible ensemble et quand nous prenons part à des moments liturgiques.

On dit souvent que la prédication est un moyen de communication démodé. Pourquoi donc un grand nombre de gens silencieux écouteraient-ils ce qu'un homme (ou une femme) a à nous dire ? Même si le prédicateur est bien préparé et s'il est plus éloquent que la moyenne, le sermon n'obtient pas un score élevé sur l'échelle d'évaluation de nombreux paroissiens. Néanmoins, je crois que la prédication est plus qu'un monologue de trente minutes ou qu'une conférence sur un sujet religieux. Quand la Parole de Dieu est prêchée dans le contexte d'un service de culte, ce qui est dit reçoit une valeur ajoutée. À travers les siècles, des paroissiens ont ressenti que la Parole de Dieu pouvait venir à eux grâce aux propos du prédicateur. Écouter un sermon, c'est en partie s'exposer soi-même au langage de la foi (nous en avons parlé dans le chapitre précédent) et cela peut devenir très significatif si nous l'approchons avec un cœur et un esprit ouverts.

7. **Enfin, les chrétiens ont reçu pour mission de proclamer l'Évangile dans le monde.**

S'il est vrai que Dieu existe, et si nous croyons qu'il a révélé son infinie bonté pour nous en donnant son Fils, Jésus-Christ, il est essentiel de transmettre cette « bonne nouvelle » aux autres. En termes bibliques, cette sorte de communication s'appelle le « témoignage ». Cela se vit sur le principe du cœur à cœur. Les croyants chrétiens doivent avoir la conviction et le courage de partager leur foi avec ceux qui vivent autour d'eux. Mais le « mandat évangélique » implique plus que cela. Il exige également une entreprise de groupe, avec son organisation, sa stratégie, ses installations matérielles physiques et financières, ainsi que ses ressources personnelles. C'est l'une des principales raisons pour lesquelles l'Église existe : pour partager la connaissance de Dieu et pour dire au monde aussi efficacement que possible, tout ce que Dieu fait pour nous. Aucun de ceux qui croient en l'Évangile ne peut ignorer cet aspect crucial de la vie du croyant !

OÙ SE TROUVE L'ÉGLISE QUE JE VOUDRAIS FRÉQUENTER ?

Alors que vous lisez ceci, vous pourriez dire : Tout cela va un peu trop vite pour moi ! Ce qui a été dit dans la section précédente pourrait me convenir, si je connaissais seulement une Église où je pourrais vivre toutes les bonnes choses que vous avez mentionnées. La réalité, c'est que beaucoup de « croyants en marge », même s'ils ont gardé leur foi en Dieu ou l'ont retrouvée, ont de sérieux problèmes avec la religion organisée et n'ont pas, ou n'ont plus, une haute idée de leur Église. Cela a conduit à un exode de l'Église et a suscité des situations de crise dans la plupart des dénominations chrétiennes, l'Église adventiste ne faisant pas exception. Beaucoup de « croyants en marge » auraient envie de faire partie d'une communauté où ils pourraient connaître vraiment un sentiment d'appartenance et où ils pourraient avoir la certitude intérieure d'être chez eux. Si seulement ils pouvaient trouver une place où ils pourraient vraiment vivre comme dans leur foyer spirituel !

Beaucoup ont été frustrés par ce qu'ils ont vécu au sein de leur Église locale et par ce qu'ils ont vu et entendu dans leur dénomination. Ils en ont eu assez de l'étroitesse d'esprit qu'ils ont rencontrée. Ils n'ont pas ressenti que la vie et les activités de leur Église les faisaient grandir spirituellement. Beaucoup de choses qui se passent dans l'Église leur ont paru superficielles ou sans importance. Ils n'ont pas ressenti la joie et la satisfaction d'être membres de l'Église et n'ont pas fait l'expérience d'un soutien spirituel auquel nous nous sommes référés dans le paragraphe précédent. Compte tenu de cela, vaut-il vraiment la peine de consacrer du temps et de l'énergie pour se (re)connecter avec l'Église - l'Église adventiste en particulier ? Le jeu en vaut-il la chandelle ?

Une partie de la réponse à ces questions repose sur une idée correcte de ce qu'est vraiment l'Église. Nous employons le mot « Église » de plusieurs façons. Il peut signifier la religion en général, par exemple quand nous parlons de la relation entre l'Église et l'État. Il se réfère souvent à un édifice : une majestueuse cathédrale ou une petite église de campagne. Le mot « Église » est également utilisé pour « dénomination ». Les catholiques, les luthériens, les baptistes et les adventistes parlent tous de « leur Église. Cela peut avoir une connotation d'Église organisée. C'est ainsi que j'emploie le terme quand je dis mon espoir que « l'Église continuera de m'envoyer chaque mois mon chèque de retraite. L'expression « Église invisible » peut se référer à tous les chrétiens, de tous les temps. Dans les écrits bibliques toutefois, le mot « Église » signifie d'abord le groupe « visible » des croyants dans une cité ou une région particulière. Dans le Nouveau Testament, l'Église c'est premièrement l'Église de Rome, de Corinthe, d'Éphèse ou de la région de Galatie.

Ce détail est d'une importance cruciale. Même si le Nouveau Testament reconnaît qu'il existe des liens entre des Églises en différents endroits, et qu'il doit exister un sentiment d'unité et de solidarité parmi les Églises particulières ; et même si nous lisons certaines choses à propos des consultations inter-Églises et des gens (surtout les apôtres) qui voyagent parmi les congrégations et leur fournissent soutien et conseils, *l'Église était avant tout l'Église locale !* Je crois que ce principe reste valable aujourd'hui. Je reconnais que ces organisations religieuses en forme de parapluie sont nécessaires, et que les structures, et même les règlements et la politique, sont inévitables. Mais cela ne devrait jamais nous amener à croire que ces « hautes » institutions représentent l'essence de l'Église. Nous devons affirmer clairement que l'Église adventiste, ce n'est pas la structure de la Conférence Générale pas plus que la machinerie organisationnelle d'une Division, d'une Union ou d'une Fédération, et que la rencontre la plus importante de l'Église, ce n'est pas le Congrès mondial qui s'ouvre tous les cinq ans. L'immeuble le plus important de l'Église, c'est la rencontre des croyants et la plus importante réunion de l'Église, c'est le service de culte du sabbat matin quand un groupe de croyants se réunit en communauté pour se connecter à Dieu.

Cela signifie que ce qui se passe dans l'Église en général peut être important et peut nous donner de grands soucis, mais cela ne devrait pas être notre problème premier. Je dois me rappeler constamment que mon Église n'est pas située à Silver Spring, près de Washington DC, aux États-Unis d'Amérique, et que mon Église n'est pas avant tout une merveilleuse (mais pas toujours) organisation internationale. *Mon Église est par-dessus tout mon Église locale.*

La structure internationale ou nationale de l'Église en forme de parapluie n'est pas une création d'origine divine. Nulle part dans la Bible nous n'entendons parler de la Conférence générale, ni des Unions et des Fédérations. Pas question non plus de comités de nomination, de manuel d'Église ou de règlement intérieur. Nous y rencontrons des apôtres, des pasteurs et des enseignants, mais pas un mot à propos des présidents et des directeurs de départements. Tous ces éléments qui se retrouvent dans la structure organisationnelle de notre Église sont secondaires. Ce sont des inventions humaines. La structure adventiste de gouvernement de l'Église est une combinaison d'éléments que les pionniers adventistes ont empruntés aux dénominations dont ils étaient issus. Ils ont ensuite graduellement évolué sur la base de ce qui était jugé utile afin de maintenir les Églises locales en contact et pour les assister dans leur mission. De nouveau, cela ne signifie pas que je discrédite toute forme d'organisation et que je voudrais faire disparaître les niveaux « élevés » de l'Église. Mais cela signifie que je ne peux me sentir raisonnablement à l'aise quand je vois et entends certaines choses qui se font à ces différents niveaux et que je désapprouve.

Je suis un membre de mon Église locale. Ma loyauté première va à la congrégation dont je fais partie. C'est pourquoi ma question prioritaire est celle-ci : Puis-je être lié de manière significative à mon Église locale ? Mon Église locale est-elle un lieu où je puis venir au service de culte avec d'autres et me sentir spirituellement chez moi ? Existe-t-il une atmosphère où je puisse prospérer spirituellement, émotionnellement, socialement et intellectuellement ? Existe-t-il une Église où je puisse penser par moi-même et où il me soit permis d'éprouver des doutes et de ne pas être d'accord avec d'autres ? Existe-t-il une Église avec laquelle je puisse collaborer avec mes talents et mes dons spécifiques ?

ET SI MON ÉGLISE EST TOUT, SAUF IDÉALE ?

Certains ont de la chance. Ils trouvent une Église qui peut combler leur attente. Mais tous ne sont pas aussi chanceux et c'est là que le problème se situe pour beaucoup de « croyants en marge ». Beaucoup en ont assez de leur Église locale, parce qu'ils y rencontrent de l'intolérance. Ils constatent qu'ils ne peuvent pas poser trop de questions, et qu'ils ne peuvent certainement pas exprimer la moindre idée qui puisse susciter la moindre tension avec l'enseignement officiel adventiste. Ils rencontrent peu de gens, ou pas du tout, avec lesquels ils peuvent partager une discussion franche à propos des questions qu'ils se posent, et ils estiment que les services de l'Église sont largement sans aucun rapport avec ce qu'ils vivent chaque jour. Ils ont grandi, lassés par le rabâchage des idées du 19ème siècle et par les disputes à propos de questions doctrinales. Et ils ne peuvent supporter ces gens qui savent tout, parce que « la Bible le dit » et qui savent exactement de quelle manière il faut interpréter ce qu'on lit dans la Bible.

Il n'est donc pas étonnant que ces gens se demandent comment il est possible de survivre dans une telle Église. Comment peut-on espérer qu'ils se (re)connectent à une telle congrégation, avec tout son légalisme et tout son fondamentalisme ?

Nous devons reconnaître qu'aucune Église - aucune congrégation - n'est parfaite. Et cela pour la simple raison que celle-ci est composée d'êtres humains imparfaits. (Dès que certains se prétendent parfaits, toutes les sirènes devraient se mettre à retentir, jusqu'à ce que le trouble et l'intolérance disparaissent à jamais.) Récemment, j'ai relu une fois de plus la lettre de Paul aux Corinthiens. Cette fois, elle m'a rappelé plus qu'auparavant à quel point il est bon de lire un livre de la Bible dans son intégralité, et de préférence en une session (même si cela peut s'avérer difficile pour des livres comme les Psaumes ou Ézéchiel). Pourtant, lire 1 Corinthiens prend tout au plus deux heures ! L'effort en vaut la peine.

L'apôtre avait un certain nombre de choses déplaisantes à dire aux membres de l'Église de Corinthe. Pas mal de questions devaient être abordées. L'Église souffrait d'un schisme sérieux, dont les différents groupes revendiquaient leur propre leader favori (1.11,12). Mais d'autres problèmes existaient également. Paul avait entendu parler de l'immoralité qui régnait dans l'Église et qui ne ressemblait à aucune autre « dans le monde » mais était devenue plutôt commune parmi les membres (5.1). Quand les membres de la communauté traversaient des conflits, ils se retrouvaient devant les tribunaux (6.1). En outre, il existait de sérieuses perturbations pendant les services religieux (11) ainsi que de grandes déviances de certaines facettes de la foi chrétienne. Certains chrétiens corinthiens niaient même qu'il y eût une résurrection des morts (15.12).

Après avoir lu les seize chapitres (plutôt courts), j'en conclus : Heureusement, les choses ne vont pas aussi mal dans les Églises locales que je connais ! Mais après avoir lu la lettre entière, il est bon de revenir au premier chapitre, où nous lisons : « À l'Église de Dieu qui est à Corinthe, à ceux qui ont été consacrés à Jésus-Christ et qui sont saints par appel ... Je rends toujours grâce à mon Dieu, à votre sujet, pour la grâce de Dieu qui vous a été accordée à Jésus-Christ ; car en lui vous êtes devenus riches de tout, de toute parole et de toute connaissance. » (1.4-9)

Malgré tous leurs défauts, les croyants de Corinthe étaient l'Église du Christ, et Paul était très reconnaissant pour eux et pour les dons que

Dieu leur avait dispensés. En lisant cela, il semble que nous avons toutes les raisons de rester positifs et optimistes à propos de notre Église locale, et de ne pas nous désespérer trop vite, même lorsque nous trouvons que certaines choses sont difficiles à accepter ! Il se peut que ceux d'entre nous qui ont abandonné leur Église locale, ou sont sur le point de le faire, n'ont pas suffisamment observé les bonnes choses qui peuvent être mises en avant dans n'importe quelle congrégation locale. Même dans une Église comportant des éléments extrémistes ainsi qu'un courant sous-jacent fondamentaliste ou légaliste, il faut admettre que la majorité de ses membres sont le plus souvent des gens théologiquement équilibrés. Ils se font tout simplement moins entendre que ceux qui prétendent détenir « la vérité ».

Cependant, nous ne pouvons non plus ignorer le fait que nous ne sommes pas nous-mêmes parfaits à 100%. Nous pouvons être impatients et manquer du tact nécessaire. Nous nous sommes peut-être habitués à figurer « en marge » sans avoir suffisamment essayé d'apporter notre propre contribution à une Église saine et agréable. Et il se peut très bien qu'à certains moments nous ayons trop attendu de la part de notre Église et que le moment soit venu d'entreprendre un effort concerté pour dépasser nos frustrations - aussi valables qu'elles nous paraissent.

OÙ VAIS-JE ALLER ?

Je comprends que, pour beaucoup, ces arguments puissent paraître creux et non convaincants. Ils ont tenté d'être positifs par respect pour leur Église ; ils ont enduré les commentaires négatifs lorsqu'ils ont posé des questions ; ils ont assisté au service de culte sans être spirituellement nourris. Ils ne peuvent pas en faire davantage.

Je fréquente une Église presque chaque semaine. Souvent, je prêche moi-même ; parfois j'écoute. Très occasionnellement, quand je saute un service, j'ai tendance à éprouver des sentiments mitigés. C'est chouette, tout spécialement après une semaine bien remplie, de se relaxer tout simplement avec un bon livre ou en faisant une petite balade. Mais quand je ne participe pas au service de culte avec d'autres personnes, j'ai l'impression que mon vécu de sabbat est incomplet. Pourtant, je dois confesser que de temps en temps je visite des Églises locales qui m'incitent à me demander : Si je vivais dans cette ville, ou dans cette région ou dans ce pays, est-ce que je voudrais me rendre dans cette Église chaque semaine ? Si je n'avais pas d'autre option que d'aller dans cette Église, serais-je capable d'endurer cette expérience semaine après semaine, mois après mois ? J'admets que j'éprouve parfois de la sympathie pour ces gens qui disent : « Assez, c'est assez. »

Dans le passé, peu de gens - je parle à présent de mon propre pays - possédaient leur propre voiture et la plupart devaient marcher jusqu'à l'église ou dépendaient de leur vélo ou des transports publics. Il était plus convenable de se rendre dans la congrégation la plus proche, quelle que soient sa taille et sa composition. Ainsi, dans de nombreux pays, les gens étaient habitués au « système de paroisse ». Dans les Églises d'État, par exemple, vous étiez automatiquement membre de l'Église de la ville ou du village où vous viviez. Il était difficile voire impossible de demander son transfert vers une congrégation différente. Dans de nombreux pays, ce système était profondément enraciné dans la société et certaines personnes l'ont emmené avec elles quand elles sont devenues adventistes du septième jour. Aujourd'hui, les choses ont changé. La plupart des gens n'éprouvent plus le besoin d'assister au service de culte de l'endroit où ils vivent. Les gens ont tendance à faire du « church shopping » et recherchent une Église où ils peuvent se sentir chez eux. Ils peuvent même dépasser allègrement les frontières confessionnelles. Souvent le choix d'une congrégation à laquelle ils veulent appartenir n'est pas avant tout fondé sur les enseignements de l'Église, mais plutôt sur l'atmosphère générale, la musique, les compétences homilétiques du pasteur, les facilités offertes aux enfants ou l'accès aisé à un parking.

Je crois personnellement qu'en règle générale, il vaut mieux faire partie d'une congrégation qui ne soit pas trop éloignée de votre domicile. Cela vous permet de participer plus facilement aux différentes activités programmées en dehors du service du sabbat. Mais faire partie d'une congrégation dans laquelle vous étouffez et où vous

vous sentez presque comme un étranger venant d'une autre planète peut sembler un prix trop élevé à payer pour cette proximité géographique. Certains « croyants adventistes en marge préfèrent alors fréquenter une Église qui observe le dimanche. (Ou préfèrent fréquenter une telle Église en plus de celle qui observe le sabbat. Quelqu'un m'a dit un jour : « Je fréquente mon Église le sabbat parce que c'est là que je trouve 'la vérité', mais je me rends ensuite dans une autre Église le dimanche pour y vivre un service de culte normal ! » Je pense que je choisirais de fréquenter une Église qui observe le dimanche si je ne trouvais aucune Église gardant le sabbat dans la région ou dans un rayon de cent kilomètres. J'agirais ainsi, je pense, parce que j'éprouve un très profond besoin de partager un service de culte avec d'autres personnes. Mais pour moi ce serait là un geste en dernier ressort parce que je suis engagé dans l'Église adventiste du septième jour. Et je voudrais exhorter tous les adventistes « en marge » à se connecter à une congrégation adventiste.

Si les options existent, faites du « church shopping » et voyez où vous vous sentez le mieux, et où vos besoins spirituels sont le mieux satisfaits. Si cela signifie visiter quelques autres congrégations, cela vaudrait mieux que de ne pas fréquenter d'Église du tout ou faire partie d'une assemblée qui a peu ou pas de sens pour vous. Considérant le fait qu'aujourd'hui la plupart des gens possèdent une voiture et qu'il existe souvent de nombreuses Églises à une distance raisonnable - c'est habituellement le cas dans des zones situées autour d'institutions adventistes importantes, ou dans les grandes villes et dans de petites régions - cela est tout-à-fait possible. Et peut-être découvrirez-vous une « implantation » de nouvelle Église et/ou un « groupe de maison » qui valent la peine d'être visités !

VOUS ÊTES L'ÉGLISE !

Dans les chapitres précédents, j'ai recommandé à vous tous qui êtes des « croyants en marge » de ne pas abandonner Dieu. Vous avez besoin de votre foi pour être un être humain complet. Vous pouvez être en proie à des doutes et à des incertitudes mais, tout au moins, vous pouvez essayer de croire. J'ai insisté sur le fait que la foi est un don et j'ai suggéré que, pour recevoir ce don, nous faisons bien de passer du temps dans un environnement où est parlé le langage de la foi et où le don de la foi est le plus largement partagé. C'est pourquoi je vous exhorte dans ce chapitre à ne pas abandonner l'Église.

Je ne souhaite pas abandonner la dénomination adventiste du septième jour et je continuerai à exhorter les « croyants adventistes en marge » à adhérer à l'adventisme, même s'il est parfois tentant de le quitter. Dans ces paragraphes, je vous encourage à ne pas renoncer à votre fidélité envers votre Église locale. Nous avons tous besoin de communion avec les autres ; nous avons besoin de l'habitude du service de culte du sabbat. Nous avons besoin de l'expérience régulière du repas du Seigneur. Nous avons besoin d'appartenir à quelque chose.

En même temps, nous ne devons pas perdre de vue que les autres ont besoin de nous. Ils ont besoin de notre contribution. Ceux qui pensent avoir toutes les réponses doivent écouter nos questions. Ceux qui se posent les mêmes questions que nous doivent voir et entendre que d'autres sont aussi en lutte avec leur foi et leur Église. Il peut être difficile parfois pour les « croyants en marge » de fonctionner de façon enrichissante dans une congrégation particulière, mais le problème peut être dû en partie au fait qu'ils n'ont pas laissé leur empreinte sur leur Église et ont peu contribué à son bien-être.

Quand vous ne participez pas à la vie de la communauté, vous restez, ou vous devenez un outsider. D'un autre côté, quand vous essayez de donner un peu de vous-mêmes - par ce que vous êtes et par ce que vous apportez en termes de talents et de compétences - alors vous vous impliquez. La communauté bénéficiera de ce que vous lui offrez, mais vous en bénéficierez encore davantage vous-mêmes. La plupart des « croyants en marge » possèdent des talents et des dons dont leurs Églises ont besoin. Il est vrai que vous pourriez refuser de fonctionner à certains niveaux parce que cela risquerait de créer une controverse ou vous forcerait à refouler ou à compromettre en partie ce que vous êtes. Mais il existera toujours des tâches dans lesquelles vous pourrez jouer un rôle positif, constructif, sans pour cela sacrifier votre intégrité.

Certains « croyants en marge » ont cessé de contribuer financièrement au fonctionnement de leur Église et ne figurent plus parmi les « fidèles payeurs de dîme ». Certains continuent d'offrir de l'argent à leur Église, mais ils le destinent à des projets spécifiques ou à des institutions comme ADRA - l'Agence de développement et de secours adventiste. Ils veulent donner leur argent mais ils n'ont plus envie de l'envoyer au siège d'une région ou d'un pays particulier. Ils choisissent plutôt de soutenir des projets spécifiques, ou l'action de gens qu'ils connaissent et apprécient, mais ne veulent pas que leurs dons aboutissent dans les coffres de la Conférence générale.

Je peux comprendre leur raisonnement. Je continue moi-même à donner mes offrandes « par le biais du système », même si j'émets des objections à propos de certaines choses que j'observe « dans le système ». Je crois personnellement toutefois que je n'ai pas le droit de critiquer « un système » et d'œuvrer en faveur du changement « du système » si je ne le soutiens plus en étant actif et en contribuant à son fonctionnement. Et je trouve évident d'aider une Église locale dans son action aussi longtemps que j'entretiens des liens avec cette Église.

Je voudrais exhorter tous les « croyants en marge » à continuer à soutenir financièrement leur Église d'une façon ou d'une autre. Je ne veux pas me poser la question de savoir si le Nouveau Testament demande à chaque croyant de donner exactement 10% de ses revenus. Je ne crois pas qu'il existe un commandement bien défini ou une prescription dans ce sens. Il est clairement suggéré dans le Nouveau Testament qu'il est bon de donner régulièrement et généreusement, et le principe de la dîme semble être un modèle utile pour atteindre ce but. Cesser de contribuer financièrement est une manière de couper le cordon ombilical qui nous relie à l'Église. D'un autre côté, continuer à donner, sans tenir compte des problèmes que vous rencontrez avec votre Église - en tant que dénomination ou en tant qu'Église locale - nous aide à donner ou à restaurer un sens d'appartenance et représente un signe par lequel nous acceptons un certain degré de responsabilité dans les activités de notre Église.

Quand tout a été dit ou fait, ce que je voulais dire dans ce chapitre suscite quelques réactions. Votre critique de l'Église (locale) peut s'avérer très légitime, et votre sentiment d'être un outsider et d'être spirituellement sec peut être très réel. Mais n'abandonnez pas votre Église. Vous avez besoin d'elle et l'Église a besoin de vous. Vous devez faire tout ce que vous pouvez pour trouver une congrégation ou un groupe qui puisse vous offrir ce que vous cherchez. Mais ne soyez pas trop exigeants, car les congrégations resteront toujours un collectif d'êtres humains imparfaits. Mais il existe aussi toujours une autre dimension. Les Églises locales sont aussi des lieux où le don de la foi est partagé. C'est pourquoi recherchez ce don et contribuez au bien-être et à la croissance de cette communauté. En faisant cela, vous pourrez vous distancer vous-mêmes lentement mais sûrement des « marges » et jouir d'une relation beaucoup plus riche et satisfaisante avec votre Église - et avec vos frères et sœurs croyants et avec votre Dieu.

---

1 Jonathan Haidt, *The Righteous Mind* (London, UK: Penguin, 2012), p. 285.

CHAPITRE 8

Que dois-je croire exactement ?[1]

À l'époque où notre fils entra à l'école primaire de la ville où nous résidions, il y a de cela quarante ans, ma femme se porta volontaire pour aider les élèves à acquérir une bonne capacité de lecture. Son offre fut appréciée, mais un léger problème survint. L'école avait une identité calviniste marquée et exigeait de chaque enseignant et volontaire qu'il signe une déclaration stipulant qu'il acceptait les « Trois formes d'unité ». Mon épouse n'avait jamais entendu parler de ces « trois formes ». Logiquement, elle ne voulait pas signer quelque chose sans l'avoir déjà lu et le résultat fut qu'elle offrit ses services à l'école publique située juste à côté.

Quelles sont donc ces « Trois formes d'unité » ? Elles concernent quelques documents que les calvinistes néerlandais des 16ème et 17ème siècles ont accepté comme faisant autorité. La plus connue des trois est le Catéchisme de Heidelberg. Une autre concerne la controverse à propos du « libre arbitre » qui fit rage entre les Arminiens du camp du « libre arbitre » et ceux qui défendaient la prédestination à part entière. Même si les administrateurs de l'école déclarèrent que la signature de ce document était une simple formalité, mon épouse n'apprécia pas le fait d'être obligée de marquer son adhésion à ces anciens documents et aux vues doctrinales qu'ils représentaient. Jusqu'à ce jour, les « Trois formes d'unité » font partie des documents dits confessionnels de l'Église protestante aux Pays-Bas. Cela signifie-t-il que la plupart des membres de cette dénomination (et d'autres dénominations relevant de la tradition calviniste aux Pays-

Bas et ailleurs) connaissent le contenu de ces textes ? Je crains fort que beaucoup d'entre eux n'en aient qu'une vague idée. Je pense que la grande majorité n'en a même jamais lu une seule lettre. Mais beaucoup de discussions à propos de certains aspects de ces documents ont démontré qu'il reste extrêmement difficile d'en changer un seul paragraphe ou quelques mots. C'est ce qui a tendance à se produire quand une Église adopte un « credo ».

C'est précisément ce que les pionniers de l'Église adventiste avaient en tête quand ils témoignèrent leur refus d'adopter toute confession de foi formelle. Ils avaient constaté comment, dans les dénominations des États-Unis qu'ils connaissaient, de tels documents avaient acquis presque la même autorité que la Bible ; ils avaient remarqué à quel point il était difficile d'avoir une discussion ouverte à propos des aspects mineurs d'un tel credo. Tout avait été défini une fois pour toutes, et on devait accepter ce que les hommes sages du passé avaient décidé. Les pionniers adventistes proclamèrent donc haut et fort : « Nous n'avons pas d'autre credo que la Bible ! »

Mais peu à peu la réticence à produire un « credo » se dissipa. Et aujourd'hui nous possédons un document qui est connu sous le nom des vingt-huit croyances fondamentales des adventistes du septième jour. C'est devenu plus qu'une simple énumération des croyances adventistes les plus importantes. Les croyances fondamentales sont devenues un test d'orthodoxie. La ligne de fond est : Voilà ce que vous devez croire si vous voulez vraiment faire partie de l'Église.

Cela signifie-t-il que tous les adventistes du septième jour connaissent plus ou moins ce que renferment les vingt-huit croyances « fondamentales » ? Loin de là ! J'ai mené parfois une petite enquête et j'en ai conclu que la plupart des adventistes néerlandais pourraient peut-être citer une douzaine de ces « croyances ». Et, soyons honnêtes, la plupart des membres nouvellement baptisés n'ont pas une idée claire de la portée d'un certain nombre de ces vingt-huit croyances. Dans des régions lointaines la situation n'est probablement pas meilleure. Je ne pense pas que la plupart des 30 000 membres qui ont été baptisés au Zimbabwé après une campagne d'évangélisation de plusieurs semaines ou que les 100 000 personnes qui ont été baptisées en une seule journée au Rwanda en mai 2016 soient capables de citer plus qu'une poignée de croyances adventistes « fondamentales ». Les hauts responsables de l'Église se sont impliqués dans ces baptêmes en masse et ont loué Dieu pour la « riche moisson d'âmes ». Pourtant, au même moment, ces dirigeants de l'Église ont déclaré en différentes occasions qu'on ne peut être un bon adventiste si on ne souscrit pas pleinement aux vingt-huit croyances fondamentales. Il semble que quelque chose ne s'accorde pas très bien.

Indéniablement, le document adventiste intitulé « croyances fondamentales » est un texte important. Néanmoins, nous ne devons pas lui accorder une importance exagérée. Les croyances fondamentales ne doivent jamais acquérir le statut stérile d'une « confession de foi » qui peut être utilisée comme une liste de contrôle permettant de déterminer l'orthodoxie (ou son absence) d'une personne. Cela serait totalement en désaccord avec notre tradition adventiste.

AVONS-NOUS BESOIN DE DOCTRINES ?

Beaucoup de croyants se demandent : Avons-nous vraiment besoin de doctrines ? Et si oui, quelles doctrines sont cruciales et lesquelles peuvent être considérées comme moins essentielles ? Dans l'esprit de beaucoup de croyants, les doctrines et les dogmes sont associés à la théologie et à une approche purement intellectuelle de la religion. Pourquoi, diraient certains, n'est-il pas suffisant d'avoir une foi « simple » comme celle des enfants ? Bien que la foi et la doctrine puissent parfois paraître en conflit l'une avec l'autre, elles ne sont pas opposées mais intimement connectées et elles se complètent mutuellement.

La doctrine - ou la théologie - résulte de la foi, mais nourrit aussi notre foi. La foi, selon la célèbre déclaration du théologien médiéval saint Anselme, « cherche à se comprendre elle-même ». Cette « recherche de compréhension » n'est pas seulement une quête individuelle de la vérité, mais elle prend place dans le contexte d'une communauté. La communauté des croyants désire naturellement saisir ce qu'elle croit et souhaite décrire cela en une sorte d'ordre systématique. Elle désire connaître les implications de cette foi, en théorie et en pratique. Beaucoup de chrétiens diraient que les doctrines dans lesquelles ils croient sont fondées sur la Bible, mais dire cela serait une simplification exagérée. Car lire la Bible et l'étudier ne se fait pas dans le vide, mais toujours au sein d'une communauté, dans un contexte historique et une culture particulière.

Il me semble que nous pourrions comparer le rôle que joue la doctrine dans notre expérience de foi à celui de la grammaire dans le domaine du langage. La grammaire, ce n'est pas le langage, mais elle fournit sa structure au langage. C'est pourquoi elle nous aide à nous faire comprendre quand nous expliquons à d'autres personnes ce que nous croyons. Plus nous sommes adroits dans notre utilisation d'un langage structuré par une bonne grammaire, plus nous sommes capables de communiquer aux autres des idées particulières. C'est, d'une certaine manière, tout aussi vrai à propos du rôle de la doctrine en rapport avec la foi. Nous devons posséder au moins une connaissance basique de la « grammaire » du langage de la foi si nous voulons donner un sens au contenu de ce que nous croyons et transmettons.

Si nous avons foi en Dieu - si nous lui faisons confiance et si nous voulons nous mettre en relation avec lui - nous voudrons tout aussi naturellement en savoir plus à son sujet et être informés de ce qu'il attend de nous. La dimension « Qui ? » (nous faisons confiance à quelqu'un) devrait toujours venir en premier, mais il doit aussi y avoir un « Quoi ? » et un « Comment ? » dans notre religion, une dimension de connaissance et de mise en action de cette connaissance.

Les doctrines sont, comme on le dit généralement, une démarche permettant de traduire la vérité dans un langage humain. Cela impose un certain nombre de limites, même si le Saint-Esprit est reconnu comme un agent majeur dans ce processus. Car il restera toujours impossible d'exprimer correctement des concepts divins par des moyens, des concepts, des symboles et un langage humains. Nous ne devons jamais perdre de vue ce fait essentiel et important. Mais, malgré la reconnaissance voulue de l'humanité de nos doctrines, elles restent essentielles pour donner une structure à toute expression de notre foi.

TOUT EST-IL D'UNE IMPORTANCE ÉGALE ?

Tout n'est pas d'une égale importance. Nous disons souvent : « Le principal, c'est la santé ! » La santé est habituellement perçue comme plus importante que le statut social. Et, heureusement, la plupart des gens donnent plus de valeur à la famille et aux amis qu'à toutes sortes de choses matérielles. La vie devient très pénible si on ne sait pas comment faire la différence entre les choses qui sont réellement importantes et celles qui ont une moindre priorité.

La même constatation s'applique à la sphère de l'Église et de la vie spirituelle. Les « plus hauts » échelons de l'Église (dans l'Église adventiste, la Conférence générale, les Divisions, les Unions, les Fédérations) ont certainement un rôle important à jouer dans la vie de l'Église, mais l'Église locale est l'endroit où tout se vit. De même, une saine compréhension des questions théologiques est importante, mais une relation intime avec Dieu ainsi que la foi qui nous permet d'avancer chaque jour dans la vie sont bien plus essentielles. Ainsi, il est également tout naturel de se demander si les doctrines chrétiennes sont d'importance égale et si les croyances fondamentales de notre Église sont « fondamentales », c'est-à-dire fondatrices, au même degré.

J'entends souvent certaines personnes dire : Si quelque chose fait partie de la vérité, nous ne pouvons pas dire qu'elle soit sans importance ou moins importante qu'autre chose. La vérité, c'est la vérité ! Qui sommes-nous pour dire qu'une vérité particulière n'est pas aussi importante qu'un autre aspect de la vérité ? Mais, soyons honnêtes, les choses ne se présentent pas vraiment ainsi. La plupart (en fait, tous, je le crois) des adventistes ressentent instinctivement que certains points particuliers déterminent leur raison d'être adventiste, tandis que d'autres points ne tombent pas dans cette même catégorie. Par exemple, pour chacun de nous le sabbat est (je l'espère) plus important que notre refus de consommer du porc.

Le 20 mai 2004, Albert Mohler Jr, le président du Séminaire théologique baptiste du sud de Louisville, dans le Kentucky, publiait un article sur le web intitulé « un appel au tri théologique et à la maturité chrétienne[2] ». Le mot tri vient du terme français « séparer » et est habituellement utilisé dans le monde médical. En temps de guerre, ou quand une catastrophe survient, il faut absolument déterminer ce qui requiert des soins médicaux en priorité. Toutes les blessures ne sont pas mortelles, tandis que certaines sont fatales si elles ne sont pas traitées immédiatement. De la même manière, Albert Mohler souhaite que les chrétiens établissent « une échelle d'urgence théologique », autrement dit qu'ils rangent les doctrines selon un ordre d'importance. Il suggère qu'il existe « des sujets théologiques de premier plan » qui incluent des doctrines jugées « centrales et essentielles pour la foi chrétienne ». Ceux qui rejettent ces doctrines cesseront d'être chrétiens. Ensuite, dit-il, il y a des sujets doctrinaux de second degré. Ils sont également importants mais d'une autre manière. Ils signalent les chrétiens comme des gens qui appartiennent à une dénomination particulière. Un rejet total de ces doctrines rendrait difficile, tout au moins, le fait de rester au sein d'une communauté de foi qui considère ces doctrines comme vraiment distinctives et comme une partie essentielle de son identité. En troisième place, on trouve les positions théologiques à propos desquelles les membres d'une seule et même congrégation peuvent exprimer un désaccord, sans pour autant compromettre leur communion.

Albert Mohler soutient qu'un tel « tri » est important car il va permettre d'éviter le conflit à propos des sujets du troisième niveau comme s'ils étaient des doctrines de premier plan, pendant que, d'un autre côté, il envoie également un signal fort montrant que certaines doctrines de premier plan devraient être traitées comme si elles appartenaient au deuxième ou au troisième niveau. Il semblerait que cela ait aussi des implications significatives sur la manière dont une Église proclame son message, et plus spécialement au niveau de l'accent que peuvent recevoir certaines facettes particulières de leur enseignement.

Albert Mohler n'a pas été le premier à aborder ce sujet, et il ne sera pas le dernier. La question de savoir quelles sont les doctrines « essentielles » ou « de premier plan » se présente sous deux formes : (1) Quel est le noyau de la foi chrétienne ? (2) Quelles sont les doctrines clés de l'Église à laquelle j'appartiens ? Quand vous demandez à des paroissiens de différentes dénominations, ou de courants divers qui font partie de la même dénomination, ce qu'ils retiennent comme les principaux aspects de leur théologie dénominationnelle, vous recevrez beaucoup de réponses différentes. C'est aussi vrai dans l'Église adventiste du septième jour. Quand on demande quelles sont les doctrines clés de l'adventisme, les membres d'Église ne citeront pas habituellement les vingt-huit « croyances fondamentales », mais ils en citeront juste quelques-unes - et pas toujours les mêmes. C'est vrai pour les « croyants en marge » aussi bien que pour les adventistes qui ne partagent pas les mêmes doutes que les « marginaux » à cause de leurs objections et de leurs doutes.

Un autre élément important dans notre discussion : les doctrines d'une tradition religieuse ne sont pas statiques mais tendent à changer avec le temps. Les changements dans la doctrine, ou « l'évolution de la doctrine », comme certains préfèrent le dire, ont été, et sont, une caractéristique constante de la doctrine chrétienne. Si vous vous demandez si c'est vrai, entrez dans une librairie théologique (ou surfez sur Internet) et vous découvrirez les milliers de livres qui ont été écrits sur l'histoire de la doctrine chrétienne et sur les changements et l'évolution qui se sont produits. Il existe différentes théories à propos des manières dont les évolutions doctrinales se sont produites[3]. Certains affirment que les dernières évolutions doctrinales ne font que clarifier les enseignements chrétiens antérieurs, tandis que d'autres présentent un changement « réel » plus profond.

Dans le cours de leur histoire, les adventistes ont changé leur façon de voir dans bien des domaines. Dans ses débuts, le petit groupe de croyants qui avait vécu « le grand désappointement » de 1844 (quand Jésus, contrairement à leur attente, n'était pas revenu sur les nuées du ciel) était convaincu que « la porte de la grâce » avait été fermée. Le Christ avait quitté le sanctuaire céleste, disaient-ils, et la destinée éternelle des humains était scellée. Ces adventistes de « la porte fermée » - Ellen G. White en faisait partie - ne voyaient pas la nécessité de parler de leurs croyances aux gens qui se trouvaient en-dehors de leur cénacle, puisque cela ne produirait aucun effet ultérieur. Les humains étaient sauvés ou perdus. Cependant, il ne fallut pas attendre très longtemps avant que la plupart de ces adventistes de

« la porte fermée » changent d'opinion et commencent à développer un sens de la mission, comprenant que d'autres personnes devaient être averties du « prochain » retour du Christ.

Pour citer un autre exemple de changement : dans la première époque de l'adventisme, l'obéissance aux commandements de Dieu était si fortement soulignée que la vérité du salut offert par la grâce de Dieu était cachée sous une couche épaisse de légalisme. Je parlais récemment du changement de perspective en rapport avec la doctrine de la Trinité. Je pourrais aussi ajouter que de nombreuses prédictions faites sur la base de l'interprétation adventiste traditionnelle de la prophétie ont dû être corrigées alors que le temps passait, comme par exemple la compréhension traditionnelle d'Armaguédon pendant la Première Guerre mondiale et aussi à l'approche de la Seconde. Et ainsi de suite[4].

Une analyse en profondeur du changement doctrinal dans le cours de l'histoire adventiste nous montrerait que celui-ci fut très particulier. Les adventistes modifièrent des éléments relatifs à leurs vues mais, dès que la dénomination fut solidement établie, ils ne firent pas grand-chose pour lancer leurs idées. Au fur et à mesure que le temps passait, ils comprirent toutefois la nécessité de modifier certains accents particuliers dans la manière dont ils exprimaient leurs vues doctrinales, en vue de restaurer l'équilibre et de souligner leur pleine identité chrétienne. Mais même le changement de leurs priorités représenta un changement qui, avec le temps, eut souvent un impact significatif[5].

Sans aucun doute, un changement s'est produit au niveau des croyances adventistes et dans la façon dont elles ont été exprimées dans la presse et ailleurs. Ce changement a souvent été graduel et a rarement revêtu la forme d'un déni direct d'une conviction préalablement adoptée. George Knight, un spécialiste de l'histoire adventiste, maintient que « l'histoire de la théologie adventiste est celle d'une transformation continue[6] ». En d'autres termes, le changement doctrinal n'est pas le fruit de l'imagination mais il a été, et est, bien réel.

Un autre facteur à observer est l'insistance des « pionniers » adventistes (Ellen White très certainement avec eux) sur la nature dynamique de la « vérité présente » reconnue dans la possibilité évidente d'une « nouvelle lumière ». En 1892, Ellen G. White écrivait :

> ... Allons-nous amener nos vues doctrinales l'une après l'autre, et ensuite faire coïncider les Écritures avec nos opinions établies ? ... Des opinions chéries depuis longtemps ne doivent pas être considérées comme infaillibles ... Nous avons beaucoup de leçons à apprendre, et beaucoup à désapprendre. Seuls Dieu et le ciel sont infaillibles. Ceux qui pensent qu'ils ne devront jamais renoncer à une idée favorite, qu'ils n'auront jamais l'occasion de changer d'opinion seront déçus[7].

Et elle s'exprima elle-même souvent sur ce sujet plus tard au cours de la même année :

> Il n'y a aucune excuse pour celui qui prend position en prétendant que plus aucune autre vérité ne sera révélée, et que toutes nos interprétations des Écritures sont sans erreur. Le fait que certaines doctrines ont été acceptées comme étant la vérité depuis de nombreuses années par nos gens ne constitue pas une preuve que nos idées sont infaillibles. Le temps ne transformera pas l'erreur en vérité, et la vérité peut se permettre d'être juste. Aucune doctrine ne perdra quoi que ce soit à la suite d'une recherche approfondie[8].

Même aujourd'hui, l'Église adventiste a choisi (en théorie du moins) une procédure pour étudier sérieusement toute « nouvelle lumière » qui pourrait émerger. Les faits qui viennent d'être mentionnés doivent absolument être gardés en tête lorsque nous discutons de la manière de différencier les nombreux niveaux d'importance doctrinale, et ils nous aident à ne pas nous sentir menacés par les dangers du relativisme et du subjectivisme dès que certaines personnes commencent à se poser des questions à propos du « noyau » des enseignements adventistes et à proposer des changements.

LES « PILIERS » DE NOTRE FOI

Je ne peux nier que les adventistes ont cru, depuis les débuts de leur mouvement, que certains éléments de leur message étaient plus importants que d'autres. La déclaration des croyances de 1872 signifiait au lecteur que son intention était de mettre en évidence « les éléments les plus importants » de la foi[9]. Ellen White mentionna souvent les « piliers de la vérité » ainsi que les « repères » de notre foi. Même si son interprétation de ces termes était plutôt fluide, il est clair qu'elle ne considérait pas toutes les doctrines comme ayant une importance égale[10].

Le fait qu'Ellen White et d'autres dirigeants adventistes du passé n'évaluaient pas les doctrines individuelles de la même manière ne repose pas sur une analyse théologique attentive, mais était motivé par leur perception de la mission de l'Église. Ils étaient convaincus qu'ils devaient prêcher les vérités qui avaient été obscurcies par la religion traditionnelle et qui venaient d'être redécouvertes. Ils vivaient et agissaient dans un environnement où ils pouvaient supposer sans risque que la plupart des gens qu'ils attiraient souscrivaient aux enseignements chrétiens fondamentaux du protestantisme conservateur. Ceci explique pourquoi ces doctrines communes n'ont pas été mises en évidence.

La compréhension des autres éléments du message chrétien, qui faisaient partie de la tradition chrétienne orthodoxe, ne devait pas être négligée alors que les doctrines adventistes spécifiques étaient spécialement mises en évidence, et émergeaient juste progressivement au fur et à mesure que la dénomination se développait. Cela est également illustré dans les écrits d'Ellen G. White. Alors que sa pensée mûrissait, ses accents changeaient de façon significative. Une citation de 1893 peut servir de pertinente illustration : « Le Christ et son caractère et son œuvre sont le centre et la circonférence de toute vérité. Il est la chaîne sur laquelle les joyaux de la doctrine sont fixés[11]. » Elle n'aurait pas fait une telle déclaration dans les premières années de son ministère.

L'idée d'après laquelle toutes les vingt-huit croyances fondamentales ne possèdent pas la même valeur semble être confirmée par le fait que la « déclaration d'engagement » à laquelle les candidats au baptême sont sensés donner leur adhésion offre juste un résumé de treize doctrines qui est beaucoup plus succinct que la formulation correspondante de ces doctrines particulières dans la déclaration des croyances fondamentales. Le point numéro treize de l'engagement baptismal reflète cette déclaration d'engagement. Curieusement, un « vœu alternatif » beaucoup plus court est considéré comme tout aussi acceptable. Cet engagement alternatif contient une référence aux « enseignements de la Bible tels qu'ils sont exprimés dans la déclaration des croyances fondamentales », tandis que dans l'engagement normal une telle référence n'est pas estimée nécessaire, même si elle n'est pas aussi complète que le texte intégral des vingt-huit croyances fondamentales[12]. La liste à laquelle les candidats au baptême donnent leur accord devrait-elle être considérée comme étant plus « fondamentale » que les « vingt-huit » ?

L'opinion des membres d'église à propos de la déclaration des croyances fondamentales varie largement. On peut trouver des membres d'Église qui ont une très « haute » opinion des croyances fondamentales et qui considèrent chaque ligne, et même chaque mot, comme étant semi-inspirés. C'est l'attitude qui marque la frontière de ce que l'on peut appeler « fondamentolâtrie »[13]. De l'autre côté existe, je crois, un sentiment largement partagé selon lequel la déclaration des croyances fondamentales est bien trop détaillée et mêle étrangement les normes de style de vie avec les questions doctrinales[14].

S'il s'agit là d'une prémisse valable d'après laquelle certaines doctrines sont plus importantes que d'autres, comment alors pouvons-nous aller au-delà de nos préférences individuelles quand nous tentons d'opérer notre « tri » ? Pouvons-nous établir des critères sains qui nous permettraient de présenter une « hiérarchie » de la doctrine dans la théologie adventiste ?

Quel que soit le modèle développé, un fait sous-jacent est clairement fourni par les Écritures dans une déclaration du Christ lui-même. Nous lisons en Jean 14.6 que le Christ a déclaré être la Vérité, ce qui veut dire que toute vérité irradie à partir de lui. Chaque doctrine qui prétend être la « vérité » donc se rapporter à la personne et à l'œuvre de Jésus-Christ. Le Christ est le centre et il doit être le fondement de tout vrai « système chrétien de « vérités fondamentales ». C'est là la substance de l'Évangile - la « bonne nouvelle ». « C'est la puissance de Dieu pour le salut de quiconque croit. » (Romains 1.16) « Le salut ne se trouve en aucun autre », sinon en Christ (Actes 4.12). L'acceptation ou le rejet de cette vérité « fondamentale » détermine si l'on se trouve ou non dans le camp de Dieu. Nous pouvons citer une autre parole émanant des propres lèvres du Christ qui confirme cela : « Celui qui met sa foi dans le Fils a la vie éternelle ; celui qui refuse d'obéir au Fils ne verra pas la vie, mais la colère de Dieu demeure sur lui. » (Jean 3.36) La « connaissance de notre Seigneur Jésus-Christ » est cruciale, et les croyants doivent être sûrs qu'elle n'est pas « sans activité ni sans fruit » (2 Pierre 1.8). Jean emploie même un langage plus fort encore : « Celui qui nie que Jésus est le Christ » est appelé « antichrist » (1 Jean 2.22). George Knight souligne l'importance de ce point de départ en déclarant que « la relation avec Jésus et une compréhension de la croix du Christ et d'autres éléments essentiels du plan du salut nourrissent la compréhension de la doctrine[15] ». Une fois que nous avons compris l'importance de ce point, que faisons-nous ensuite ?

DEUX, TROIS, QUATRE COUCHES ?

La première question abordée par le livre *Seventh-Day Adventists Answer Questions on Doctrine* est : « Quelles doctrines ont en commun les adventistes du septième jour avec les chrétiens en général, et sur quels aspects de la pensée chrétienne diffèrent-ils ? » Dans la réponse, trois catégories de doctrines se distinguent :
(1) Les doctrines que les adventistes ont « en commun avec les chrétiens conservateurs et les crédos historiques protestants » ;
(2) « certaines doctrines controversées que nous partageons avec certains mais pas avec tous les chrétiens conservateurs » ;
(3) « quelques doctrines (qui) nous sont particulières »[16].

Le nombre total de doctrines listées dans ces trois catégories s'élève à trente-six. Ceci nous ramène à Albert Mohler dont nous avons parlé plus tôt dans ce chapitre et qui, pareillement, suggérait trois niveaux différents de doctrines. D'autres auteurs proposaient une approche de la doctrine semblable de deux ou trois niveaux[17].

Ce type de classification peut être utile pour clarifier ce qui et ce qui n'est pas propre à la communauté à laquelle on déclare appartenir, mais cela ne nous offre pas une assistance directe permettant de déterminer quelles doctrines adventistes sont plus fondamentales que les autres. L'adaptation offerte par Woodrow Whidden peut se révéler utile pour franchir un pas de plus[18]. Il suggère que nous devons faire une distinction entre les doctrines qui reflètent l'héritage chrétien orthodoxe commun et celles qui sont « adventistes ». Woodrow Whidden suggère encore que certaines doctrines adventistes peuvent être appelées « essentielles » : ces éléments qui forment le « cadre essentiel du discours théologique adventiste ». Il suggère encore que certaines doctrines adventistes peuvent être considérées comme « non-essentielles »[19]. George Knight, en contraste avec Woodrow Whidden, pense que les questions relatives au style de vie doivent également figurer quelque part dans cette classification de la vérité[20].

J'aimerais proposer un modèle dans lequel ces différents éléments se combinent. Je ne suggère certainement pas que c'est là le dernier mot sur le sujet, mais il m'est venu en aide pour adopter une opinion plus ferme sur la question de savoir ce qui est plus ou moins important dans mon itinéraire spirituel. Sur le plan graphique, cela ressemblerait à une série de cercles :

Permettez-moi de vous suggérer quelques exemples de doctrines et d'opinions pour chaque catégorie.

Dans la catégorie (1) je situerais, par exemple : Dieu en tant que Trinité ; le Dieu trinitaire en tant que Créateur et soutien de l'univers ; le salut et la vie éternelle, et le jugement par Jésus-Christ ; la présence active du Saint-Esprit ; l'inspiration des saintes Écritures ; un code moral révélé ; les principaux éléments du plan du salut ; et un appel à prêcher l'Évangile.

Dans la catégorie (2), un certain nombre « d'essentiels » adventistes y trouveraient leur place, comme le sabbat du septième jour, le « proche » retour du Christ, le baptême par immersion, l'importance de la sainte Cène, le ministère du Christ comme grand prêtre, l'appel aux humains à être gestionnaires, la mort comme une sorte de « sommeil » inconscient, et la perpétuation des dons spirituels.

La catégorie (3) serait, selon moi, le domaine de certaines choses comme la philosophie adventiste de l'interprétation prophétique, la dîme, les principes sanitaires, l'aspect chronologique du ministère sacerdotal du Christ (1844) et, probablement, le rite de l'ablution des pieds.

Dans le dernier cercle concentrique (4) j'aurais tendance à situer certaines interprétations prophétiques spécifiques, des questions controversées entourant l'inspiration d'Ellen White, la discussion interminable à propos de ce qui est permis et défendu le sabbat, les styles d'adoration, les spécificités relatives au port des « bijoux », etc.

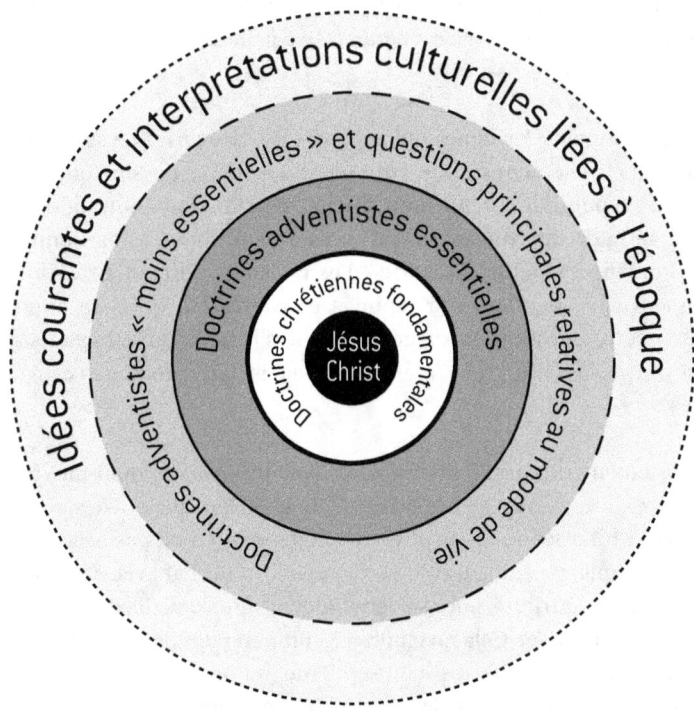

Je comprends que beaucoup d'adventistes ne se contenteront pas d'un tel modèle. Certains d'entre eux y seront totalement opposés ou réagiront même plus fortement. Je reconnais que le fait de mentionner des exemples de ce qui peut être placé dans chaque catégorie peut paraître un exercice extrêmement hasardeux compte tenu de ma fonction dans l'Église. Mais je crois que beaucoup de gens dans l'Église souhaitent avoir une discussion à ce propos et aspirent à un débat honnête au sujet de ce qui appartient vraiment au noyau de l'adventisme et de ce qui n'est pas « essentiel » de la même façon.

QUELQUES IMPLICATIONS

Dans une discussion à propos du classement de nos doctrines un certain nombre de choses doivent, je crois, être gardées à l'esprit. Premièrement, je souhaite rappeler que toute déclaration doctrinale doit être clairement reliée au Centre, Jésus-Christ. Une vérité doctrinale devient vérité quand elle est connectée à la personne et à l'œuvre de notre Seigneur Jésus-Christ.

Deuxièmement, les lignes qui séparent les catégories ne seront pas toujours totalement claires. Pour cette raison, j'ai dessiné quelques lignes en pointillé. La question cruciale est : Pouvons-nous désigner une série de doctrines-clés qui, sans aucun doute, appartiennent clairement à chaque catégorie ? Les croyants « en marge » s'intéressent spécialement à la réponse convaincante qui sera apportée à cette question. Je suggérerais que s'il existe un « noyau » de croyances, ces doctrines feraient partie des deux premières catégories.

Troisièmement, j'ai très intentionnellement séparé les doctrines fondatrices chrétiennes des doctrines « essentielles » adventistes, même si elles s'interpénètrent de plusieurs manières. Il n'est pas nécessaire, par exemple, de comparer le poids relatif du sabbat avec celui de la doctrine de la Trinité, pour se demander ensuite laquelle des deux est la plus importante. Cela reviendrait à comparer des pommes avec des poires. L'identité adventiste du septième jour est déterminée par un ferme engagement à ces deux catégories doctrinales. Le fait que nous soyons d'abord chrétiens et, qu'en tant que chrétiens, nous ayons aussi choisi d'être adventistes, fait de nous des chrétiens adventistes[21]. Accorder notre première attention à des éléments chrétiens fondateurs nous rappellera constamment qu'à notre époque nous ne pouvons considérer pour acquis que des gens prennent connaissance de ces doctrines quand ils commencent à examiner la version adventiste du christianisme.

Quatrièmement, le label « moins essentiel » signifie exactement cela. Il ne doit pas être compris comme « sans importance ». Certes, toute procédure de classification d'une doctrine est une entreprise subjective. Des erreurs peuvent être faites. Mais ce n'est pas totalement subjectif et cela n'est pas nécessairement une recette sûre pour un désastre. La Parole inspirée nous guide ainsi que l'Esprit vivant. De plus, nous devons nous rappeler que, aussi longtemps que nous serons des humains imparfaits, toute activité théologique restera subjective et, dans un sens, risquée. Mais ce n'est pas une chose que nous devrions considérer comme trop dangereuse et comme menant vers une « pente glissante » moribonde. Dans tous les cas, utiliser l'argument de la « pente glissante » est plus un signe de faiblesse qu'un principe et une pensée claire.

Cinquièmement, il a fallu aux adventistes plus d'un siècle pour parvenir au résumé actuel de nos croyances fondamentales. Les évolutions doctrinales prennent du temps. C'est pourquoi il ne faut pas s'attendre à atteindre un consensus de ce qui constitue le noyau des croyances adventistes en une nuit. Cela requiert de la patience... Et de la tolérance !

Sixièmement, je suis fermement convaincu que, lorsqu'une prochaine révision des croyances fondamentales se fera, le document ne devrait pas prendre de l'extension ni même devenir plus détaillé, mais devrait plutôt être raccourci. Je me réjouirais de la venue d'un nouveau texte qui se limiterait aux doctrines qui sont « fondamentalement chrétiennes » et « essentiellement adventistes ». Sous ce rapport, les mots de Robert Greer méritent d'être cités :

... Les déclarations doctrinales... ne devraient pas être complètes. Quand une déclaration doctrinale est trop complète, elle (a) court le risque de devenir dangereusement séduisante, puisqu'elle offre une finalité de la pensée chrétienne qui, pour certaines personnes, est attractive et consolatrice ; (b) élimine le besoin de penser de manière critique ; (c) rend muet le Saint-Esprit qui peut vouloir parler de nouveau à travers les Écritures à un individu ou à une communauté ; et (d) engendre le triomphalisme qui décourage au lieu d'encourager le dialogue théologique au-delà des limites dénominationnelles et ecclésiastiques[22].

LIBÉRAL OU CONSERVATEUR ?

Presque inévitablement, les étiquettes de « libéralisme » et de « conservatisme » surgissent dans une discussion à propos du « poids » de certaines doctrines particulières. Les slogans correspondants se retrouvent dans les mots qui sonnent mal comme « aile gauche » et « aile droite ». Je souhaite que nous puissions éviter ces termes car ils sont imprécis et tendent à se charger d'une connotation de préjugé et de condamnation. Etre appelé « libéral » a compromis la carrière de plus d'un pasteur et d'un professeur de théologie, ou pire. D'un autre côté, être connu comme un « conservateur » a fermé des portes (et des chaires) à d'autres. Certains protestent quand ils sont taxés de « libéralisme » alors que d'autres sont fiers de leur réputation de « gauchiste ». Certains étudiants, qui souhaitent devenir pasteurs, choisiront intentionnellement une faculté ou une université dont les professeurs de théologie sont connus pour être conservateurs, tandis que pour d'autres cela les inciterait plutôt à éviter une telle institution.

Ce que la Bible dit à propos de notre relation aux autres a un rapport direct avec la malheureuse polarisation entre libéraux et conservateurs. Nous devons aimer notre « prochain » comme nous-mêmes - pour celui qui est conservateur cela doit plus précisément inclure ses coreligionnaires libéraux, et pour quelqu'un qui appartient à l'aile gauche de l'Église, cela inclut ceux qui se réclament de l'aile droite. Malheureusement, libéraux et conservateurs trouvent souvent difficile de se lier mutuellement d'une façon agréable et constructive, et ils s'écoutent à peine les uns et les autres (et cela s'applique aux deux partis). Aussi, dans de nombreux cas, les gens ne parviennent pas à remarquer que l'image n'est pas aussi simple qu'ils l'imaginent, parce que les gens sont rarement totalement libéraux ou conservateurs à 100%. Ils peuvent être libéraux sur certaines questions, mais étonnement conservateurs sur d'autres sujets. Nous pouvons rencontrer des gens qui sont très libéraux dans leur théologie, mais plutôt conservateurs dans leur style de vie, et vice versa. J'ai discuté avec pas mal de jeunes gens qui s'accrochent fiévreusement à l'adventisme traditionnel, mais qui me disent ensuite qu'ils sont heureux de cohabiter avec leur copine !

Alden Thompson, un professeur de théologie adventiste à l'université de Walla Walla dans l'État de Washington, signale trois différents « parfums » en relation avec les libéraux et les conservateurs. Ce qu'il dit n'explique pas tout, mais cela trouve un écho en moi. Les libéraux, dit-il, aiment les questions tandis que les conservateurs veulent des réponses. Quand on évoque le style de vie, on pourrait dire que les conservateurs aiment l'isolement des collines, tandis que les libéraux fréquentent les villes pour voir du monde autour d'eux. Les conservateurs voient en Dieu une présence puissante, alors que les libéraux ont tendance à voir Dieu comme une réalité plus distante[23].

Le chercheur adventiste Fritz Guy tente de résumer ses idées à propos du conservatisme et du libéralisme par ces mots : « Les conservateurs sont avant tout concernés par le maintien de ces vérités que nous possédons déjà, sous la forme d'une gradation dans laquelle nous avons appris à mettre notre confiance ; et, d'un autre côté, les libéraux veulent chercher de nouvelles vérités, ou de nouvelles interprétations d'anciennes vérités[24]. » Eh bien, si c'est là une définition du libéralisme, j'accepterai fièrement cette étiquette comme un titre honorifique. Je pourrais, cependant, faire valoir que le terme « progressiste » doit être préféré à la qualification de « libéral ». Le professeur Guy suggère que la plupart d'entre nous tendons en effet à être « libéraux » ou « conservateurs », mais que nous pouvons devenir « progressistes » si nous apprenons les uns des autres, si nous nous écoutons plus attentivement les uns les autres et si nous essayons de grandir ensemble[25].

FONDAMENTALISME

Une autre paire de mots est probablement au moins aussi significative dans une discussion à propos de la diversité de l'opinion doctrinale, c'est notamment le fondamentalisme contre le relativisme. La foi chrétienne perd son sens si nous soutenons totalement le relativisme, quand plus rien n'est certain et lorsqu'aucune valeur ou aucun idéal ne requiert notre totale loyauté. Comme nous l'avons dit plus tôt, nous n'avons pas de « preuves » solides en faveur de l'existence du Dieu que nous rencontrons dans la Bible et qui s'est ensuite révélé en Jésus-Christ. Toutefois, nous possédons suffisamment d'évidences pour faire le « saut » de la foi et accepter les implications de cette foi. Nous avons également évoqué les aspects négatifs du fondamentalisme. À ce point de notre discussion, je désire souligner cela encore une fois, car le conservatisme adventiste tend (tout au moins) à flirter avec le fondamentalisme.

« Le fondamentalisme - religieux et séculier - s'inspire davantage du doute que de la confiance, davantage de la crainte que de la foi sereine et de la conviction établie[26]. » Cette déclaration a été faite par James Davison Hunter (né en 1955), un éminent sociologue américain qui a beaucoup contribué à la vulgarisation de l'expression « guerres culturelles ». James D. Hunter affirme que le fondamentalisme est surtout négatif. Il rejette ce qu'il considère comme dangereux et réagit essentiellement aux menaces[27]. « Pour le fondamentaliste, il est plus facile de cibler l'ennemi en dehors de la tradition que de chercher des réponses... Il n'offre aucune proposition constructive aux problèmes quotidiens qui troublent la plupart des gens et ne fournit aucune solution vitale aux problèmes du pluralisme et du changement. En fait, c'est juste le contraire[28]. »

Voici les mots dont il faut se souvenir lorsque nous pensons aux débats actuels qui agitent l'Église adventiste. Les traditionnalistes (ou les fondamentalistes, les conservateurs, l'aile droite, ou tout autre terme que l'on pourrait employer) tendent à être réactionnaires, toujours sur la défensive, mettant constamment en garde contre les dangers qu'ils perçoivent ou imaginent. Ils n'aiment pas entendre trop de questions, et sûrement pas de la part des « croyants en marge », mais prétendent avoir déjà toutes les réponses.

QUI SONT LES « VRAIS » ADVENTISTES ?

La réponse officielle à la question : Qui peut être considéré comme un « vrai » adventiste devrait être : ceux qui acceptent toutes les vingt-huit croyances fondamentales. Mais si cette réponse est correcte, elle doit exclure la plupart, sinon tous, les « croyants en marge ». Et oui, si une totale adhésion à tous les détails de ces croyances est exigée, dans la forme où elles sont actuellement présentées, je devrais dire que je ne suis pas un « véritable » adventiste. Cela devrait-il m'empêcher de dormir sur mes deux oreilles ? Non.

Je n'ai pas besoin de me faire du souci à propos de mon adhésion à l'Église adventiste du septième jour (tout au moins aussi longtemps que je suis « hétéro » et non pas « gay »). Si les dirigeants de la Conférence générale en concluent que j'ai trop d'idées hérétiques que pour m'appeler moi-même un adventiste authentique, ou même si les responsables de l'Union néerlandaise avaient de sérieux problèmes à propos de certaines des choses que j'ai dites ou écrites, ils peuvent me supplier de modifier mes opinions ou ils peuvent décider de ne plus m'inviter à prêcher ou à fréquenter certaines réunions. Ils peuvent refuser d'approuver et de promouvoir toute publication ultérieure que je pourrais produire dans le futur. Ils peuvent décider de prier pour moi ou peuvent même se tordre les mains de désespoir. Ils peuvent être capables de faire tout cela, mais ils ne peuvent toucher à mon statut de membre d'Église.

Seule mon Église locale peut voter mon admission en tant que membre ou me radier. Cependant, il n'est pas très probable qu'ils reconsidéreront mon adhésion plus tard, à moins que je commence soudain à faire preuve d'une conduite immorale ou que je commence à perturber le service de culte. C'est pourquoi les « croyants en marge » peuvent se sentir à l'aise ; aussi longtemps que l'Église locale où ils sont inscrits est heureuse de maintenir leurs noms sur ses registres, ils restent membres *bona fide* de leur « Église ». Bien plus, la plupart des Églises locales répugnent plutôt à couper leurs liens avec ceux - même « marginaux » - qui ont signalé eux-mêmes leur désir d'être rayés des registres. (Et même alors il n'est parfois pas si facile de voir son nom retiré des registres !)

Mais ne considérons pas seulement cela sous une forme administrative, comme si l'adhésion à une Église était seulement une question de nom sur une liste de membres. N'importe qui ne peut pas figurer sur cette liste. Si quelqu'un se réclame du titre de « chrétien », il doit, je crois, affirmer un certain nombre de principes chrétiens de base. Il me semble qu'une personne perd le droit de porter ce titre si elle ne croit plus en Dieu et en Jésus-Christ comme en deux personnes qui jouent un rôle décisif dans la relation qui unit Dieu et l'humanité. De même, je crois que je dois partager un certain nombre de convictions adventistes essentielles avec mes amis croyants adventistes si je veux m'appeler adventiste du septième jour. A ce point, il est important d'avoir une idée claire de ce qui est réellement « essentiel » et « moins essentiel » dans notre enseignement adventiste.

Savoir si je suis un véritable adventiste est, en dernière analyse, quelque chose que je décide par moi-même. Je suis le seul à déterminer si j'affirme les bases de la foi chrétienne et si j'ai suffisamment d'affinité avec l'interprétation adventiste de la foi chrétienne et avec la communauté de foi adventiste, avant de pouvoir me prétendre un « véritable » adventiste. Sur cette base, je n'ai aucune hésitation à m'appeler moi-même un adventiste « authentique ». Et je crois que cela devrait être vrai pour la plupart de mes amis membres d'Église, sans oublier ceux qui se considèrent eux-mêmes comme des « croyants en marge ».

Je suis de tout cœur en accord avec le professeur Fritz Guy - le théologien que j'ai cité plus tôt - quand il dresse la liste de quelques aspects essentiels de l'adventisme authentique[29]. Il place en tête de cette courte liste : « Avoir un esprit ouvert à la vérité présente. » Cela signifie qu'un adventiste authentique ne croira jamais qu'il possède toute la « vérité ». Tout comme les pionniers adventistes, un « véritable » adventiste doit pouvoir changer d'opinion quand cela est nécessaire, continuer à étudier et grandir dans la compréhension de ce que signifie être un chrétien adventiste dans le monde d'aujourd'hui (et non pas ce que cela signifiait au 19ème siècle).

Nous sommes de véritables adventistes, affirme Fritz Guy, lorsque nous sommes des chrétiens qui plaçons « l'amour universel et total de Dieu au centre de notre existence personnelle ». Pour être dignes de porter le nom « d'adventiste du septième jour », nous devons pouvoir apprécier « l'importance contemporaine du sabbat » et posséder « l'espoir anticipé de la réapparition de Dieu dans la personne de Jésus le Messie ». Deux autres éléments importants cités par Fritz Guy sont « l'idée d'une dimension holistique de l'être humain » et « le choix d'une communauté adventiste en guise de foyer spirituel, ainsi que la compréhension du passé adventiste comme faisant partie de notre identité spirituelle ». Beaucoup de « croyants en marge » se sentiraient à l'aise avec la description que Fritz Guy fait de l'adventiste authentique. Personnellement, je considérerais ceux qui entrent dans la description de Guy comme des adventistes « véritables », indépendamment des nombreux doutes qu'ils peuvent traverser. Je voudrais me mettre au défi, moi et ceux qui ont lu ce chapitre : Osons être, et rester, au cœur de la communauté de foi adventiste, tout en continuant à penser en toute indépendance et sans jamais compromettre notre intégrité personnelle. Quand tout est dit et fait, ce que je voulais dire dans ce chapitre fait ressortir quelques points. Critiquer votre Église (locale) peut s'avérer très légitime, et votre sentiment d'être un outsider ou d'être devenu spirituellement aride peut être bien réel. Mais n'abandonnez pas votre Église. Vous avez besoin d'elle et l'Église a besoin de vous. Vous devez faire tout votre possible pour trouver une congrégation ou un groupe qui peut vous offrir ce que vous recherchez. Mais n'en demandez pas trop, car les congrégations resteront toujours un collectif d'êtres humains imparfaits. Mais il existe toujours une autre dimension. Les Églises locales sont aussi des lieux où le don de la foi est partagé. C'est pourquoi, recherchez ce don et contribuez au bien-être et à la croissance de cette communauté. En agissant ainsi, vous serez capables de prendre lentement mais sûrement vos distances avec « les marges » et vous jouirez d'une relation plus riche et bien plus satisfaisante avec votre Église - avec vos amis croyants et avec votre Dieu.

---

1. Ce chapitre contient des éléments qui ont été publiés sur mon blog hebdomadaire (www.reinderbruinsma.com) le 31 juillet, le 6 août et le 13 août 2015, et dans un chapitre que j'ai écrit pour un Festschrift for Dr Jon Dybdahl : 'Are all truths Truth? Some Thoughts on the Classification of Beliefs', in Rudi Maier, ed., *Encountering God in Life and Mission—A Festschrift Honoring Jon Dybdahl*. Berrien Springs, MI: Department of World Mission, Andrews University, 2010, p. 173-188.
2. Albert Mohler, 'A Call for Theological Triage and Christian Maturity,' http://www.albertmohler.com/commentary_read.php?cdate=2004-05-20.
3. Voir Rolf J. Pöhler, *Continuity and Change in Christian Doctrine*. Frankfurt am Main : Peter Lang (Germany), 1999.
4. Fritz Guy, *Thinking Theologically: Adventist Christianity and the Interpretation of Faith*. Berrien Springs, MI: Andrews University Press, 1999, p. 87.
5. Parmi les auteurs qui ont fait de grands efforts pour donner des lettres de créance aux « nouvelles » idées doctrinales adventistes se trouvent John N. Andrews et Uriah Smith avec leurs livres très documentés sur le sabbat (Andrews) et sur l'immortalité conditionnelle (Smith). Plus tard, LeRoy E. Froom nous laissa en guise de magnum opus son livre *Prophetic Faith of our Fathers* en quatre volumes qui tentait de montrer que la « nouvelle » interprétation de l'adventisme était principalement constituée de redécouvertes des interprétations qui étaient celles de nombreux théologiens et de dirigeants d'Églises au cours des siècles précédents. Cela, affirmait-il, était également vrai de la redécouverte adventiste d'un certain nombre de doctrines chrétiennes fondamentales, comme la Trinité et la divinité et l'éternité du Christ, auxquelles il se réfère en parlant de « vérités éternelles ». La publication du livre plutôt controversé *Seventh-day Adventistes Answer Questions on Doctrine* en 1953 offre une nouvelle preuve du besoin ressenti de clarifier quelques croyances adventistes et de montrer que ces croyances, en fait, sont conformes aux dogmes chrétiens orthodoxes. Aujourd'hui encore, cependant, beaucoup de gens croient que ce livre fit plus que cela, c'est-à-dire qu'il représentait une véritable réorientation dogmatique essentielle.
6. George R. Knight, *A Search for Identity: The Development of Seventh-day Adventist Beliefs*. Hagerstown, MD: Review and Herald, 2000, p. 12.
7. Ellen G. White, *Counsels to Writers and Editors*. Nashville, TN: Southern Publishing Association, 1946, p. 36, 37.
8. Ellen G. White, *Advent Review and Sabbath Herald*, 20 December 1892.
9. Gary Land, *Adventism in America*. Grand Rapids, MI: Wm. B. Eerdmans, 1986, p. 231.
10. Voir Reinder Bruinsma, 'Are all truths Truth? Some Thoughts on the Classification of Beliefs', p. 180, où les citations sont fournies tirées de différents écrits d'Ellen G. White : *Selected Messages*, vol. 2, p. 104-107; *Counsels to Writers and Editors*, 1946, p. 29-31, *The Great Controversy*, 1911, p. 409; See also Ellen G. White, *Manuscript 24*, novembre or décembre 1888, cité par George R. Knight, *From 1888 to Apostasy: The Case of A.T. Jones*. (Hagerstown, MD: Review and Herald, 1987, p. 40.

11 Eric Claude Webster, *Crosscurrents in Adventist Theology.* Berrien Springs, MI: Andrews University Press, 1984, p. 150.
12 Voir *Church Manual*, 2015, p. 45, 46.
13 Un néologisme inspiré par le mot bibliolâtrie qui se réfère à l'adoration des Écritures.
14 Bryan W. Ball, 'Towards an Authentic Adventist Identity,' in B. Schantz and R. Bruinsma, eds., *Exploring the Frontiers of Faith—Festschrift for Jan Paulsen.* Lüneburg, Germany: Saatkorn Verlag, 2009, p. 67.
15 George R. Knight, 'Twenty-seven Fundamentals in Search of a Theology', *Ministry*, février 2001, p. 5-7.
16 George R. Knight, ed., *Seventh-day Adventists Answer Questions on Doctrine*, annotated edition, p. 21-24.
17 Voir par exemple Robert C. Greer dans son livre largement acclamé *Mapping Postmodernism: A Survey of Christian Options.* Downers Grove. IL: InterVarsity Press, 2003, p. 172ss.
18 Woodrow II Whidden, *Ellen White on the Humanity of Christ.* Hagerstown, MD: Review and Herald, 1997, p. 77-88.
19 Idem, p. 80.
20 George R. Knight, 'Twenty-seven Fundamentals in Search of a Theology', p. 5-7.
21 Bryan W. Ball, op. cit., p. 58.
22 Robert C. Greer, op. cit., p. 174.
23 Alden Thompson, *Beyond Common Ground: Why Liberals and Conservatives Need Each Other.* Nampa, ID: Pacific Press, 2009, p. 121.
24 Fritz Guy, op. cit., p. 27.
25 Idem, p. 29.
26 James Davison Hunter, 'Fundamentalism and Relativism Together`: Reflections on Genealogy', p. 17-34, in Peter L. Berger, ed. *Between Relativism and Fundamentalism: Religious Resources for a Middle Position.* Grand Rapids, MI: Wm. B. Eerdmans, 2010, p. 34.
27 Idem, p. 32.
28 Idem, p. 33.
29 Fritz Guy, op. cit., p. 92.

CHAPITRE 9

Faire face à nos doutes

Dans ce dernier chapitre, je vais essayer de rassembler certains éléments. Nous avons commencé notre discussion dans les cinq premiers chapitres en évoquant la situation de l'Église chrétienne dans le monde occidental. Nous en avons conclu que l'Église est en crise et nous avons également constaté que des millions d'hommes et de femmes en Occident traversent une crise au niveau de leur foi. Beaucoup doutent même de l'existence d'un Dieu aimant et tout-puissant. Pour un grand nombre d'entre eux, ce doute affecte également une série d'autres choses qu'ils avaient l'habitude de croire. Ils comprennent que certains enseignements traditionnels importants de leur Église ne trouvent plus d'écho en eux. Ensuite, nous avons concentré notre attention sur l'Église adventiste du septième jour. Nous avons noté que beaucoup ont quitté l'Église et que nombre d'autres sont proches de la porte de sortie. Ils remarquent des tendances dans leur Église avec lesquelles ils ne peuvent plus être en accord et ils se demandent si certaines doctrines traditionnelles de l'Église peuvent rester applicables dans leur vie quotidienne. J'ai fait référence à ce large groupe de personnes qui ne sont pas heureuses dans leur Église et qui traversent beaucoup de doutes relatifs au contenu de leur foi, parce qu'ils sont des « croyants en marge ».

Dans les chapitres suivants, j'ai tenté d'encourager ceux qui se retrouvent « en marge » à faire un (nouveau) « saut » de la foi. J'ai partagé ma conviction selon laquelle, même si nous ne pouvons pas avoir une preuve absolue de l'existence de Dieu et de son amour pour nous, nous avons des raisons suffisantes pour tenter le « pari » d'effectuer ce « saut ». J'ai essayé de vous encourager à ne pas abandonner votre Église mais à vous attacher à une congrégation locale où vous pourrez être vous-mêmes et à vous y intégrer ou à y retourner. Dans le chapitre précédent, j'ai commencé à suggérer une manière de réagir face aux doutes doctrinaux. J'ai déclaré qu'être un « véritable » adventiste n'exige pas que vous adhériez sans réfléchir à toutes les *Croyances fondamentales* de votre Église. Je sais que ce point de vue sera lourdement critiqué par de nombreux membres d'Église. Mais je suis convaincu que cela crée de l'espace dans le cœur et l'esprit de nombreux « croyants en marge » qui suffoquent à cause de la rigidité de certaines doctrines traditionnelles qui n'ont plus aucun rapport de sens avec leur vie quotidienne.

C'est ici que nous reprenons le fil dans ce chapitre final. Nous n'allons pas discuter des doctrines individuelles en détail, mais nous considérerons quelques approches plus générales qui peuvent se révéler utiles dans le face à face avec les doutes et les incertitudes. Je ne suis pas naïf et je ne dirai pas que tous les doutes vont soudain se dissiper si nous lisons plus diligemment notre Bible et si nous prions plus intensément qu'auparavant. Cela ne veut pas dire que ces deux aspects ne sont pas essentiels. Ils sont, en fait, d'une importance primordiale lorsque nous tentons de faire face à nos doutes de manière constructive.

UNE APPROCHE SPIRITUELLE

Si nous sommes dans le doute alors que nous devons choisir la marque et la couleur de la voiture que nous voulons acheter, ou si nous allons adopter ou non une stratégie particulière dans la poursuite de notre carrière professionnelle, certains facteurs non-rationnels ou même émotionnels peuvent entrer en ligne de compte. Ce type de doute, cependant, doit fondamentalement être abordé par des arguments rationnels. Quelle dimension doit avoir ma voiture ? Quelle est ma couleur préférée, ou celle de ma compagne ? Et quelles sont les meilleures normes de sécurité ? Est-ce une bonne idée d'emprunter une forte somme à ma banque en vue de faire prospérer mon entreprise ? Ou cela sera-t-il trop risqué au vu du climat économique actuel et de la forte concurrence à laquelle je dois faire face ?

En abordant nos doutes dans le domaine spirituel, nous ne pouvons pas neutraliser notre cerveau et suivre tout simplement nos émotions et nos sentiments. Mais nos intuitions, nos sentiments et nos émotions vont jouer un grand rôle. Nous pouvons espérer avoir une emprise sur nos doutes seulement si nous nous laissons toucher par l'Esprit. L'approche de nos doutes pourrait très bien se résumer en listant cinq aspects : (1) lire, (2) penser, (3) prier, (4) discuter avec les autres et (5) faire preuve de patience.

Alors que nous nous engageons sur ce sentier, nous devons commencer par ce que nous appelons notre « saut de la foi ». Cela peut paraître naïf, mais c'est la seule option. Nous devons accepter de nous laisser emporter dans la sphère de la foi. Nous devons « essayer de croire », comme le disait Nathan Brown dans son petit livre portant ce titre (j'y fais référence au chapitre 2). Si j'ai une mauvaise santé, et si j'ai longtemps cherché en vain le bon remède, je pourrais faire le « saut de la foi » et me décider à consulter un praticien spécialisé dans la médecine alternative, et suivre la thérapie qu'il me prescrit - même si je ne suis pas vraiment sûr qu'elle va m'aider. Cette sorte de comparaison est, bien sûr, inadéquate, mais je crois qu'elle nous enseigne quelque chose. Il vaut la peine de tout essayer quand on est dans l'embarras. C'est pourquoi, lire la Bible, prier et se rendre à l'église - même si vous n'êtes pas encore sûr que cela va vous apporter des réponses et la sorte de paix intérieure et de certitude que vous recherchez.

LIRE LA BIBLE

Les adventistes aiment parler (ou même se vanter) de l'étude de la Bible. Les nouveaux membres reçoivent habituellement une série « d'études » bibliques en vue de les familiariser avec la « vérité ». Nous avons notre étude biblique hebdomadaire au cours de l'École du sabbat. L'adventisme des débuts a emprunté le modèle de l'École du dimanche à d'autres dénominations et l'a adaptée, avec le temps, à ses besoins spécifiques. L'institution de l'École du sabbat a certainement favorisé le renforcement du littéralisme biblique parmi les membres d'Église. Mais des adventistes de plus en plus nombreux commencent à comprendre que ce type « d'étude » de la Bible laisse souvent à désirer. La plupart des « guides d'étude » trimestriels sont de nature topique. Un thème précis est sélectionné qui est ensuite divisé en treize sous-thèmes. L'auteur du guide d'étude sélectionne un certain nombre de textes bibliques qui ont, selon l'auteur, un rapport avec ces thèmes, à quoi s'ajoutent quelques citations (habituellement d'Ellen G. White) ainsi que des commentaires explicatifs supplémentaires. Très souvent, les textes bibliques sont présentés sans beaucoup de considération pour le contexte. L'étude biblique hebdomadaire de l'École du sabbat montre que la méthode traditionnelle de preuve par le texte reste très présente. Et même quand un livre précis de la Bible est étudié pendant un trimestre, très peu d'attention est accordée à son arrière-plan, à son contexte et à sa théologie particulière.

Je suis parvenu à la conclusion que nous devrions peut-être cesser d'étudier la Bible et commencer à lire la Bible - comme une histoire que nous voulons suivre du début à la fin. Quand nous lisons un roman et quand nous en apprécions l'intrigue, nous n'allons pas nous limiter à sélectionner juste un paragraphe ici et là et à combiner ces pièces dans une sorte d'ordre aléatoire. Si nous lisons un bon livre, nous voulons suivre toute l'intrigue et sommes pressés de connaître son dénouement. D'une certaine manière, cela s'applique aussi à la Bible. C'est l'histoire de Dieu dans son interaction avec nous et avec le monde. Nous faisons bien de la lire du début à la fin. Nous pouvons peut-être sauter quelques pages (les longues généalogies, par exemple) ici et là (comme nous le faisons parfois avec des livres ordinaires), mais nous voudrons suivre tout le cours de l'histoire. Et cela est tout aussi vrai pour les sections séparées de la Bible que nous appelons souvent les « livres » bibliques. Nous ne profiterons pleinement de notre lecture que si nous lisons ces parties dans leur intégralité. Et certaines sont si courtes que nous pouvons aisément les lire en une fois.

Quand nous utilisons cette méthode, nous constatons que certains textes très connus ne disent pas vraiment ce que nous pensions qu'ils révélaient habituellement. Quand ils sont lus isolément de leur contexte, nous pouvons parvenir à une conclusion qui n'est pas garantie quand nous lisons aussi ce qui précède et ce qui suit le texte. Même si nous ne comprenons pas beaucoup de choses au cours de notre lecture, nous pouvons tirer bénéfice de celle-ci en saisissant le message global de la Bible ou de l'une de ces parties. Consulter des livres à propos de la Bible, comme un bon commentaire, est certainement fort utile mais il ne peut prendre la place d'une lecture de la Bible proprement dite. Malheureusement, beaucoup de chrétiens lisent davantage des ouvrages à propos de la Bible que la Bible elle-même.

COMPTER LES POMMES DE TERRE

La Bible renferme beaucoup de récits peu courants, mais nous ne devrions pas trop nous soucier de cette « bizarrerie ». Nous devons peut-être nous attendre à cela dans des histoires qui devaient être lues « avec un regard neuf et honnête d'une génération à l'autre[1] ». Quand nous lisons, « nous développons l'impression d'une grande histoire derrière toutes les petites histoires[2] ». Nathan Brown, que je viens de citer, exhorte les « croyants en marge » à ne pas trop se focaliser sur l'historicité des récits bibliques - l'éternelle question étant de savoir si oui ou non les événements de la Bible ont réellement eu lieu de la manière précise dont ils sont racontés et transmis.

Il suggère que, pour un instant, nous « suspendions notre incroyance » et que nous nous engagions dans ces récits bibliques comme nous le ferions avec un bon roman ou avec un bon film. « Choisissez de ne pas vous laisser distraire par les arguments permettant de savoir si l'histoire est véridique, si elle peut être vérifiée, si les conclusions scientifiques contemporaines peuvent admettre une telle histoire. Au lieu de cela, commencez à les lire pour découvrir la bonté, la beauté, la sagesse et la vérité qu'elles offrent d'elles-mêmes en tant qu'histoires[3]. »

Les adventistes du septième jour ont entendu dire à quel point il est important « d'étudier » le livre de l'Apocalypse. Pour beaucoup d'entre eux, cela signifie le lire au coup par coup, texte après texte ou paragraphe après paragraphe, et consulter un ou plusieurs commentaires adventistes qui ont été écrits pour nous aider à comprendre les symboles inhabituels et appliquer le contenu des prophéties de Jean aux événements historiques du passé, du présent et du futur. Je suis de plus en plus convaincu que ce n'est pas là l'approche la plus fructueuse - et certainement pas quand on découvre l'Apocalypse pour la première fois.

Occasionnellement, je présente l'Apocalypse et je commence par montrer la représentation d'un tableau de Vincent van Gogh (1853 - 1890) - un célèbre peintre impressionniste néerlandais. Je demande à mon auditoire de regarder intensément le tableau intitulé « les mangeurs de pommes de terre ». C'est une scène sombre montrant cinq personnes assises autour d'une table, avec une lampe à huile qui se balance suspendue au plafond. Elles mangent des pommes de terre tirées d'un même plat. Après ma présentation qui permet d'observer le tableau pendant une ou deux minutes, j'éteins le projecteur et je pose à l'auditoire quelques questions relatives aux détails de la toile. Je leur demande, par exemple, combien de tasses de café ils ont observées et combien de pommes de terre se trouvent dans le plateau sur la table. Je n'obtiens jamais la bonne réponse. Ce n'est pas cela qui a retenu leur attention. Je leur demande : « Ainsi donc, qu'avez-vous vu ? » Ils me répondent habituellement qu'ils ont observé de la tristesse, une scène sombre et, plus spécifiquement, la pauvreté ! C'est là le message central du tableau, plutôt que l'énumération d'informations à propos du nombre de pommes de terre ou de tasses de café.

Les mangeurs de pommes de terre, Vincent van Gogh (1853-1890).

Au point où nous en sommes, j'invite mon auditoire à lire le livre de l'Apocalypse de préférence plusieurs fois, du commencement à la fin. Je les presse non pas de « compter les pommes de terre », mais de rechercher le message essentiel. Plus tard, ils peuvent vouloir également connaître le nombre de pommes de terre dans le plat et le nombre de tasses de café sur la table.

Quand ils ont lu les vingt-deux chapitres de l'Apocalypse, sans se soucier de ce que signifient un « sceau », une « trompette », ou « la bête qui monte de la mer » et « la bête qui monte de la terre », etc., et quand ils ont essayé d'absorber l'histoire globale et sa signification, ils sont généralement passionnés par ce qu'ils ont appris. Ils découvrent dans cette partie inhabituelle de la Bible qu'il existe, apparemment, une dimension qu'on peut décrire comme « extraterrestre », au-delà de notre vie et au-delà des événements qui se produisent sur cette planète. Il s'y passe beaucoup plus de choses que ce que nos yeux peuvent voir. Ceux qui ont choisi d'être du côté de Dieu dans sa bataille contre le mal traversent des temps difficiles, mais d'une certaine façon ils finissent toujours par les dépasser. Les ennemis de Dieu sont des perdants! Le racheté doit exercer sa patience, mais à la fin ceux qui restent loyaux envers Dieu seront sauvés. Le livre de l'Apocalypse commence par une vision du Christ marchant parmi ses Églises, tout en portant les dirigeants de ces Églises dans ses mains (1.12-20). Et cela se termine dans un monde nouveau de paix et d'harmonie, où Dieu vit au milieu de son peuple. Voilà le message qui nous saute aux yeux lorsque nous lisons tout simplement le livre entier et lorsque nous le laissons nous parler. En faisant cela, nous découvrons qu'à travers les mots humains des écrivains bibliques, la Parole de Dieu vient à nous.

Quand nous lisons la Bible pour nourrir notre âme - et non pas premièrement pour rassembler des informations - nous découvrons que beaucoup de difficultés qui nous amènent à douter de la Bible disparaissent largement ou deviennent moins menaçantes. Prenez le livre de Jonas par exemple. Lisez les quatre chapitres - cela ne vous prendra pas plus d'une demi-heure. Ne « comptez pas les pommes de terre ». Oubliez simplement (tout au moins pour un moment) ce qui est dit à propos du séjour de trois jours de Jonas dans le ventre d'un gros poisson, ainsi que l'arbuste qui lui donna de l'ombre et grandit aussi miraculeusement qu'il disparut ensuite. Et ne vous souciez pas des détails du récit de la conversion des Ninivites qui incluait même les animaux !

Lisez tout simplement l'histoire et essayez de découvrir ce que ces quelques chapitres ont à vous dire. En faisant cela, nous voyons comment Jonas tente d'échapper à Dieu, mais sans succès. C'est une histoire qui parle des missions et non seulement celle d'un poisson qui dévore les humains. Nous apprenons comment Dieu a appelé son prophète pour une mission spécifique et qu'il n'abandonne pas Jonas alors que celui-ci refuse de prêcher parmi les ennemis jurés d'Israël. Et remarquez comment, plus tard dans le récit, Jonas se sent plus concerné par sa propre réputation de prophète que par le salut du peuple de Ninive. C'est une histoire qui offre une application très directe pour notre propre vie et notre relation avec Dieu.

Je pourrais citer d'autres exemples de passages de la Bible qui paraissent surprenants, pour ne pas dire plus, mais qui ont un message clair quand nous les lisons dans leur intégralité avec le désir de découvrir quelque chose qui nourrit notre âme. Quand nous lisons, nous devons toujours être conscients que nous nous approchons de la Bible comme d'un ensemble, ou de n'importe quel « livre » de la Bible, avec une série de présuppositions. Nous lisons la Bible à travers nos propres lentilles. Je ne peux lire la Bible de façon purement objective, et pourtant je dois essayer. Le foyer où j'ai grandi, mon éducation, ma culture et mon vécu personnel « colorent » ma façon de lire. Les habitants du monde occidental ne lisent pas leur Bible de la même façon que les habitants du monde en voie de développement. Les gens des villes ont des lentilles qui diffèrent de celles des gens qui vivent dans un milieu agricole. Les gens riches et les gens pauvres ne lisent pas de la même manière. Beaucoup de gens riches tendent à manifester un intérêt spécial pour les textes bibliques qui leur disent qu'il est bon d'être riche. Les gens pauvres tendent à se focaliser sur des textes qui exigent la justice et l'honnêteté. Les lecteurs de la Bible du monde occidental découvrent beaucoup de choses dans les Écritures qui semblent soutenir leur façon de vivre, tandis que ceux qui vivent sous un régime oppresseur sont immédiatement frappés par les histoires de libération et de liberté.

J'ai entendu des adventistes dire : Je ne comprends pas pourquoi des gens continuent à considérer le dimanche comme un jour de repos, parce qu'il est clair dans la Bible que nous devons garder le sabbat du septième jour. Mais souvenons-nous : cela est clair pour nous, parce que pour nous les textes relatifs au sabbat ressortent quand nous lisons la Bible en portant nos lunettes adventistes ! Les autres ne portent pas les mêmes lunettes et remarquent à peine ces textes relatifs au sabbat parce qu'ils affirment tout simplement que le jour où le Christ est ressuscité a remplacé le sabbat de l'Ancien Testament. Malheureusement, c'est ainsi que, la plupart du temps, nous lisons tous la Bible. En tant qu'adventistes, nous soulignons les textes qui soutiennent nos positions doctrinales et nous tendons automatiquement à ignorer ou à sous-estimer les passages qui ne semblent pas coller avec ces convictions. Les adventistes ne doivent pas se sentir trop coupables à ce propos, car c'est là un phénomène général que de filtrer ce qu'on lit à travers les lentilles de ses propres idées préconçues.

La première étape de notre lecture de la Bible consiste donc à être conscient du fait que nous lisons à travers nos propres lentilles - et que les autres agissent de même. Il y a quelque temps, quelqu'un m'a recommandé un petit livre que j'ai trouvé extrêmement édifiant. Il est intitulé *Reading the Bible from the Margins*, et a été écrit par Miguel A. De La Torre, un théologien américano-cubain[4]. Il « montre comment les lectures 'standard' de la Bible ne sont pas toujours acceptables pour les gens ou les groupes 'en marge'. Les pauvres ou ceux qui sont la cible de discrimination à cause de leur appartenance ethnique ou de leur sexe peuvent avoir des idées et des interprétations sensiblement différentes de certains textes bibliques qui peuvent avoir de la valeur aux yeux de tous les lecteurs[5] ». Alors que je rédigeais ces paragraphes, j'ai pensé que les « croyants en marge » lisent eux aussi la Bible à travers leurs propres lunettes. Toutefois, ils peuvent être touchés par l'Esprit qui a inspiré la Bible pendant leur lecture d'une façon qui échappe à la plupart de leurs frères et sœurs.

PENSER

Un élément vital dans le traitement du doute est une pensée claire. Un principe important d'interprétation biblique est l'usage du bon sens. Quand on lit la Bible, après avoir fait le « saut de la foi », nous ne devons pas avoir peur d'un sérieux travail intellectuel. Mais à travers tout cela, nous ferons bien de faire preuve de bon sens. La foi n'est pas qu'un saut dans le noir, contraire à la raison et à toute évidence. « La foi cherche à comprendre », disait saint Anselme. Os Guiness formule cela en ces termes : « Un chrétien est une personne qui pense mais qui croit en pensant[6]. » Il est essentiel de ne pas séparer la croyance de la pensée.

Fritz Guy nous dit que la « pensée tripolaire » est nécessaire. Il veut dire par là que trois aspects doivent être pris en compte quand nous cherchons à comprendre ce que la Bible a à nous dire. Les trois principes qui doivent nous guider et être maintenus en équilibre sont : l'Évangile chrétien, le contexte culturel et l'héritage adventiste[7]. La bonne nouvelle de Jésus-Christ doit toujours être au centre de notre pensée. Quoi que nous lisions dans la Bible, cela doit être « digéré » à la lumière de l'Évangile chrétien. Tout ce que nous lisons dans les récits bibliques ne reflète pas les valeurs de l'Évangile chrétien, comme par exemple la violence, l'esclavage, l'inégalité sexuelle et l'injustice sociale que nous y découvrons. Ces sections de la Bible nous parlent du périple du peuple de Dieu dans le passé, mais ne reflètent pas toujours précisément le caractère de Dieu et sont souvent en désaccord avec l'existence que le Christ a vécue pour nous. C'est pourquoi ces sections de la Bible ne doivent pas déterminer notre façon de penser, notre foi et notre vie.

C'est ici qu'entre en jeu le deuxième « pôle ». La Bible a été écrite dans un contexte culturel particulier. Les auteurs étaient intégrés dans une culture ancienne. La plus grande partie de la Bible reflète une société patriarcale avec des normes culturelles et des coutumes qui ne peuvent plus être normatives à notre époque. Ainsi, quand nous lisons la Bible, nous devons constamment être conscient de ces influences culturelles et essayer de séparer le message essentiel de la Bible et les principes qu'elle contient, du bagage culturel. Cela n'est pas chose facile pour beaucoup d'adventistes et certainement pas pour ceux qui défendent une lecture « littérale » de la Bible et font taire tout argument par une formule simpliste : « La Bible dit... »

Le troisième pôle dans notre approche de la Bible est notre héritage adventiste. Comme je l'ai dit précédemment, nous lisons la Bible à travers des lunettes adventistes. En soi, ce n'est pas quelque chose de totalement négatif. Les adventistes du passé ont déposé un riche héritage sur la table, avec des idées que nous devons reconnaître avec gratitude. Nous ne commençons jamais par une *tabula rasa* (une table rase) mais nous nous reposons toujours sur les épaules de nos prédécesseurs. Je comprends qu'une grande partie de ma pensée théologique a été profondément influencée par un certain nombre d'érudits adventistes que je tenais en haute estime. Mais notre héritage adventiste représente seulement l'un des trois pôles et ne doit pas surpasser les deux autres. Alors que notre héritage adventiste ne doit pas être renié ni amoindri, nous devons toujours être conscients qu'il influence notre façon de penser et nous devons comprendre qu'il ne clarifie pas uniquement les choses pour nous mais que parfois aussi il peut causer des distorsions qui doivent être identifiées et corrigées.

ELLEN G. WHITE

Notre attitude à l'égard d'Ellen G. White est une question qui requiert également une réflexion attentive. Je voudrais être le dernier à dire qu'elle n'a plus d'importance pour l'Église adventiste du septième jour. D'un autre côté, je peux comprendre les problèmes que beaucoup d'adventistes « en marge » rencontrent à propos de la façon dont elle a été trop souvent mise sur un piédestal et de la manière dont on utilise ses écrits comme le dernier mot qui peut résoudre tout problème. Il est grand temps que la personne et l'œuvre d'Ellen White soient démythologisées.

Quand Ellen White mourut en 1915, son statut n'était pas aussi élevé qu'aujourd'hui dans de nombreux secteurs de l'Église. En fait, pendant de nombreuses années les dirigeants de l'Église ont résisté au projet de William White, le fils aîné d'Ellen, de publier le matériel qu'elle avait laissé derrière elle sous la forme de manuscrits non-publiés[8]. Plus tard, dans les années 1920 et 1930, le vent commença à tourner. Une vision plus fondamentaliste de l'inspiration gagna un soutien croissant dans l'Église et cela affecta la manière dont les écrits d'Ellen White étaient perçus. Ce changement d'attitude conduisit, entre autres, à la production d'une série étendue de « compilations », c'est-à-dire de collections de citations tirées de tous ses écrits (souvent sans égard au contexte) sur ce qu'elle avait écrit sur des sujets particuliers[9].

Comme davantage de livres d'Ellen White étaient publiés, traduits en de nombreuses langues différentes et fortement promus, le rôle du « prophète » devint de plus en plus prononcé. Même dans certaines régions d'Europe où une réticence considérable s'était longtemps manifestée contre cette tendance - notamment de la part de dirigeants comme Ludwig Conradi - la situation changea. Dans mon propre pays, les Pays-Bas, les pasteurs avaient été formés en Allemagne, mais après la Seconde Guerre mondiale ils fréquentèrent le collège de Newbold en Angleterre, où Ellen G. White jouissait d'une aura plus importante.

Cette évolution dans l'Église ne se fit pas sans défis. En 1976, l'historien Ronald Numbers jeta une pierre dans la mare adventiste, et cela fit des vagues dans le monde entier. Le livre resta influent, en dépit des efforts vigoureux des dirigeants de l'Église qui tentaient de contrôler les dégâts. Ronald Numbers situait les idées d'Ellen White sur la santé dans le contexte du 19ème siècle et fournit des évidences convaincantes selon lesquelles la plupart de ses conseils pour une vie saine et en faveur des remèdes naturels n'étaient pas aussi exceptionnels qu'on l'avait prétendu jusqu'ici. En fait, une grande partie de ce qu'elle écrivit et promut était clairement inspiré par d'autres « réformateurs de santé » de cette époque[10]. Un nouveau choc, qui était plus qu'une pierre dans la mare adventiste, mais qui pouvait être comparé à un « tsunami » dans la mer de l'adventisme, fut le livre de l'ex-pasteur adventiste Walter Rea. Il présentait des évidences indéniables selon lesquelles Ellen G. White avait grandement emprunté chez d'autres auteurs, copiant souvent de longues sections, sans mentionner ses sources[11]. D'autres « découvertes » suivirent cette accusation de plagiat. Donald R. Mc Adams, par exemple, se consacra à une étude détaillée sur les erreurs historiques présentes dans certains livres d'Ellen G. White, comme par exemple dans *La tragédie des siècles*[12].

Le White Estate - l'organisation responsable de la préservation de l'héritage littéraire d'Ellen White - fit ce qu'il put pour gérer les conséquences de ces révélations préjudiciables. Il présenta aussi (selon moi pas toujours avec succès) des réponses aux questions difficiles qui s'étaient élevées à propos de déclarations très inhabituelles faites par Ellen White. Au même moment, d'autres auteurs souhaitèrent défendre son autorité et son importance, mais insistèrent davantage sur la dimension humaine de la prophétesse qu'auparavant[13]. J'ai découvert deux livres récents et très utiles offrant un tableau plus réaliste d'Ellen White. Gilbert Valentine a mené une recherche sur la dynamique des relations entre Ellen G. White et trois présidents de la Conférence générale. Il montre clairement à quel point Ellen White avait une haute idée de la pertinence de sa fonction, et à quel point elle faisait parfois preuve de sens politique, ou de manipulation à leur égard[14]. Un autre livre contenant des textes émanant de dix-huit étudiants adventistes et non-adventistes, traite, sur un plan plus académique, de nombreux aspects de la personne et de l'œuvre d'Ellen White. Il fournit des informations très peu connues à son sujet, ou même totalement inconnues jusqu'à présent[15]. Une réponse à cela ainsi qu'à d'autres livres récents, le tout coordonné par le White Estate, démontre que l'Église a compris que les recherches menées par des spécialistes qui ont mis en lumière différentes questions problématiques ne devaient pas rester sans réponses[16]. Tout cela fait partie d'une procédure qui se poursuivra sans aucun doute.

Les « croyants » adventistes « en marge » feraient bien de lire quelques-uns des livres que j'ai mentionnés dans mes notes de bas de page. Ils les aideront à adopter une vision plus équilibrée d'Ellen White et à apprécier plus pleinement ce qu'elle a vécu et écrit dans le monde américain du 19ème siècle. Beaucoup de principes qu'elle a mis en évidence sont encore valables de nos jours. Mais quand nous lisons ses livres, nous ne devrions pas oublier qu'elle a écrit à l'époque victorienne et qu'elle était sujette aux limites de la connaissance scientifique de ce temps. De plus, elle n'a pas reçu une formation d'historienne ou de théologienne. Ses références historiques ne sont pas inattaquables et son utilisation de la Bible suivait principalement l'approche « texte-preuve ». Le langage qu'elle a utilisé est plutôt pesant pour beaucoup d'entre nous aujourd'hui, et nous pouvons à peine espérer que les jeunes, en particulier, afflueront vers ses écrits en grand nombre. Tout cela ne signifie pas que ses écrits ne sont plus d'aucune utilité pour les adventistes de nos jours, mais nous ne devrions pas attendre d'eux que ce qu'ils peuvent raisonnablement nous apporter. En tant qu'adventistes, nous ferons bien d'être attachés à tous ses livres (plutôt qu'à ces prétendues compilations) qui se révéleront de bonnes lectures de méditation pour l'enrichissement de notre vie spirituelle.

Au cours des temps bibliques, beaucoup de prophètes parlaient de la part de Dieu. Certains d'entre eux sont simplement mentionnés dans la Bible en passant et quelques-uns des « grands » prophètes, comme Elie et Elisée, ne nous ont laissé aucun écrit. D'un autre côté, les prophètes qui ont contribué à la rédaction de la Bible peuvent avoir écrit plus que ce que nous trouvons aujourd'hui dans le canon biblique. Avec le temps, une sélection s'est faite et le canon biblique a été établi. Cela doit, je pense, nous donner une certaine direction concernant les écrits d'Ellen G. White. Le temps fera son œuvre et graduellement une sorte de consensus émergera à propos de ce qui doit être considéré comme le cœur de ce qu'elle a écrit. Il me semble que des livres comme *Le meilleur chemin*, *Jésus-Christ* et *Les paraboles de notre Seigneur* devraient être placés en tête de liste. Les « croyants en marge » qui souhaitent avoir une idée de ce qu'elle a écrit peuvent démarrer par ces ouvrages.

LA PRIÈRE

J'espère que mes remarques à propos de la lecture de la Bible et du rôle de notre pensée réflective, ainsi que mes commentaires sur la place d'Ellen G. White dans l'adventisme ont été profitables. Il est important, toutefois, de s'assurer que tout cela ne reste pas à un niveau trop purement cérébral. Notre « saut de la foi » comprend aussi, je trouve, l'espoir que Dieu désire communiquer avec nous. Les chrétiens diraient qu'il le fait à travers son Esprit. De nouveau, nous délaisserons les questions théologiques compliquées relatives à la personne et à l'œuvre de l'Esprit Saint. En rapport avec ce que nous discutons dans ce chapitre je souhaite souligner que nous ne pouvons recevoir un total bénéfice spirituel de notre lecture de la Bible et de la réflexion que nous pouvons mener à propos de cette lecture si nous ne permettons pas à Dieu de nous révéler ce qui est réellement important et comment cela peut être relié à notre existence ici et maintenant. La prière est le terme usuel qui correspond à cette action d'ouverture à sa divine influence.

Pour de nombreux croyants - et non seulement pour ceux qui sont « en marge » - la prière ne vient pas facilement. Quand nous avons essayé de prier, nombreuses sont nos prières qui peuvent être restées des formules vides et qui affluent plus par habitude que par conviction. Il est souvent difficile de trouver les mots adéquats pour exprimer nos sentiments et nos motivations les plus profonds. Même les disciples de Jésus se demandaient comment il fallait prier et demandèrent : « Enseigne-nous à prier ! » (Luc 11.1). En réponse à leur demande, Jésus leur offrit ce que nous appelons « la prière du Seigneur » (le Notre Père...). En plus de notre « saut de la foi », nous pouvons aussi avoir besoin de faire « un saut de confiance » et d'espérer que Dieu nous entendra quand nous prierons pour lui demander de nous diriger[17].

Si vous n'avez pas l'habitude de prier, ou si vous ne savez pas comment prier, répéter les paroles de « la prière du Seigneur » peut être un bon début. Ou, lorsque vous avez lu une section de la Bible, vous pouvez interrompre votre réflexion à propos du sens de ces textes et dire tout simplement : « Dieu, aide-moi à découvrir ce que je dois voir et à trouver les réponses à mes questions », et ensuite rester tranquille pendant quelques instants. En d'autres termes, donnez à Dieu la possibilité de communiquer avec vous et de vous montrer les choses qui sont importantes pour vous et qui peuvent répondre à quelques-unes des questions que vous vous posez.

Ainsi donc, parlez avec Dieu, dites-lui vos doutes et demandez-lui de vous guider alors que vous cherchez des réponses. En outre, parlez avec d'autres personnes. Il est important d'être sélectif à propos des gens avec qui vous parlez de vos incertitudes et de vos doutes. Certaines personnes dans votre Église locale ou ailleurs seront perturbées si elles savent que vous luttez contre vos doutes, et cela ne va pas vous aider, et elles non plus. Mais si vous regardez attentivement autour de vous, vous trouverez toujours des gens qui ont connu les mêmes expériences que vous et qui vous seront reconnaissantes si vous partagez avec eux vos réflexions et vos questions. Dans tous les cas, cela les aidera, et vous aussi, à parler ensemble.

Il se peut qu'un ami, un pasteur ou quelqu'un d'autre puisse vous guider - quelqu'un qui peut vous conduire vers de nouvelles idées ou vous montrer quelques passages bibliques capables d'inspirer les « gens en marge » comme vous, ou suggérer un livre qui pourrait stimuler votre réflexion. Et vous pouvez trouver quelqu'un qui a suivi un chemin semblable au vôtre mais qui a un peu d'avance sur vous et qui a été capable de prendre le bon chemin quand il a dû faire face aux « jonctions spaghetti »[18] et qui, en fin de compte, peut vous aider à reconfigurer votre GPS spirituel.

QUESTIONS À PROPOS DES DOCTRINES

Les « croyants » adventistes « en marge » d'hier ou d'aujourd'hui doivent faire face à leurs doutes à propos de nombreuses doctrines spécifiques de leur Église. En plus de ce que j'ai dit dans le chapitre précédent à propos du classement des doctrines en rapport avec leur importance relative, et en réaction à la question de savoir à combien de doctrines un « véritable » adventiste doit adhérer au minimum, je souhaite insister encore ici sur un autre point.

Nous ne devrions pas craindre de poser des questions critiques à propos de la manière dont la tradition adventiste a défini et formulé certains de ses enseignements. Roy Adams, un ex-rédacteur en chef de la Revue adventiste américaine, qui a tenté d'ouvrir une discussion à propos des détails relatifs à la doctrine traditionnelle du sanctuaire, a critiqué ceux qui pensent « que les positions que nous avons tenues à propos de chaque doctrine et de chaque question théologique devraient rester gelées à tout jamais dans du formaldéhyde - et ne jamais plus être réexaminées, modifiées ni affinées[19] ». Le même auteur cite la déclaration intrigante suivante au commencement de sa dissertation doctrinale à propos de la compréhension adventiste de la doctrine du sanctuaire céleste : « Les grandes questions philosophiques ou théologiques sont rarement résolues à la satisfaction des générations qui se succèdent[20]. » Je partage entièrement ce sentiment. Cela me donne de l'air frais et un sentiment de liberté me permettant de revoir les doctrines de mon Église de façon ouverte et critique.

Je ne suis pas en train de suggérer qu'aborder les doutes de cette manière soit chose facile. Je ne connais pas de solution miracle. Mais dans ce que j'ai dit, il est possible de trouver des éléments qui peuvent vous aider à trouver la paix intérieure dont vous avez besoin face aux doutes et alors que vous cherchez des réponses. Un ingrédient important dans cette démarche, c'est le temps. Nous ne devons pas trop nous hâter en abordant nos doutes. Souvent ceux-ci se sont accrus au fil du temps et cela peut prendre autant de temps pour les faire disparaître. J'ai trouvé très utile de me focaliser seulement sur l'une des questions qui m'ont troublé pendant longtemps, tandis que je bloque mes autres doutes dans une armoire avec un gros cadenas. Quand après beaucoup lu, réfléchi et prié - et souvent après beaucoup discuté avec d'autres - j'ai obtenu quelques réponses à un problème particulier, je m'autorise à sortir une autre question de mon armoire. J'ai découvert que cela rend mes doutes plus faciles à traiter. Quand j'essaie de faire face à toutes mes questions en même temps, cela finit par me stresser. Cela crée de l'angoisse et je reste là avec le sentiment qu'on a tout à y perdre et que rien n'est certain.

Os Guiness a fait quelques pertinents commentaires en évoquant l'existence du croyant comme celle d'un pèlerin d'une « jonction spaghetti » - comme quelqu'un qui doit constamment choisir la route à prendre lorsque beaucoup d'options se présentent d'elles-mêmes[21]. Il nous avertit en disant que trouver des réponses à nos doutes ne ressemble pas à la traversée d'un simple carrefour et c'est pourquoi il compare notre quête à la traversée d'une « jonction spaghetti ».

Os Guiness suggère quatre phases dans notre voyage vers le statut de croyant chrétien équilibré.

Premièrement, il y a le temps des questions. (Je crois que nous avons pris amplement de temps pour cette phase dans les cinq premiers chapitres de ce livre). Cela signifie que nous devons devenir des chercheurs et vouloir, si nécessaire, nous délester des idées anciennes et nous ouvrir à d'autres vues.

Dans la phase deux, nous cherchons des réponses. Nous considérons les alternatives potentielles susceptibles de remplacer ou de modifier les vues que nous partagions plus tôt mais dont nous ne sommes plus certains.

La phase trois est appelée phase de l'évidence par Os Guiness ; nous testons nos nouvelles idées et cherchons à déterminer comment elles pourraient entrer dans le cadre plus large de nos convictions religieuses. Pour les adventistes, cela signifie que nous déterminons comment nous pouvons faire entrer ces nouvelles idées, avec lesquelles nous nous sentirons à l'aise, dans le cadre de notre adventisme et comment nous pouvons devenir ou rester des adventistes « véritables » - même si nous devons dévier de certains (ou de nombreux) points de vue adventistes traditionnels.

Nous avons tenté de contribuer aux phases deux et trois dans la seconde partie de ce livre. Mais Os Guiness déclare : n'oubliez pas la phase finale, qui est la plus importante. Après avoir traversé les trois phases vient le moment du (ré)engagement ; veiller à ce que nos nouvelles idées aient un impact concret sur notre vie quotidienne. Car, après tout, c'est ce qui compte réellement.

En 1998, la Pacific Press Association a publié un petit livre que j'avais écrit à propos des vingt-sept croyances fondamentales[22]. Quelque chose de simple qui ne contenait aucune théologie compliquée. Je parcourais brièvement chacune des croyances fondamentales et pour chacune je me posais la question : Quelle différence cela fait-il réellement si je crois ceci ? Je commençais par la prémisse selon laquelle cette « vérité » doit produire quelque chose pour moi. Le Christ a dit à ses auditeurs que la vérité les « rendra libres » (Jean 8.32). La vérité n'est pas une théorie, un système philosophique ou théologique, mais un facteur de changement qui doit transformer les individus. Ainsi donc, en évoquant les vingt-sept points je me demandais : En quoi le fait de croire en cette doctrine particulière me rend-il meilleur, plus équilibré, plus aimable et plus spirituel ? Si cela ne produit rien en moi, cela n'a aucune valeur réelle.

À ma grande surprise, rien de ce que j'ai écrit auparavant ou depuis lors ne m'a apporté autant de réactions positives. Ce petit livre semblait toucher une corde sensible chez de nombreux lecteurs. Tout comme moi, ils désiraient aussi croire quelque chose qui a réellement un impact dans notre vie - quelque chose d'applicable ou, pour employer une expression adventiste traditionnelle, une « vérité présente ».

MON ITINÉRAIRE

Je ne dois pas forcément revendiquer le don de prophétie pour dire que je suis plus proche de la fin de mon existence que de son commencement. Quand on prend sa retraite, on commence à vouloir regarder en arrière vers son passé. Au début de mon ministère, j'aurais probablement pu être décrit comme un fondamentaliste. Mais pendant toute ma vie je me suis toujours posé des questions. Et j'ai trouvé des réponses à beaucoup d'entre elles. J'ai modifié mes opinions sur beaucoup de choses et j'ai progressivement fait l'expérience d'un virage théologique. Certains aimeraient me qualifier de « libéral » aujourd'hui, tandis que d'autres m'ont défini comme un adventiste « progressif ». (Je préfère ce second label !) Cependant, je n'aime pas être mis dans une boîte particulière. Je peux peut-être résumer au mieux mon itinéraire spirituel en disant que j'ai toujours essayé d'être un penseur indépendant, mais dans le même temps j'ai constamment essayé d'être loyal envers mon Seigneur, mon Église et moi-même.

Si je devais fournir un résumé du point où je me trouve aujourd'hui dans mon itinéraire en tant que chrétien et adventiste, et si on me demandait de livrer le contenu principal de ce que je crois, ma déclaration personnelle de *Croyances fondamentales* ressemblerait à ceci :

JE CROIS
- Que Dieu est trois en un : Père, Fils et Saint-Esprit ;
- Que Dieu est créateur de toute chose et que, de ce fait, je suis un être créé avec les privilèges et les responsabilités que cela implique ;
- Que Jésus-Christ est venu sur notre terre et a radicalement résolu le problème du péché par sa mort et sa résurrection - pour le monde et pour moi ;
- Que le Saint-Esprit guide ma conscience et m'a accordé certains dons en sorte que je puisse mieux servir Dieu ;
- Que la Bible est un livre inspiré qui me raconte l'histoire de l'implication de Dieu en faveur de l'humanité et qu'elle me fournit les principes d'un guidage essentiel, me permettant de vivre comme Dieu l'a voulu ;
- Qu'en tant qu'être humain, je suis sujet à la mort mais que, lorsque je mourrai, mon identité sera sauvegardée auprès de Dieu ; et qu'il m'offrira un nouveau départ dans une vie éternelle ;
- Que notre monde actuel est infecté par le mal dans des proportions démoniaques, en sorte qu'une solution doit venir d'en-haut ; le Christ achèvera cette œuvre quand il reviendra sur cette terre et créera « un nouveau ciel et une nouvelle terre » ;
- Qu'en tant que disciple du Christ, je ne peux vivre de façon authentique que si je cherche consciencieusement à façonner ma vie selon les principes qu'il a conçus pour moi ;
- Que chaque sabbat du septième jour j'ai l'occasion unique de vivre le repos que Dieu offre ;
- Que je suis responsable de la façon dont j'utilise les ressources de cette terre et dont j'emploie mon temps, mes biens matériels et mes talents, et dont je traite mon corps ;
- Qu'ensemble avec tous les vrais chrétiens je peux être un membre de l'Église de Dieu ;
- Que la communauté de foi à laquelle j'appartiens joue un rôle important dans la proclamation mondiale de l'Évangile et a pour tâche la mise en place d'un certain nombre d'accents importants ;

- Qu'à travers mon baptême je peux faire partie de l'Église de Dieu et je peux, en célébrant le repas du Seigneur, me rappeler régulièrement les souffrances et la mort du Christ ;
- Que je puis vivre une croissance spirituelle ensemble avec les membres de la communauté dont je fais partie.

Bien entendu, une telle liste de « fondamentaux » ne peut jamais être définitive. Et il faut remarquer que ce que j'ai listé est « fondamental » pour moi. D'autres devront réfléchir à ce qui est « fondamental » pour eux et emploieront probablement des mots différents, ajouteront certains points ou délaisseront certains éléments.

C'est là le point crucial du sujet : Il est bon de réfléchir de temps en temps à propos de ce qui est réellement « fondamental » dans la foi. Cela peut aider à faire la différence entre les choses prioritaires et les choses secondaires, et à ne pas traiter les choses secondaires comme si elles étaient les plus importantes.

Ayant atteint le dernier paragraphe de ce livre, je puis dire à celui qui le lit que sa rédaction a été un bienfait pour mon âme. J'espère sérieusement qu'il fournira à beaucoup d'entre vous, qui êtes des « croyants en marge », une prise sur vos questions et sur vos doutes ; qu'il pourra raviver l'expérience d'une foi vivante et vous aidera à sortir des « marges » de l'Église et à découvrir une bénédiction à travers une collaboration plus totale avec votre communauté de foi.

Je sais que la communauté de foi adventiste est loin d'être parfaite. *Mais Dieu la supporte - et c'est ce qu'il attend de nous.*

---

1 Nathan Brown, op. cit., p. 38.
2 Idem p. 41.
3 Ibidem.
4 Publié par Maryknoll in New York, NY, 2002.
5 Idem, page 4 de couverture.
6 Os Guinness, 'Pilgrim at the Spaghetti Junction: An Evangelical Perspective on Relativism and Fundamentalism', in Peter L. Berger, ed., *Between Relativism and Fundamentalism*. Grand Rapids, MI: Wm. B. Eerdmans, 2010, p. 171.
7 Fritz Guy, op. cit., pp. 225-252.

8 L'histoire du conflit entre William White et sa famille et les dirigeants de la Conférence générale est décrite de façon méticuleuse dans un livre écrit par Gilbert Valentine *The Struggle for the Prophetic Heritage*. Muak Lek, Thailand: Institute Press, 2006.
9 Quelques-unes de ces nombreuses compilations sont, par exemple *Messages to Young People, Counsels on Diet and Food, Counsels on Sabbath School Work, Counsels to Writers and Editors*.
10 Ronald L. Numbers, *Prophetess of Health: A Study of Ellen G. White*. New York: Harper & Row, 1976.
11 Walter Rea, The White Lie. Turlock, CA: M & R Publications, 1982.
12 Voir : https://archive.org/stream/DonaldR.McadamsShiftingViewsOfInspirationEllenWhiteStudiesInThe/1980_mcadams_shiftingViewsOfInspiration_ellenWhiteStudiesInThe1970s_spectrum_v10_n4_27-41_djvu.txt.
13 Avec, par exemple, George R. Knight et ses livres populaires *Walking with Ellen White*. Hagerstown: Review and Herald, 2000; et *Reading Ellen White*. Hagerstown: Review and Herald, 2001. Aussi Graeme Bradford, *Prophets are Human*. Warburton, Australia: Signs Publishing House, 2004, et *People are Human: Look what they did to Ellen White*. Warburton, Australia: Signs Publishing House, 2006.
14 Gilbert M. Valentine, *The Prophet and the Presidents*. Nampa, ID: Pacific Press, 2011.
15 Terry Dopp Aamodt et. al., eds., *Ellen Harmon White: American Prophet*. New York, NY: Oxford University Press, 2014.
16 Merlin D. Burt, ed., *Understanding Ellen White*. Nampa, ID: Pacific Press, 2015.
17 Philip Yancey, *Prayer. Does it Make any Difference?* Grand Rapids, MI: Zondervan, 2006, p. 209.
18 Voir p. 208.
19 Roy Adams, 'Sanctuary' in Gary Chartier, ed.: *The Future of Adventism: Theology, Society. Experience*. Ann Arbor, MI: Griffin & Lash, 2015, p. 143.
20 Idem, p. 154.
21 'Pilgrim at the Spaghetti Junction: An Evangelical Perspective on Relativism and Fundamentalism' in Peter L. Berger, op. cit., p. 164-179.
22 Reinder Bruinsma, *It's Time to Stop Rehearsing What We Believe and Start Looking at What Difference It Makes*. Nampa, ID: Pacific Press, 1996.

Ce livre est également disponible en anglais et en néerlandais.

L'édition anglaise s'intitule FACING DOUBT : A book for Adventists Believers "on the margins". Il peut être commandé chez Amazon.com ou chez plusieurs autres libraires on-line.

L'édition néerlandaise s'intitule GAAN of BLIJVEN : Een boek voor adventisten aan de zijlijn. Il peut être commandé en adressant un e-mail à book@bruinsmas.com.

L'édition de ce livre en d'autres langues est en préparation. Pour en savoir plus, consultez la page Facebook Facing Doubt.

www.ingramcontent.com/pod-product-compliance
Lightning Source LLC
Chambersburg PA
CBHW050535300426
44113CB00012B/2104